安徽农业大学引进人才科研资助项目（项目号：rc402104）

国家自然科学基金面上项目"关系网络与社会互动：基于空间计量经济学的方法"（项目号：71773120）

中国农村居民消费行为的
社会互动效应研究

Research on the Social Interactions of
Chinese Rural Residents' Consumption Behavior

方 航 著

中国社会科学出版社

图书在版编目(CIP)数据

中国农村居民消费行为的社会互动效应研究 / 方航著. —北京：中国社会科学出版社，2022.6
ISBN 978-7-5227-0294-0

Ⅰ.①中… Ⅱ.①方… Ⅲ.①农村—居民消费—消费者行为论—研究—中国 Ⅳ.①F126.1

中国版本图书馆 CIP 数据核字（2022）第 092111 号

出 版 人	赵剑英
责任编辑	王　曦
责任校对	殷文静
责任印制	戴　宽

出　　版	中国社会科学出版社
社　　址	北京鼓楼西大街甲 158 号
邮　　编	100720
网　　址	http://www.csspw.cn
发 行 部	010-84083685
门 市 部	010-84029450
经　　销	新华书店及其他书店
印刷装订	北京君升印刷有限公司
版　　次	2022 年 6 月第 1 版
印　　次	2022 年 6 月第 1 次印刷
开　　本	710×1000　1/16
印　　张	15
插　　页	2
字　　数	210 千字
定　　价	78.00 元

凡购买中国社会科学出版社图书，如有质量问题请与本社营销中心联系调换
电话：010-84083683
版权所有　侵权必究

序

2016年春节将过，正在准备新学期课程的我收到了一份自荐信。字里行间透露出了一个年轻学子的自信和对未知领域的探索渴望。很快，这位名叫方航的年轻人通过了中国农业大学严格的研究生复试，成为我的硕博连读研究生。第一次见面在我的办公室，我问了一些问题以进一步了解他的基本功，他思维敏捷、声音洪亮，同时也大方利落地承认自己的知识盲区，这些情境至今给我留下了深刻印象。"学术中的导师，生活中的朋友"，这是我与方航的相处方式。五年的学习生活中，我亲眼见证了他一步一步成长为一个能够独立从事科研工作的青年学者，从一个青涩稚嫩的大男孩成长为稳健成熟的丈夫和父亲。作为导师，我很欣慰。回头来看，那份自荐信便是我与方航师生缘分的开端。

方航攻读博士学位期间，恰逢我主持国家自然科学基金面上项目"关系网络与社会互动：基于空间计量经济学的方法"。他参加了该项目，并以社会互动作为切入点，研究经济福利和经济行为在个体之间的相互依赖及其带来的影响。我十分赞赏他的选择，并指导他设计了系列研究。这其中，农村居民消费行为的社会互动效应便是他博士论文的具体方向。在毕业参加工作的一年时间里，他不断推敲和完善，形成了现在的版本。

我抱着激动的心情和严谨的科研态度认真读完了这本书，认为具有以下特点。第一，比较系统地梳理了社会经济学理论和社会互动效应研究的最新进展。本书从理论研究、经验研究和实证研究方法三个方面对现有文献进行了综述，呈现了相关领域的研究进展。第二，揭示了农村居民消费行为的相互依赖及其产生的影响。本书构建了完整的理论模型，阐述了消费行为社会互动效应的微观机理，并从消费支出、消费升级和消费信贷行为三个方面进行实证检验，讨论了社会互动带来的不平等效应。第三，较早把空间计量模型引入社会互动效应研究。实证研究方法上，本书使用了空间计量模型研究社会互动效应。在一定程度上弥补了线性均值模型研究社会互动效应上存在的不足，更好地评估了农村居民消费行为的社会互动效应。

读完这本书，最大的启发与感悟就在于个体间的相互影响对行为选择的重要性。正如杨国枢先生所说的，中国人的人际关系取向存在"他人取向"特征，易受他人影响。而常见的经济分析更关注个体特征、外部环境或政策冲击对行为选择的影响，个体互相影响很容易被忽略，成为实证研究的遗漏变量。对于读者而言，本书提供了一个很好的案例去分析并揭示这种个体间的依赖如何影响行为决策。

从合肥到北京，再从北京到合肥，相信方航这一路的风雨与收获都凝结在这本书中。当它呈现在我面前时，五年中无数的工作场景如电影般一幕幕放映在我的脑海里。学术道路没有尽头，探索精神不会止步。愿方航在未来研究中能够继续脚踏实地、仰望星空，不断取得新的高水平成果。

陈前恒

2022 年 8 月于北京

内容提要

农村消费的滞后性是导致中国居民整体消费不足的重要原因,激发农村消费潜力、促进农村居民消费成为构建新发展格局的重要战略支点。在这一背景下,深入讨论中国农村居民消费行为具有一定的现实意义。长期以来,以价格为核心的经济学理论中,个体的行为选择并不会受他人行为的直接影响。因此,现有研究也大多在农户相互独立的假定下,探究农村居民的个体特征或外部环境因素对其消费行为的影响。然而,这一假定与乡土社会的实情仍有一定的差距。在乡土中国的"熟人社会"中,农村居民相互熟知,行为与心理上易受他人影响。与已有研究不同的是,本书从乡土中国的"熟人社会"和中国人"他人取向"的特征出发,探索消费行为在农村居民之间的相互影响和彼此依赖,即社会互动效应,讨论消费行为的社会互动效应对农村消费及相关公共政策的影响。以期更好地解读中国农村居民的消费行为,为完善促进消费的机制体制建设和新发展格局的构建提供理论基础和政策参考。

本书首先系统梳理了社会经济学理论进展和社会互动效应相关研究,阐述了将社会互动效应纳入中国农村居民行为分析框架中的重要性。其次,使用博弈论模型从理论上刻画了消费行为的社会互动效应的微观机理;展示了内生互动效应带来的社会乘数,即个体层面的一个小变化可以产生一个较大的总体需求;讨论了社会互动效应的时间空间异质性以及社会互动的不平等效应。最后,依据理论框架构建实证计量模型，基于大样本农户数据，从消费支出、消费升级和消费信贷行为三个角度实证检验了农村居民消费行为的社会互动效应。并在此基础上，进一步考察了社会互动效应对农村消费不平等的影响。

本书主要研究结论如下：第一，农村居民消费支出存在正向内生互动效应，个体农户消费支出随着村庄（其他农户）平均消费水平的增长而增长；消费支出的社会乘数约为 1.370，外生冲击引起的村庄平均消费水平的均衡反应约是初始个体消费支出增幅的 1.370 倍。随着时间的推移，内生互动效应呈现逐渐减小的趋势。内生互动效应在村庄内部存在异质性，来自高收入农户的影响比低收入组群体的影响更大。内生互动效应具有明显的区域差异：整体上，经济发达地区内生互动效应小于欠发达地区；西部和东北地区的低消费群体对其他农户消费支出的变动更敏感，而中东部地区的高消费群体对其他农户消费支出的变动更敏感。第二，农村居民消费升级存在正向内生互动效应，个体农户的消费结构随着村庄（其他农户）消费结构均值的变动而同向变动；发展享受型消费倾向的社会乘数约为 1.309；随着时间的推移，消费升级的内生互动效应呈现逐渐减小的趋势；内生互动效应存在区域差异，相较于经济发达地区，经济欠发达地区的内生互动效应较大，农户消费决策的相互依赖性更强；内生互动效应在村庄内部存在异质性，相较于低收入群体，农户对高收入群体消费结构的变动更敏感。第三，农村居民消费信贷行为存在正向内生互动效应，村庄消费信贷发生率越高，个体农户选择消费信贷的概率越大；随着时间的推移，消费信贷行为的内生互动效应并未呈现减弱的趋势；消费信贷行为的内生互动效应在不同区域之间不存在明显的差异；社会互动效应为中国农村消费信贷行为发生率较低提供了一种解释。第四，社会互动效应是解释消费不平等的重要因素之一，整体来看，消费支出的内生互动效应具有扩大农村居民消费不平等的作用；分区域看，内生互动效应对中部和东部地区的消费不平等产生扩大作用，但对西部和东北地区具有缩小消费不平等的作用；内生互动效应的区域差异是导致东部地区、中部地区的消费不平等程度大于东北地区和西部地区的重要原因之一。

根据上述研究结论，本书得出的启示和政策建议如下：第一，重新审视中国农村居民的消费行为，农户消费决策是相互影响的，而非独立的。第二，在促进农村消费、释放农村消费潜力相关政策执行中，可以采取适当的激励政策优先引导部分农户的消费选择。第三，切实提高农村居民收入水平，继续加大农村地区民生保障投入。第四，低收入群体的福利应给予更多关注。第五，社会互动效应可能在中国人其他领域的行为（理念、心理）形成中也起到重要作用，需要在实证研究中给予重视，有大量关乎国计民生问题的社会互动效应应当给予足够关注。

目　录

第一章　导论 ……………………………………………………（1）
　第一节　研究背景和研究意义 …………………………………（1）
　第二节　研究目标和研究内容 …………………………………（5）
　第三节　概念界定 ………………………………………………（7）
　第四节　技术路线图 ……………………………………………（8）
　第五节　创新之处 ………………………………………………（10）

第二章　理论基础与文献综述 …………………………………（12）
　第一节　理论基础 ………………………………………………（12）
　第二节　文献综述 ………………………………………………（24）

第三章　理论框架与研究假说 …………………………………（48）
　第一节　基础理论模型 …………………………………………（49）
　第二节　社会乘数 ………………………………………………（52）
　第三节　社会互动效应的时间、空间差异 ……………………（55）
　第四节　消费信贷行为的社会互动效应 ………………………（58）
　第五节　社会互动效应与消费不平等 …………………………（65）

第四章　消费支出的社会互动效应 ……………………………（67）
　第一节　引言 ……………………………………………………（67）

第二节　研究设计 …………………………………………（70）
　　第三节　模型估计结果与讨论 ……………………………（77）
　　第四节　异质性讨论 ………………………………………（86）
　　第五节　本章小结 …………………………………………（94）

第五章　消费升级的社会互动效应 ………………………………（96）
　　第一节　引言 ………………………………………………（96）
　　第二节　研究设计 …………………………………………（99）
　　第三节　模型估计结果与讨论 ……………………………（104）
　　第四节　异质性讨论 ………………………………………（115）
　　第五节　本章小结 …………………………………………（123）

第六章　消费信贷行为的社会互动效应 …………………………（125）
　　第一节　引言 ………………………………………………（125）
　　第二节　研究设计 …………………………………………（127）
　　第三节　计量结果与讨论 …………………………………（136）
　　第四节　异质性讨论 ………………………………………（146）
　　第五节　本章小结 …………………………………………（151）

第七章　社会互动效应对消费不平等的影响 ……………………（153）
　　第一节　引言 ………………………………………………（153）
　　第二节　农村消费不平等的概况 …………………………（154）
　　第三节　实证研究方法 ……………………………………（159）
　　第四节　实证结果与分析 …………………………………（165）
　　第五节　本章小结 …………………………………………（177）

第八章　总结与启示 ………………………………………………（179）
　　第一节　研究结论 …………………………………………（179）

第二节　政策启示 …………………………………………（183）
第三节　研究不足与展望 …………………………………（186）

参考文献 ……………………………………………………（188）

附录 …………………………………………………………（210）

第一章 导论

第一节 研究背景和研究意义

一 研究背景

在新冠肺炎疫情、逆全球化浪潮冲击全球的背景之下,扩大内需成为促进中国经济增长的重要战略支点。近年来,居民消费取得了一定的增长。全国居民人均消费支出从 2013 年的 13220.4 元,增长到 2019 年的 21558.9 元,首次突破两万元大关,年均实际增长率达到 5.43%[①]。居民消费对 GDP 贡献率也呈现明显的增长趋势,从 2013 年的 35.63%,增长到 2019 年的 38.79%。居民消费结构趋于优化,呈现结构多元、消费品质提升和商品形态由物质向服务拓展的特征(王永中,2018)。

尽管如此,居民消费不足仍是内需不足的主要原因。消费贡献率从绝对数值上看仍然较低,比较来看,不到 40% 的贡献率,与美国等主要发达国家 60% 以上的水平仍有较大的差距[②]。政策层面上,党的十九大报告提出,完善促进消费的体制机制,增强消费对经济发展的基础性作用。此外,中央明确"十四五"时期要加快构建以国内循环为主、国内国际双循环相互促进的新发展格局。而有学者指出,居民

[①] 以 2013 年为基期,数据来源于 2020 年《中国统计年鉴》。
[②] 世界银行 WDI 数据库。

消费能力和消费意愿不足是国内经济大循环中消费环节的关键堵点（龙少波等，2021）。因此，构建双循环的第一个关键在于切实提高居民消费水平（陈彦斌，2020；董志勇、李成明，2020）。

农村居民消费的滞后性是导致中国居民整体消费不足的重要原因。不仅严重制约农村经济的发展，更成为影响国家经济发展全局的"桎梏"之一（王小华、温涛，2015）。2013—2019年，农村居民人均消费支出虽然保持了6.83%的年均实际增长率，但是各年份的消费实际增长率呈现出放缓的趋势[①]。2021年初，商务部等12部门联合印发《关于提振大宗消费重点消费 促进释放农村消费潜力若干措施的通知》，提出促进农村消费的相关措施。2021年的中央一号文件更是在时隔11年之后，再度强调全面促进农村消费。由此可见，激发农村消费潜力、促进农村居民消费成为构建新发展格局的重要战略要点。

鉴于农村消费之于经济增长和构建新发展格局的重要性，学者们对中国农村居民的消费行为开展了广泛讨论。包括养老和医疗保障、流动约束、金融资产、户籍制度、收入不平等在内的诸多因素得到了广泛关注（例如，白重恩等，2012a；张川川等，2015；陈东、刘金东，2013；卢建新，2015；张伟进等，2014；陈斌开，2012等）。相关研究表明，社会保障、信贷供给、收入分配、户籍等领域的制度改革是提高居民消费的有效手段。

现有关于中国农村居民消费的研究通常将农户视为独立的决策单元，消费决策取决于个体特征，农户独立地对外界的冲击做出反应。之所以有这样的假定，是因为在以价格为核心的经济学理论中，个体的行为决策是不受他人行为的直接影响的。然而，在乡土中国的"熟人社会"中，农村居民相互熟悉、彼此了解，每个个体都会影响其他人，其行为和观念也会受到他人的影响。通常，这种行为人之间的相

[①] 以2013年为基期，2014年农村居民人均消费支出较上一年增长10.01%，随后，这一增长率下降到2017年的6.75%。虽然2018年增速提高到8.40%，但2019年消费增速再度下降，仅为6.52%。数据来源于2020年《中国统计年鉴》。

互影响被称为社会互动（Social Interactions）①。中国古语"近朱者赤，近墨者黑"就形象生动地阐述了这个概念。近年来，来自教育、健康、农业生产、农地流转等领域的研究都证实了社会互动效应的存在，个体行为会受到参照系中其他人的直接影响，经济行为和行为结果随着群体行为的变化而变动（例如，Fortin and Yazbeck，2015；Hsieh and Lee，2016；方航、陈前恒，2020；程竹、陈前恒，2020，等等）。那么，中国农村居民的消费行为是否存在社会互动效应？社会互动效应又给农村消费和相关公共政策带来了怎样的影响？现有研究尚未系统地回答这些问题。

为此，本书将在社会经济学理论基础之上，从乡土社会的实情出发，探讨中国农村居民消费行为的社会互动效应，考察社会互动效应给农村消费和相关公共政策带来的影响。以期更好地解读农村居民消费行为，为挖掘农村消费潜力、完善促进消费的机制体制建设和新发展格局的构建提供理论基础和政策参考。

二 研究意义

深入探讨中国农村居民消费行为的社会互动效应具有一定的理论价值和现实意义。

第一，本书为社会经济学理论增添了新的实证证据，丰富了社会互动效应的国际讨论，具有一定的边际贡献。长期以来，在以价格为核心的经济学理论中，理性的行为人在一定约束下根据自身的偏好，独立做出决策，以追求经济利益的最大化。这就暗含了一个假定：个体之间是相互独立的，行为选择不会受到他人行为的直接影响。因此，社会互动效应不是被忽略了就是被遗忘了，潜藏幕后成为个体所处的外部环境的一部分（Becker and Murphy，2000）。显然，这一假定与现实生活存在一定的差距。作为一种社会性"动物"，人们行为观念的

---

① 社会互动也被称作社会规范、同伴效应、邻居效应、羊群效应等。

相互影响应当被纳入经济分析的框架中。在诺贝尔经济学奖得主贝克尔（Gary S. Becker）等学者的推动下，人与人之间的相互影响逐步得到经济学家的重视，渐渐形成了"社会经济学（Social Economics）"这一前沿领域。本书以中国农村居民消费行为为主题，深入讨论了农户消费决策的相互依赖和彼此影响，不仅丰富了社会互动效应的国际讨论，还为社会经济学理论增添了新的实证证据，并且这种证据来自一个人口基数庞大、文化悠久的发展中国家，具有一定的学术价值。

第二，社会互动效应体现了中国人的行为特征，探讨农村居民消费行为的相互影响可以帮助我们更好地理解农村居民消费行为的形成，具有一定的学术价值。乡土中国是典型的"熟人社会"，关系网络在生活中发挥着重要作用，我们彼此熟悉，也容易互相影响。杨国枢（2004）指出，中国人的人际关系取向存在四个特征：家族取向、关系取向、权威取向和他人取向，而"他人取向"就是指中国人在心理与行为上易受他人影响，对他人的意见、标准、褒贬、批评等特别敏感且重视。但是，传统的经济分析更关注个体特征对消费行为的影响，往往忽略了行为人之间的互相影响和彼此依赖。这并不符合中国本土社会的实情，与中国"他人取向"的特征也有一定的差距。社会互动视角下，个体之间的相互影响被纳入消费行为的经济分析框架中，这一过程很好地体现了乡土中国的"熟人社会"和中国人"他人取向"的特征。因此，相较于既有研究，深入挖掘社会互动效应、考察农户消费行为之间的相互影响，可以帮助我们更好地解读中国农村居民的消费行为。

第三，探讨农户消费行为的社会互动效应有助于更好地制定、评估促进农村消费的公共政策，具有一定的现实意义。根据社会经济学理论，在农户的消费决策是相互影响的情况下，也即存在内生互动效应，由自然灾害、市场波动或干预政策带来的外部冲击会在农户之间的互动下不断扩散，最终给社会总需求带来一个更大的真实影响。这就是所谓的"社会乘数（Social Multiplier）"。如果相关公共政策设计得当，"社会乘数"可以放大公共政策的效果，有助于提高公共政策的有效性（Becker and Murphy，2000）。如果忽略了"社会乘数"，为了达到政策目标，外生干预可能会被制定得高于实际所需的水平，造成社会资源的浪费。更严重的情况下，可能会因为过度干预而导致新的社会问题。除此之外，研究社会互动还能够更科学地评估干预政策带来的影响。政策的实际效果除了包括对干预组的直接影响之外，还应包括社会互动效应带来的间接影响。识别内生互动效应能正确反馈政策的实际效果，对于制定新一轮政策有重要的指导意义。

农村居民消费的滞后性是导致我国居民整体消费不足的重要原因之一。探索农村居民消费水平的社会互动效应，精准识别内生互动效应，评估"社会乘数"的大小，能让我们更清楚、更直观地了解"带动效应"或者"示范效应"对提高农村居民消费水平的影响。这有助于相关部门更好地制定补贴、消费券等刺激政策，以激发农村居民的消费潜力，进一步扩大内需。

第二节 研究目标和研究内容

一 研究目标

本书的核心目标在于，从乡土中国的"熟人社会"和中国人"他人取向"的行为特征出发，基于社会经济学理论，探索消费行为在农村居民之间的相互影响，并在此基础上讨论消费行为的依赖性对农村消费市场的影响，为完善促进消费的机制体制建设和新发展格局的构建提供理论基础和政策参考。

围绕着核心目标，本书具体的分目标包括：第一，探讨农村居民消费行为的社会互动效应的理论基础，分析内生互动效应带来的社会乘数所蕴含的政策含义；第二，实证检验农村居民消费行为是否存在社会互动效应，即消费行为是否是相互影响的；第三，分析农村居民消费行为的社会互动效应在时间和空间上表现出怎样的特征；第四，讨论农村居民消费行为的社会互动效应给相关公共政策和农村消费市场带来了怎样的影响。

二 研究内容

为了实现上述研究目标，回答预定研究问题，本书设置了如下研究内容：

第一，全面梳理社会经济学理论进展，对社会互动效应在不同领域内的经验研究以及实证研究方法展开综述，最后对既有研究进行评述，为后续讨论做好铺垫。

第二，使用非合作博弈模型，从理论上解释中国农村居民消费行为的社会互动效应，提出相应研究假说。该部分将揭示社会互动效应的微观机理；阐述消费行为的内生互动效应带来的社会乘数，及其对公共政策的意义；讨论消费行为内生互动效应的时间演变趋势和区域异质性；探讨消费支出的内生互动效应对消费不平等的影响。

第三，构建与理论基础相对应的计量模型，使用中国家庭追踪调查（China Family Panel Studies，CFPS）或中国劳动力动态调查（China Labor-force Dynamics Survey，CLDS）农户数据，实证检验农村居民消费行为是否存在社会互动效应。本书针对农村居民消费支出的社会互动效应进行检验，以判断农村居民消费水平是否相互影响及其带来的社会乘数。农户消费绝对数值的增长可能存在以下两点推动因素，一是，消费结构从满足基本生存需求的低价值消费向高价值的发展型、享受型需求的转变；二是，在消费信贷刺激下的消费水平的提高。为此，我们又进一步实证检验了农村居民消费升级和消费信贷行为的社会互动效应[①]。在此基础上，进一步分析社会互动效应是否存在时间和空间上的异质性。根据参数估计结果，讨论社会乘数的政策含义。

---

① 从国民经济的现实需求来看，有益的消费增长不仅仅是绝对数值的增长，还应当包括消费结构的优化升级。因此，有必要检验消费升级的社会互动效应。此外，消费信贷在现代金融体系及刺激消费方面发挥着重要作用，因而，需要对农村居民消费信贷的采纳行为的社会互动效应展开分析。

第四，考察中国农村居民消费不平等的现状，并在消费支出存在内生互动效应的基础上，实证检验内生互动效应的差异是否为解释消费不平等的重要因素。

第三节　概念界定

一　社会互动效应

社会互动是指个体偏好、期望和约束受到其他人的特征和行为选择的直接影响，从而形成行为人之间的相互影响、彼此依赖（Durlauf and Ioannides, 2010）。具体而言，社会互动效应可以分为内生互动效应（Endogenous Effect）和情境效应（又称外生互动效应，Contextual/Exogenous Effect）。内生互动效应是指行为人的经济行为或福利结果受到参照系中其他个体的经济行为或福利结果的直接影响，即行为本身的相互影响。情境效应是指行为人的经济行为或福利结果受到其他个体特征的直接影响，即个体行为受参照系的某些经济社会特征的影响。

对应于本书的研究，内生互动效应是指个体农户的消费行为受到参照系中其他农户消费行为的直接影响。例如，消费支出取决于其他农户的消费水平，消费信贷决策受到其他农户消费信贷行为的影响。情境效应是指个体农户的消费行为受到参照系中其他农户个体特征的直接影响。例如，其他农户的受教育程度、收入水平等特征能在一定程度上左右个体农户的消费决策，具有溢出效应。区分内生互动效应和情境效应具有重要的政策含义，文献综述部分将有详细的介绍。

二　参照系

参照系是指个体比较的对象，即能够影响个体行为选择的群体范围。综观现有研究，参照系大体上可以分为两类：第一，个体所属的真实群体，通常由研究者根据研究需要划定群组边界，比如农村居民所在的村庄、城镇居民居住的社区，学生所在的班级或年级等；第二，真实的社会网络（Peer-to-peer Networks），例如关系网络、亲属网络、社交网络、校友网络等。限于数据的匮乏，绝大多数文献的参照系都为前者。

本书将每个农村家庭的群组边界设置为其所属的村庄，也就是说，参照系为村庄中的其他农户。传统村落是一种天然的社区，以宗族为单位聚居，人口流动性较小，相较于城市社区，农户更少受到社区居住群分效应的影响（李强，2014；Liu et al.，2014）；此外，农户之间的人际网络更为紧密、社会关系也较为亲密（Fafchamps and Shilpi，2008），针对中国农村地区调查也发现，绝大多数农村居民更偏好与本村居民或亲戚朋友比较（Knight et al.，2009；陈前恒、池桂娟，2014）。因此，将村庄中其他农户视为外生的参照系具有一定的合理性。

三 社会乘数

社会乘数指外生冲击带来的加总效应与个体效应之比（Glaeser et al.，2003）。当行为选择存在内生互动效应时，外生冲击不仅会对个体产生直接影响，还会对参照系中的其他个体产生间接影响。由于个体之间的相互影响，外生冲击给一个群体带来的加总效应会超过个体互不影响、独立决策时的个体效应之和，产生社会乘数（Becker and Murphy，2000）。这意味着，个体层面的一个小变化可以产生一个较大的总体反应，一个小幅度的政策干预可以通过内生互动效应放大政策效果，有利于提高相关公共政策的有效性。在第三章的理论框架中，我们将展示社会乘数的微观基础，并在后续章节的实证研究中，具体计算农村居民消费行为的社会乘数。

第四节 技术路线图

本书采用理论与实证相结合的方法探究农村居民消费行业的社会互动效应。第二章对社会互动效应的理论基础、经验研究以及实证研究方法进行梳理，指出现有研究值得改进之处。第三章借助博弈模型构建理论框架，揭示农村居民消费行为的社会互动效应微观机理，并提出研究假说。第四至第六章分别实证检验农户消费支出、消费枢纽、信贷消费行为的社会互动效应，第七章讨论社会互动与消费不平等的关系。第八章总结本书研究发现与政策启示。

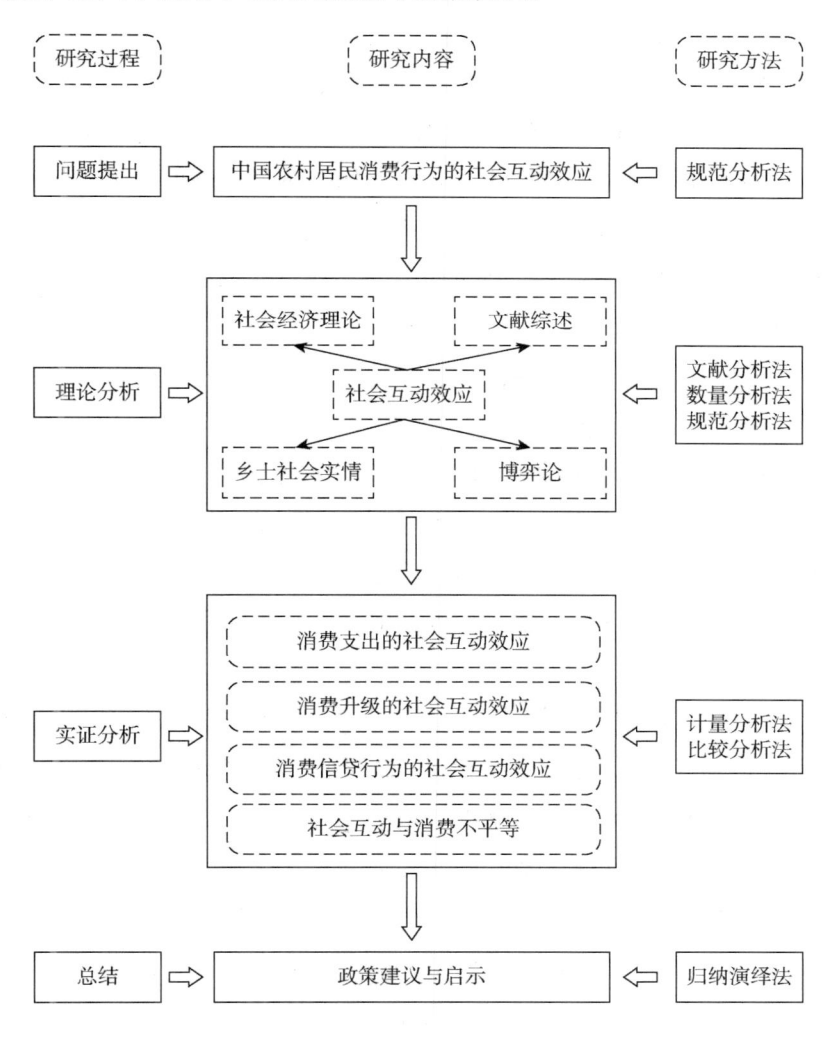

图1-1 本书的技术路线图

第五节 创新之处

与国内外既有研究相比，本书可能的创新之处体现在以下几个方面：

从研究视角上看，本书在分析中国农村居民消费行为时，不仅关注个人特征对农户消费决策的影响，还着重关注消费行为在农户之间的相互影响和彼此依赖。将农户之间的相互影响纳入经济分析框架可以很好地体现乡土中国的"熟人社会"和中国人"他人取向"的行为特征。可以说，本书兼顾了西方"个人主义"（主要关注个人特征对行为选择的影响）和东方"关系主义"（关注个体之间的相互影响）两种预设。

从研究内容上看，第一，目前鲜有文献深入讨论中国居民消费行为的社会互动效应，仅有文献也只从单一商品或单项消费支出的角度探讨了中国居民消费的同伴效应。与已有研究不同的是，本书将从消费支出、消费升级和消费信贷行为三个方面对中国农村居民消费行为的社会互动效应展开讨论，更为全面地探讨农户消费行为之间的相互依赖，从而对中国居民消费行为的研究和社会互动效应的国际讨论形成补充。

第二，本书除了检验农村居民消费行为是否存在社会互动效应之外，还进一步讨论了社会互动效应的异质性，以及互动效应带来了怎样的影响。具体而言，本书结合中国乡土社会的实际情况，讨论了社会互动效应的时间演变趋势和区域异质性；从社会互动效应的异质性出发，理论上分析了社会互动的不平等效应，并进行了实证检验。

从研究方法上看，第一，理论方面，本书使用非合作博弈模型从理论上探讨了农村居民消费行为的社会互动效应的微观机理，揭示了社会互动效应带来的影响，提出了相应的研究假说。理论模型不仅很好地展示了社会互动效应产生的机理，还在经济理论与实证模型之间建立了较好的连接。因此，相较于既有社会互动效应研究以及中国居民消费行为同伴效应研究（Ling et al.，2018；余丽甜、詹宇波，2018），本书具有较为坚实的理论基础。

第二，实证方面，本书主要采用空间计量模型来识别农村居民消费行为的社会互动效应。传统的线性均值模型由于映射问题（Reflection Problem）的存在，不能有效地区分内生互动效应和情境效应（Manski，1993），虽然工具变量、固定效应模型等方法能够在一定程度上弥补识别问题，但是仍然面临着诸多问题和挑战（Lin，2010）。本书在理论研究的指导下，结合实证方法的最新进展，使用了空间计量模型来识别社会互动效应。空间计量的运用能有效区分内生互动效应和情境效应（Lee，2007；Bramoullé et al.，2009），更加精准地评估社会乘数。

第二章 理论基础与文献综述

第一节 理论基础

一 引言

20世纪70年代起，经济学家开始重新审视社会互动效应对行为选择的重要性，将人与人之间的相互影响纳入经济分析框架，极大地拓展了经济学的研究范式，逐渐形成社会经济学（Social Economics）这一前沿领域。这主要得益于70年代后博弈论在微观领域的应用、劳动经济学中家庭内部的互动以及宏观经济学内生增长理论的发展，这三部分研究促使经济学家重新思考社会互动的重要性（Manski，2000）。在社会互动的视角下，理性的行为人因为偏好、期望和约束的互动，从而在一定群组或社会网络内形成彼此间的相互依赖。因此，个体的行为选择直接取决于其他人的行为和特征。可以说，社会互动效应的研究既是对传统经济研究的继承和突破，又是对人类的社会性的反思。

在社会互动理论的进展中，诺贝尔经济学奖得主贝克尔（Gary S. Becker）及其合作者做出了重要的贡献。贝克尔很早就关注到社会互动对于经济研究和经济行为分析的重要性。例如，其早期的著作《歧视经济学》就在效用函数中引入了雇员、消费者、邻居的种族、宗教信仰等个体特征，进而分析市场中的歧视行为（贝克尔，2014）；在关于慈善行为的分析中，又把贫困人群的生活标准纳入富人群体的效用函数中。贝克尔 1974 年发表于政治经济学杂志的《社会互动理论》是对其前期关于社会互动思考的总结,通过提出"社会收入"的概念,将社会互动"重新"纳入经济学的理论框架中(Becker,1974)。又经过二十余年的积淀,贝克尔和克拉克奖得主墨菲(Kevin M. Murphy)合著的《社会经济学:社会环境中的市场行为》提出了全新的理论框架,通过"社会资本"与个体行为选择的互补性,强调了社会互动之于市场行为的重要意义(Becker and Murphy,2000)。该著作是社会互动的经济学研究的代表性论著之一,系统地阐述了社会互动对个体选择的重要性,并广泛涉及婚姻市场、社区分割融合、潮流、时尚和社会规范等议题。为了区分贝克尔两种不同时期的社会互动理论,本书将早期的理论称为社会收入互动理论,后者称为社会资本互动理论,在下文小节中分别给予介绍和讨论。

随着博弈论的发展,越来越多的经济学家开始使用博弈论作为分析社会互动的理论工具。个体之间的非合作博弈很好地刻画了行为人之间的相互影响,同时,它也为实证研究方法提供了理论基础。梳理社会互动理论基础,对于下文分析农村居民消费行为的社会互动效应收益颇大。为此,本节将对社会互动理论的发展脉络进行梳理,并对相关理论给予讨论[①]。

二 社会收入互动理论

社会收入互动理论通过"社会收入(Social Income)"这一概念,分析了个体的行为选择和与之密切联系的其他个体的特征之间的互动关系。社会收入指传统的货币收入和他人个体特征对个体而言的货币价值之和。个体的福利水平建立于自己的行为选择和他人个体特征之上,而理性经济人会将社会收入用于行为选择和"改造"他人个体特

[①] 值得注意的是,包括社会学在内的人文学科也都涉及社会互动效应的研究,本节聚焦社会互动的经济学理论,其他学科的相关理论及比较可参见 Masnski(2000)、石新国(2013)等研究。

征，以达到效用水平最大化的目的。Becker（1974）运用这一理论对家庭内部成员之间的互动、慈善行为、嫉妒和仇恨行为进行了经济分析。考虑到本书关注家庭消费的社会互动效应，理论基础应与消费行为联系紧密，因此，本节将聚焦于一般化的社会收入互动理论。接下来，我们将对这一理论进行阐述，并进行一定的讨论。

社会收入互动理论的一般化理论建立在新消费需求理论（Michael and Becher, 1973）之上，个体 i 的效用函数为：

$$U_i = U_i(Z_1, \cdots, Z_m) \qquad (2-1)$$

其中，$Z_1, \cdots, Z_m$ 为个体的基本需求。每种需求取决于投入的商品、时间和其他个体的特征，需求满足程度可以表示为：

$$Z_j = (f_j^i x_j, t_j, E^i; R_j^1, \cdots, R_j^r) \qquad (2-2)$$

这里，x_j 为用于生产 Z_j 的其他市场商品和服务的数量；t_j 为个体投入的时间；E^i 表示个体特征变量，例如受教育程度等；$R_j^1, \cdots, R_j^r$ 表示对 Z_j 的生产产生重要影响的其他个体的个体特征。Becker（1974）给出一个例子，如果基本需求 Z_1 表示个体 i 的职业声望，那么 $R_j^1, \cdots, R_j^r$ 则可能是同一行业里其他从业人员对个体 i 的看法。

为了简化分析，假定只存在一种需求或商品，生产函数也仅有一种商品和一种其他个体的个体特征投入。同样为了简化分析，假定 x 和 R 均为正常商品，即边际效用大于0。在效用达到最高水平时，基本需求的生产函数也对应为产出的最大值，因此，式（2-1）所示的效用函数可以写为：

$$U_i = Z(x, R) \qquad (2-3)$$

他人个体特征 R 并非外生给定的，个体 i 可以通过自身的努力来改变他人个体特征 R。例如，劳动者通过尽职敬业的劳动获得职位上的威望，类似于"孟母三迁"故事中的通过搬迁追求较好的生活环境，等等。此时，他人个体特征 R 的决定函数为：

$$R = h + D_i \qquad (2-4)$$

其中，h 衡量了个体 i 在改变他人个体特征上付出的努力；D_i 表示努力程度为 0 时他人个体特征的水平，因此，D_i 可视为个体 i 的"社会环境（Social Environment）"。货币收入的预算约束可以表示为：

$$p_x x + p_R h = I_i \qquad (2-5)$$

这里，I_i 为货币收入，p_R 表示对个体 i 而言他人个体特征 R 的单位价格，$p_R h$ 即为花费在改变他人特征上的货币收入。代入式（2-4）可得到：

$$p_x x + p_R R = I_i + p_R D_i = S_i \qquad (2-6)$$

上式右侧表示了个体 i 的货币收入（I_i）和对个体 i 而言他人个体特征 R 的货币价值（$p_R D_i$），两者之和即为个体 i 的社会收入；上式左侧则表示个体将全部社会收入分配于购买商品或服务 x 和改造他人特征 R 之上。

他人个体特征，或者说所处的社会环境因素，对个体的福利水平及行为选择产生了极为重要的影响。在社会收入约束下追求式（2-3）所示效用函数最大化即可得到均衡状态下的各种性质。毫无疑问，均衡条件为商品或服务 x 和他人特征 R 的边际效用等于两者价格之比（p_x/p_R）。对式（2-6）求关于货币收入 I_i 的偏导可得到：

$$\bar{n} = w_x \cdot e_x + w_R \cdot e_R = 1 - w_{D_i} \qquad (2-7)$$

其中，$w_x = p_x x/S_i$，$w_R = p_R R/S_i$，$w_{D_i} = p_R D_i/S_i$；$e_x = \dfrac{\mathrm{d}x}{\mathrm{d}I_i} \dfrac{I_i}{x}$，$e_R = \dfrac{\mathrm{d}R}{\mathrm{d}I_i} \dfrac{I_i}{R}$。

当个体 i 自身货币收入发生变动时，商品或服务需求 x 和改造他人特征 R 的支出都会发生相应的变化。在价格和社会环境 D_i 保持不变的情况下，货币收入 1% 的变动所带来的商品或服务需求 x 和他人特征 R 的平均变动率（$\bar{n}$），小于社会环境（D_i）占社会收入的份额。这表明，个体 i 对于他人个体特征的依赖性越强，也即社会环境占社会收入的比重越大，自身货币收入变动产生的影响就越小，其行为和福利将更大程度上取决于其他个体。

除了商品或服务需求 x 和他人个体特征 R 的弹性之外，理论模型中还有一个重要因素——改变他人个体特征付出的努力 h。改变他人个体特征的货币收入弹性与他人个体特征的货币收入弹性保持以下关系：

$$e_h = \frac{\mathrm{d}h}{\mathrm{d}I_i}\frac{I_i}{h} = \frac{e_R}{n}\left[1 + w_{D_i}\left(\frac{1}{\beta} - 1\right)\right] \qquad (2-8)$$

其中，$0 \leq \beta \leq 1$ 表示花费在改造他人个体特征上的自身货币收入的比重。上式反映了几个重要的信息，首先，可以看到，因为他人个体特征是正常商品，$w_{D_i} > 0$，因此，改变他人个体特征的货币收入弹性大于他人个体特征的货币收入弹性，即 $e_h > e_R$。如果 $e_R < 1$，则有 $e_h > 1$。也就是说，即便对他人个体特征的需求具有低收入弹性的性质，改变他人个体特征上付出的努力仍具有高收入弹性的性质。其次，$e_h > 1$ 也意味着商品需求 x 的收入弹性小于 1（因为货币收入 I_i 全部用于商品消费和改造他人个体特征），这表明，与他人个体特征的互动会带来一个较低的消费收入弹性。此外，在他人个体特征的货币收入弹性与商品或服务需求 x 和他人个体特征 R 的平均货币收入弹性之比（e_R/n）保持不变的情况下，w_{D_i} 的增加将会带来 e_h 的增长。换句话说，社会环境占社会收入的比重越大，随着自身货币收入的增长，个体 i 在改变他人个体特征上所付出的努力的增长幅度就越大。

从上述社会收入互动理论中可以敏锐地把握到，个体所处的社会环境之所以能在福利水平及行为选择的形成上产生重要影响，一个重要的原因在于，个体在其他人个体特征的形成上起决定性作用。个体可以通过分配货币收入来"改造"影响自身福利的他人个体特征，进而实现福利水平的最大化。换个角度看，虽然社会收入互动理论将社会互动纳入了经济学的分析框架，但社会环境（其他人的个体特征）仍是个体选择的理性选择。这一理论突出了理性经济人在改变社会环境上的能动性，这与社会学家所强调的社会环境或社会规范对个体行为起到决定因素的主张有着较为明显的差异。随着贝克尔对社会互动研究的深入，个体对社会环境的能动性逐渐发生变化，社会互动的表现形式也从单一的来自他人个体特征的影响发展为包含更多信息的概念，我们将在本章的余下小节继续阐述。

三 社会资本互动理论

与社会收入互动理论使用他人个体特征来描绘社会环境不同的是，社会资本互动理论使用"社会资本"的概念来探讨其他人的行为选择如何影响个体行为选择，以及个体间的互动如何决定社会环境。社会资本互动理论的基础假定为：社会资本与特定经济行为之间存在互补关系，社会资本除了直接决定个体福利水平之外，还会直接提高经济行为的边际效应。当社会资本和个体行为选择呈现高度互补性之时，理性行为人的行为选择会与其他个体保持一致，因而社会资本会对个体的行为选择产生一定的"约束"。接下来，我们将展开详细的阐述，并结合本书的理论构建进行讨论。

直接考虑一个简单形式的效用函数：

$$U = U(x, y; S) \qquad (2-9)$$

其中，x 和 y 表示影响福利水平的商品或服务；S 则表示个体的社会资本，假定社会资本是外生给定的，独立于个体的选择。社会资本 S 与商品需求 x 之间保持互补的关系，S 的增加会提高 x 的边际效用，也即社会资本的增长会提高个体对商品的需求。

个体面临的预算约束为：

$$p_x \cdot x + y = I \qquad (2-10)$$

这里将商品 y 的价格单位化为 1，I 为个体的货币收入。

为了分析其他人的需求对个体选择的影响，社会资本设置为参照系 G 中所有个体对商品需求 x 的总需求。由于假定社会资本独立于个体的选择，个体需求的变动对总需求的影响足够小，可以忽略不计。此时，社会资本等于参照系中所有个体的商品需求均值：

$$S = X = \frac{1}{N} \cdot \sum x_j \quad j \in G \qquad (2-11)$$

这里，群组 G 的规模足够大（也就是 N 足够大），任何个体的需求 x_j 的变动几乎不影响社会资本 S。所有个体在式（2-10）所示的预算约束和式（2-11）给定的社会资本下，通过选择最优的商品需求量 x_j 来最大化效用水平。在此基础上，我们可以得到个体的需求函数

$$x_j = d(e_j, p, S = X) \quad j \in G \qquad (2-12)$$

其中，e_j 是影响需求的个体特征，包括前面提到的收入水平 I，也可以是其他影响需求的人口特征；p 是价格水平，反映了对群组 G 所有个体都产生影响的外部环境因素，X 是社会资本水平。

因为社会资本与个体需求之间是互补性关系，因此，他人对商品 x 的需求越旺盛，个体的需求水平就越高。如果社会资本与个体需求是极强的互补品，也就是说，社会互动对个体需求的形成非常重要时，诸如价格水平、收入水平等传统研究关注的变量的影响就会变小很多。暗含之意为：当社会环境因素影响很强大的时候，个体没有多少选择的自由（Becker and Murphy，2000）。

社会互动视角下另一个重要性质就是社会乘数。在社会资本与个体需求保持较强的互补关系时，包括价格变动在内的外生冲击对每个个体的需求产生的边际影响不会很大。但是，由于每个个体之间的相互影响，也即在社会资本发挥作用下，群组的加总需求的变动就会得到成倍的放大。对所有个体的需求 x_j 加总可得到均衡状态下的平均需求 X：

$$X = \sum \frac{d(e_j, p, S = X)}{N} = \sum \frac{x_j}{N} \qquad (2-13)$$

对上式求全导可得：

$$\frac{dS}{dp} = \frac{dX}{dp} = \frac{\sum dx_j/dp}{N} = \frac{\sum \partial x_j/\partial p}{N} + \frac{\sum (\partial x_j/\partial S)/(dS/dp)}{N}$$

$$(2-14)$$

进而可得到：

$$\frac{dS}{dp} = \frac{\frac{1}{N}\sum \partial x_j/\partial p}{1-m} \qquad (2-15)$$

其中，$m = (1/N)\sum(\partial x_j/\partial S)$，$m > 0$。式（2-15）等号右侧的分子表示价格变动引起的个体需求的平均变化，等式左侧表示的是价格变动引起的社会资本的变动，也即加总需求的平均变化。后者与前者之比等于一个小于 1 的系数 $1/(1-m)$，而系数 m 恰恰表示的是社会资本与个体需求之间的关系。上式表明，社会资本与个体需求之间的互补关系会刺激其他成员的需求，最终放大群组所有成员的需求变化的总效应。也就是说，个体之间互动放大了外生冲击的影响。而系数 m 也被 Becker 和 Murphy（2000）称为社会乘数①。社会乘数的大小取决于社会互动的强度（社会资本和行为选择的互补性的强度），群组成员之间相互影响的程度越高，社会乘数也就越大。当社会资本和个体需求具有较强的互补性时，尽管外生冲击直接引起的个体需求的变化或许较小，但是，在社会乘数的作用下，外生冲击仍然会给群组总需求带来可观的影响。

相较于社会收入互动理论，社会资本互动理论从某种程度上"放弃"了个体的能动性。当社会资本与个体行为选择保持较强的互补性时②，理性的选择是尽可能地与群组其他成员的行为选择保持一致，个体决策将在很大程度上受到他人选择的左右。因此，一旦个体嵌入特定的群组中，行为选择就会受到同伴的约束。这在一定程度上吸纳了社会学家和人类学家所强调的社会结构对行为起到强制性作用的观点。但是，Becker 和 Murphy（2000）也指出，社会结构对行为选择产生较强的约束并非否定了个体的选择和选择的理性，此时，关键问题转移到对群组的选择上和"与谁交往"的问题之上。个体仍然可以通

---

① 这与社会互动实证研究中关于社会乘数的定义略有差别，下文将有详细的推导和讨论。
② 此时的社会资本即为群组中其他成员的行为选择。

过迁移、婚姻、结交朋友的方式改变社会资本，进而影响他们的行为。在《社会经济学：社会环境中的市场行为》这本著作中，作者也用专门的章节讨论了个体对婚姻伴侣、居住社区、学校等的选择问题（Becker and Murphy，2000）。只不过，与社会收入互动理论不同的是，这种"能动性"不在同一个基本的理论框架中体现。

四　非合作博弈的社会互动理论

经济学家使用个体之间的博弈来描绘行为人之间的互相影响和依赖。使用博弈论作为分析工具可以把理论思想以更为清晰的数学公式呈现出来，有助于从理论上认识个体行为的非独立性及其对经济行为或经济福利的影响。同时，它也是开展社会互动效应实证研究的理论根基之一。由于行为人在做选择时会充分考虑其他人的影响，因此个体的效用函数大体上由两部分组成：一是由外生特征所决定的私有效用（Private Utility）；二是与其他个体选择直接相关的社会效用（Social Utility）。在不同学者的研究中，社会互动的博弈模型大体上分为社会规范和策略互补两种形式（Brock and Durlauf，2001；Zanella，2004；Liu et al.，2014；Blume et al.，2015，等等），本节进一步给予评述，并讨论其中蕴含的含义。

社会规范模型将同伴的行为选择视为某种社会规范，个体遵循这一规范而形成了社会互动效应。假设来自群体 r 的个体 i 可以用一组特征 (x_i, z_i) 表述，其中 x_i 是可以观测到的特征，z_i 是不可观测到的私有特征。使用个体付出的努力 y_i 来反映某种行为或某个结果变量。个体效用取决于自身付出努力 y_i、个体特征 (x_i, z_i) 以及群体中其他个体付出努力 y_j 和特征 x_j。个体 i 在可行域 $[y_{min}, y_{max}]$ 内选择努力水平 y_i 来最大化自身效用水平，效用函数为：

$$U(y_i, y_j) = (\gamma x_i + z_i + \delta \sum_j w_{ij} x_j) y_i - \frac{1}{2} y_i^2 - \frac{\varphi}{2} (y_i - \sum_j w_{ij} y_j)^2$$

$$(2-16)$$

上式等号右边前两项是个体私有效用，取决于自身付出努力、个体特征和群体特征。$\sum_j w_{ij} x_j$ 是个体可观测特征的加权平均数，代表参照系中其他个体的特征对效用水平的影响，y_i 的平方项反映了边际效用递减特征。上式右边的第三项为社会效用函数，它表示了个体行为与参照系加权平均水平的背离。φ 是对背离平均水平的惩罚，平方项反映了边际递减的特征。在 $\varphi > 0$ 的情况下，个体存在与群体保持一致的偏好，社会压力驱使个体避免自身的经济行为与群体平均水平的差距。社会规范模型在相关话题的研究中得到了很好的应用，例如，对消费者的从众心理和攀比效应的解释（Roychowdhury, 2019），对公民生育行为的影响（Manski and Mayshar, 2003），对少年犯罪从众行为的解释（Patacchini and Zenou, 2012），等等。

在此基础上，所有个体在不协商的情况下同时做出最优决策，均衡条件下个体的最优反应函数：

$$y_i = \lambda_0 \sum_j w_{ij} y_j + \beta_{10} x_i + \beta_{20} \sum_j w_{ij} x_j + u_i \quad (2-17)$$

其中，$\lambda_0 = \varphi/(1+\varphi)$，$\beta_{10} = \gamma/(1+\varphi)$，$\beta_{20} = \delta/(1+\varphi)$，$u_i = [1/(1+\varphi)] \cdot z_i$。式（2-17）所示的经济行为或经济结果的决定函数很好地体现了行为的非独立性。可以看出，个体经济行为不仅取决于个体特征（x_i, z_i），还受到同伴的行为和特征（y_j, x_j）的直接影响。根据 Manski（1993）关于不同类型社会互动效应的定义，系数 λ_0 反映了内生互动效应，系数 β_{20} 体现了情境效应。同时，式（2-17）也完成了从理论模型向计量模型的转变。

策略互补模型是指同伴的行为选择影响个体行为选择的边际收益，从而导致社会互动效应。例如，学生在课程学习上付出更多时间和精力可能会通过答疑、互助等方式提高同伴的学习效率，进而表现出学习成绩的同伴效应。农户对某种新技术的经验积累会帮助邻居提高使用效率，进而在技术采纳、生产效率等方面呈现出社会互动效应。策略互补情况下，效用函数可设置为：

$$U(y_i, y_j) = \left(\gamma x_i + z_i + \delta \sum_j w_{ij} x_j\right) y_i - \frac{1}{2} y_i^2 + \varphi \sum_j w_{ij} y_i y_j \quad (2-18)$$

互动效应来源于式（2-18）右边第三项，它表示参照系中其他个体的行为直接影响个体的边际效用。如果 $\varphi > 0$，则意味着群体的平均水平提高了自身的边际收益。在策略互补模型均衡条件下，可以得到与上述社会规范模型类似的最优反应函数，个体经济行为同时取决于个体特征（x_i, z_i）和同伴的行为及特征（y_j, x_j）。该模型被广泛应用于学习成绩的同伴效应（Calvó-Armengol et al., 2009）和社会网络理论的研究中（如 Bramoullé and Kranton, 2007）。当然，个体之间的博弈不单单表现为上述两种形式。学者可以根据研究话题，从不同角度刻画行为人之间的博弈。例如，策略互动除了提高边际收益之外，也有可能通过信息分享影响成本函数的方式，表现出互动效应。Blume 等（2015）证明上述两种非合作博弈在 $\varphi > 0$ 和 w_{ij} 非负的条件下存在唯一均衡。

均衡的唯一性可能因为分布的不同而存在差异。当互动行为表现为离散型选择变量时，均衡的唯一性可能不再满足。Brock 和 Durlauf（2001）基于离散选择模型，考察了离散选择行为的社会互动效应。研究发现，当社会互动效应较大时，理论上存在较为复杂的多重均衡。对于一些特定的行为，如果私人效用对于行为决策的边际效应相对较小，而社会效用的贡献较大时，个体为了避免行为的偏离带来的效用损失或获得更高的边际收益，会把更多注意力放在同伴的行为选择上，从而导致多重均衡的出现。例如，青少年吸烟行为存在同伴效应，吸烟给自身带来的生理满足感是私人效用，得到朋友的认可和同学的称赞是社会效用。在吸烟对生理满足感相对较小的情况下，学生们更倾向于学习模仿其他人。因此，吸烟行为可能存在多重均衡。在离散选择互动模型中，如果使用 $y_i = \{-1, 1\}$ 来表示离散选择行为，那么个体行为与群体行为的期望值可以用一个双曲正切函数（tanh）表示。在图 2-1 中，实线是斜率为 45°的直线，它表示个体的选择与群体行为相等的均衡状态①。由于双曲正切函数是一个 S 形曲线，个体行为的概率函数与 45°直线可能存在多个交点，也意味着模型可能存在多重均衡。图中短虚线与 45°直线有三个交点，左下方的交点代表了一个低水平的无效率均衡，右上方的交点代表了一个较高水平的均衡。并且，这两个均衡点都具有稳定性，任何在均衡点一定范围内的偏离都会逐步收敛到均衡点。多重均衡的存在可能使得经济系统收敛于低水平均衡（Zanella，2004）。为了摆脱无效率的发展路径，政策干预就显得尤为重要。例如，陆铭等（2013）研究发现中国农村到城市的劳动力流动决策中存在着相互依赖，并且劳动力流动的确处于低水平均衡。为了摆脱城市化的低水平均衡，需要在消除劳动力流动的制度障碍方面实施"大推动"政策，并借助社会互动加速城市化进程。

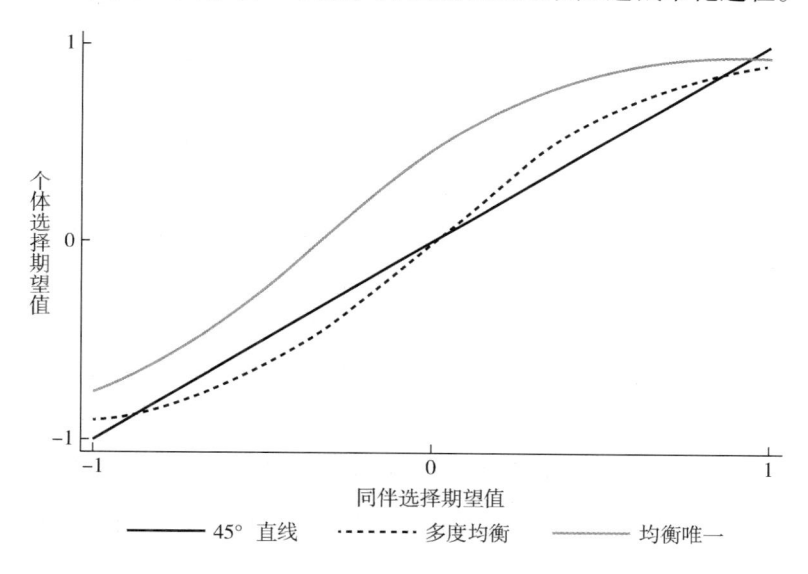

图 2-1　离散选择互动模型的均衡示意

注：根据 Brock 和 Durlauf（2001）离散互动模型的均衡条件绘制。

从上述讨论中可以看到，使用博弈论作为分析工作的社会互动理

---

① 与 Zanella（2004）讨论中的示意图基本相同。

论与贝克尔的社会资本理论有着较为紧密的联系。第一，博弈论模型较为直观地将个体的理性行为选择与他人行为选择和特征联系起来，而其他个体的行为选择可以视为社会资本互动理论中的社会资本，博弈论模型中的社会规范规模和策略互补模型则以具体的函数形式呈现了社会资本互动理论中"社会资本与经济行为之间存在互补关系"。第二，两者都是在既定的参照系下讨论个体之间的互动。对于社会资本理论而言，个体不再能通过自身的努力改变社会资本，而在博弈论模型中，个体同样不能对自身所处的参照系产生影响。也就是说，社会资本互动理论和博弈论模型对于个体的主观能动性的肯定都不如社会收入互动理论那般"强烈"。

第二节　文献综述

一　引言

在现实生活中，个体的行为决策会受到群体及其他个体行为的直接影响。通常，这种行为人之间的相互影响被称为社会互动效应。早期的经济学研究非常重视个体间的互动。凡勃伦在《有闲阶级论》中对炫耀性消费的讨论是最早涉及社会互动的经济学文献之一。炫耀性消费是表征财富和权力的消费行为，其深层含义是人们在消费行为上的相互影响[①]。但是，随着需求理论严密性的增强，这种个体之间的互动被逐渐淡化（Becker，1974）。在很长一段时间内，以价格理论为核心的主流经济学都假定行为人之间并不会直接相互影响，个体独立地对市场信息做出反应。

伴随着经济理论的拓展，社会互动的实证研究也大量出现。美国西北大学教授曼斯基（Charles Manski）首先对社会互动效应进行了严

---

① 贝克尔（Becker，1974）指出，边沁（Bentham）对人的15种基本快乐和痛苦的讨论，以及西尼尔（Senior）和马歇尔（Marshall）对超群欲望的讨论都包含了个体间的互动；此外，Leibenstein（1950）对消费外部性的讨论也是建立在消费者相互影响的基础之上。

格的区分与定义，构建了一般化的线性均值模型（Linear-in-mean Model），为后续实证研究奠定了坚实的基础。随后，曼斯基在所发表的《社会互动的经济分析》（Manski，2000）一文中对以往有关社会互动的研究做了比较系统的梳理，并指出社会互动的实证研究存在两个需要改进的地方：一是实证分析与理论研究的结合，在两者相对孤立的情形下很难清晰地解释经验研究的真正含义。Manski（2000）指出，很多实证研究往往借用社会学等其他学科的术语，并没有与经济学理论有多少联系。二是识别不同的互动效应所固有的困难，例如映射问题等。近十年来，相关研究取得了可观的进展。一方面，博弈论为社会互动效应的经济分析提供了强有力的技术支持，经济学家基于个体间的非合作博弈刻画了行为人之间的相互影响。同时，它也为实证研究方法提供了理论基础。美国经济学家 Steven Durlauf 及其团队的系列研究将实证模型和微观理论基础做了很好的连接（如 Brock and Durlauf，2001；Blume et al.，2015）。另一方面，在李龙飞（Lung-fei Lee）、Yann Bramoullé 等学者的推动下，空间计量模型与社会网络的结合有效地解决了社会互动效应的识别问题，它不仅避免了线性均值模型的局限性（Lee，2007；Bramoullé，2009），还使得社会互动的讨论从传统的群体走向更加贴近于现实生活的社会网络。

近年来，国内外关于社会互动效应的研究出现了快速增长的趋势。我们使用 Web of Sience 和中国知网数据库进行检索的结果表明，过去二十余年里，以"社会互动（Social Interaction or Social Interactions）"或"同伴效应（Peer Effect）"或"邻里效应（Neigborhood Effect）"为主题发表的英文 SSCI 期刊论文年均增幅达到 10.10%，中文 CSSCI 期刊论文年均增幅达到 19.61%[①]。但国内学者对于社会互动效应的讨论明显少于国际讨论（见图 2-2）。

行为决策的社会互动效应具有重要的政策含义和学术价值。由于

---

① 当然，这一数据不仅限于社会互动效应的经济学讨论。

行为的溢出效应，外生冲击带来的影响不再局限于特定个体，而是在行为人之间"回荡"，产生社会乘数效应，有助于提高公共政策的有效性（Becker and Murphy，2000）。在忽略社会乘数的情况下，政策效果可能被低估。此外，个体行为的依赖性可能带来多重均衡的情形，使得经济系统存在收敛于无效率的低水平均衡的风险。因此，研究社会互动效应对于相关公共政策的制定和评估至关重要。值得注意的是，在中国的社会文化背景下，人际关系取向存在"他人取向"的特征，在心理与行为上易受他人影响（杨国枢，2004）。将行为决策的依赖性和非独立性纳入行为分析框架中，能更好地解读中国人的经济行为和群体行为。

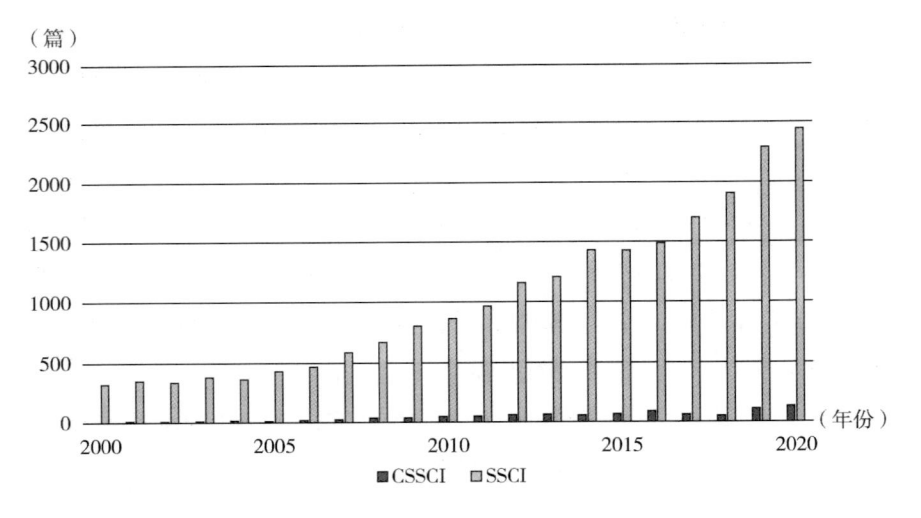

图 2-2　相关文献检索情况

资料来源：Web of Science 及中国知网。

鉴于社会互动研究的重要性，系统梳理社会互动效应研究进展就显得尤为必要。为此，本章聚焦于个体经济行为和经济福利的社会互动效应，对相关研究进行评述。首先，对社会互动效应的概念和分类展开介绍；其次，就诸多领域内的社会互动效应实证研究进行梳理；再次，对社会互动的实证研究法方法进行较为系统的介绍；最后，进行文献评述。

二 社会互动效应的来源及含义

社会互动是指个体偏好、期望和约束受到其他人的特征和行为选择的直接影响,从而形成行为人之间的相互影响、彼此依赖(Durlauf and Ioannides, 2010)。在社会互动视角下,行为人的行为决策不再是独立的,它不仅取决于自身个体特征和所处环境特征,还在很大程度上受到参照系中其他个体行为和特征的直接影响。例如,学生学习成绩受班级平均成绩或同伴的影响;朋友的意见或经验会在很大程度上左右消费者购买决策;农户是否外出务工、是否采纳新技术与邻居的决策息息相关。理论上,个体行为的溢出效应通过三个渠道实现:偏好互动(Preference Interaction)、期望互动(Expectation Interaction)和约束互动(Constraint Interaction)(Manski, 2000)。首先,偏好互动是指其他行为人的选择直接影响个体对选择集合中选项的偏好排序。例如,消费行为的从众效应和势利效应就是典型的其他行为人的选择影响个体的偏好。其中,从众效应即消费者追求潮流,当他人购买越多时,自己的购买欲望就越强烈;势利效应即消费者追求独占性,当他人购买越多时,自己的购买欲望反而越弱(Leibenstein, 1950)。其次,期望互动是指通过其他行为人的选择调整个体预期进而影响个体行为。在信息不对称情况下,为提高决策质量,行为人常会向朋友"取经",或者观察其他人行为。其他人行为包含了一些有价值的信息,从而行为人可以基于朋友的信息来调整自己的先验信息,进而做出最优决策。期望互动的典型案例之一是新产品或技术的传播、扩散。生产者在不了解新技术的情况下会参考其他人的使用经验,然后决定是否采用这项技术。消费者在不了解商品质量时会依据其他人的消费体验决定是否购买。最后,约束互动是指选择集合的相互依赖而导致的互动效应。选择集合相互排斥时会产生负向互动效应。比如,生产者都需要一种储量有限的资源时,"别人"抢购越多,"自己"能买的就越少，从而"别人"产量越大，"自己"的产量就越小。选择集合互补时，会产生正向互动效应。例如，某个学者构建了新理论或发展了一个新研究领域，会给后继学者提供更多的选择。

在实证研究中，社会互动效应又可区分为两类：一是行为本身的相互影响，即个体行为会受到参照系中其他个体行为的直接影响；二是他人的个体特征对个体行为的直接影响，即个体行为受参照系的某些经济社会特征的影响。根据 Manski（1993）的定义，前者被称为内生互动效应，后者被称为情境效应，又称外生互动效应。以农户生产行为为例，内生互动效应是指一个农户的作物选择和资源分配会参考邻居的经验；情境效应是指生产行为受邻居的个体特征影响，如文化程度、技术水平等。然而，农户和邻居生产行为表现出的一致性可能不是内生互动效应或情境效应带来的，而是农户间相似的个体特征和共同面临的环境所导致的。这种效应被称为关联效应（Correlated Effect）。

公共政策效果在不同社会互动效应的影响下会有巨大差异，区分内生互动效应、情境效应和关联效应非常重要。如果某个行为存在内生互动效应，则外生冲击不仅对个体产生直接影响，还会对其他人产生间接影响。由于个体之间的相互影响，外生冲击给一个群体带来的加总影响会大大超过个体互不影响、独立决策时的个体效应之和，产生所谓的社会乘数。这意味着，一个小幅度的政策干预可以通过互动效应放大政策效果，提高政策的有效性（Becker and Murphy，2000）。同样，一个负面影响也会因为行为人之间的互动而被放大。仍然以农户生产行为为例，如果农户生产效率存在内生互动效应，政府相关部门为部分农户提供的技术培训将直接提高这些农户的生产效率，然后通过农户间的互动间接地提高那些没有接受技术培训农户的生产效率。由于社会乘数效应，技术培训政策效果将被放大。如果农户生产效率只存在情境效应和关联效应，情境效应和关联效应并非行为本身的相互影响，就不会发生这种乘数效应，政策效果将十分有限。

三 社会互动效应对经济行为和福利的影响

学者们已在消费行为、劳动力流动、农业生产、教育、政治参与、犯罪、健康等领域对社会互动进行了大量的理论分析和实证研究,本节我们将对社会互动效应在不同领域的应用进行综述。

(一) 消费行为的社会互动效应

现有研究主要从炫耀性消费和社会学习(Social Learning)两个角度解释消费行为的社会互动效应。

炫耀性消费是表征财富和权力的消费行为。在《有闲阶级论》一书中,凡勃伦将炫耀性消费引入了经济学研究,认为两种动机导致了炫耀性消费的出现。一种是歧视对比,社会地位较高的阶层可以通过炫耀性消费区别于社会地位较低的阶层。另一种是金钱竞赛,社会地位较低的阶层通过炫耀性消费来模仿社会地位较高的阶层。从炫耀性消费角度看,消费行为中的互动效应是显而易见的。为了避免相对剥夺对效用的负面影响,个体必须保持他在参照系中相对地位的平衡,而炫耀性消费作为身份地位的信号,势必会受到参照系里其他个体的影响。当参照系里其他成员消费增加而自己的消费保持不变时,相对地位的下降会使得个体效用水平下降。因此,个体也会相应地增加消费以满足对社会地位的追求。在 Leibenstein(1950)关于消费的外部性研究中,从众效应和势利效应也体现了消费之间的相互影响。Frank(1985)基于博弈论研究了消费者的互动,结果表明非合作决策不能达到整体最优福利水平,合作决策则能够避免囚徒困境,提高整体福利水平。类似地,Hopkins 和 Kornienko(2004)认为,如果个体关注自身社会地位,他的效用将取决于其他人的消费,其消费行为会变为策略性行为。Roth(2015)将家庭消费分为可见性消费和不可见性消费,前者具有相对效应和绝对效应,后者仅有绝对效应,均衡状态下家庭可见性支出份额取决于参照系中其他家庭的可见性支出份额。这一理论还被推广到工作时间的互动效应研究中。Frijters 和 Leigh(2008)

研究发现，同伴的工作时长增长后，个体为了维持原有的社会地位，也将增加劳动时长。

社会学习是解释消费中存在社会互动效应的又一重要理论。尤其当商品质量或属性存在不确定性时，消费的互动效应凸显。在商品质量不确定的情况下，消费者会参考其他消费者的信息，以尽可能地提高自己的决策质量。这些信息可能来自购买过该产品的朋友的经验分享，也可能来自对他人消费行为的观察。消费者的学习行为会产生信息带，个体行为倾向于跟随前人的决策，因而表现出羊群效应。Moretti（2011）在同时考虑先验信息和私有信息的情况下发现，消费者的社会互动会给高于消费者预期的产品带来社会乘数效应。也就是说，社会学习会使"成功"的商品变得更加"成功"。他使用消费者利用票房信息来推测电影质量的例子证实了这一观点。

大量的实证研究也发现，无论是在发展中国家还是在发达国家，消费行为的社会互动效应都普遍存在。Angelucci 和 De Giorgi（2009）通过分析一项针对墨西哥贫困人群的援助项目发现，援助不仅直接提高了受助家庭的消费水平，还间接提高了没有接受援助家庭的消费水平。Roth（2015）基于印度尼西亚现金转移项目的自然实验进一步区分了可见性消费和不可见性消费，结果显示，参照系的可见性消费的比重随着干预组的比重的增长而增长，不可见性消费的比重则随着干预组的下降而下降。Roychowdhury（2019）研究发现，印度农村社区中其他成员平均消费支出每增加 1 单位，会导致农村居民的消费支出增加 0.7 个单位。换言之，社会乘数约等于 3，即对引起平均消费支出发生变化的外生冲击的均衡反应大约是初始平均反应的 3 倍。来自发达国家的证据同样表明，消费存在显著的社会互动效应。Kuhn 等（2011）基于荷兰邮政彩票的自然实验验证了收入的外生冲击会带来消费的互动效应，研究发现，彩票的奖金不仅使中奖者耐用品的消费大幅增长，还会使中奖者的邻居的汽车消费显著增长。Grinblatt 等（2008）使用芬兰居民的数据同样发现，汽车购买行为中存在同伴效应。De

Giorgi 等（2020）展示了丹麦总体消费中存在不可忽视的同伴效应。

绿色消费的社会互动效应也引起了学者们的广泛关注。Schultz 等（2007）的实验发现，向居民提供社区平均能源消费量的描述性规范信息会影响家庭的能源消耗，而干预效果取决于初始的能源消费水平。Ayres 等（2013）的实验得出了类似的结论，能源公司向客户提供其他居民季度或月度的用电和用气的信息能有效降低客户的能源消费，且这一效应能持续数月。Welsch 和 Kühling（2009）使用德国居民数据研究发现，人们在安装家用太阳能、参与绿色电力项目和购买有机农产品这三项环境保护型消费方面存在社会互动效应。Lucas 等（2018）研究发现，消费者对绿色海鲜产品的支付意愿存在同伴效应。

（二）校园中的同伴效应

学校教育中正向同伴效应为提高人力资本的投资收益提供了可能。如果成绩较差的学生能受益于成绩较好的同伴，同时不会对成绩较好的学生产生影响，那么根据能力差异将学生进行混合搭配，就会产生额外的社会收益。诸多研究对学习成绩的同伴效应进行了论证。从研究内容来看，大多数研究探讨年级或班级的平均学业成绩对学生学习成绩的影响，以检验是否存在同伴效应（Hanushek et al., 2003；Ding and Lehrer, 2007；Carman and Zhang, 2012；Lu and Anderson, 2015；袁舟航等，2018；武玮、祁翔，2019）。随着学生之间的"朋友网络"数据的公开，学者们检验了来自"朋友圈"的同伴效应。Lin（2010）、Hsieh 和 Lee（2016）基于真实的社交网络数据，使用空间计量模型研究发现，学生成绩存在显著的正向外部性。除此之外，还有文献使用随机干预实验和自然实验的方法来研究互动效应。Sacerdote（2001）和 Zimmerman（2003）利用大学新生随机分配宿舍的自然实验，研究发现，室友成绩对个体成绩具有显著影响。Li 等（2014）在对中国小学生进行的一项随机试验中，将成绩较好和成绩较差的学生配对，并为他们提供集体学习奖励，试验结果表明，可以在不损害好学生成绩的情况下提高差学生的测试得分。

但是，肥胖、酗酒、吸烟、毒品等同伴效应极有可能导致肥胖、不良行为、犯罪等问题在青少年中的扩散，引起了学者们的广泛讨论。这种同伴效应可能源于青少年之间的学习模仿。当观察到受欢迎的学生喝酒抽烟时，青少年会有动机去模仿这些行为，以在同龄人中追求类似的地位（Brechwald and Prinstein，2011）。一些研究发现，青少年在饮食习惯上也会受到同伴的影响。Fortin 和 Yazbeck（2015）研究显示，快餐消费存在同伴效应，同伴快餐消费频率每增加 1 个单位，会使美国中学生快餐消费增加 0.129 个单位。也就是说，青少年快餐消费的社会乘数为 1.15。Salvy 等（2008）研究发现，相较于体重正常的女生，超重女生们一起进餐时会摄入更多的卡路里。Yakusheva 等（2011）研究表明，女生在饮食习惯、健身和减肥药的使用上，存在显著的正向互动效应。Fletcher（2012）基于美国青少年数据研究发现，班级中有饮酒经历的学生比例每增加 10%，个体喝酒的可能性就会增加 5%。Svensson（2010）使用瑞典青少年的数据分析了同伴效应在青少年饮酒中的作用，结果表明就读于饮酒、酗酒比例高的学校，个体的饮酒和酗酒的概率会大大提高。类似的证据还包括 Kremer 和 Levy（2008）、Kawaguchi（2004）、Lundborg（2006）、Bergh 等（2011）等。此外，大量研究证实了青少年在香烟和毒品消费中存在同伴效应（例如 Gaviria and Raphael，2001；Powell et al.，2005；Clark and Loheac，2007；Fletcher，2010；Card and Giuliano，2013；McVicar and Polanski，2014，等等）。

（三）农业农村中的社会互动效应

在劳动力市场信息不对称情况下，劳动者通常会观察其他人的流动行为来优化自己的决策，从而使得劳动力流动中存在社会互动效应。Bauer 等（2002）针对墨西哥移民的研究发现，在控制影响劳动力流动的社会资本、社会网络等因素后，移民决策过程中存在羊群效应。Araujo 等（2010）研究发现，墨西哥农村居民的非农就业中存在互动效应，邻居的职业选择对个体的非农就业产生显著影响。针对中国劳动力流动的研究同样发现，农户迁移概率与村庄人口迁移比率存在正相关关系（陆铭等，2013；潘静、陈广汉，2014）。

在针对农村居民的研究中，除了劳动力流动之外，其他领域的社会互动也引起了学者们的广泛讨论。在农业经济领域，学者们认为小农不仅可以通过"干中学"提高产量，还可以通过彼此间的学习模仿、信息分享来提高效率和收益。Foster 和 Rosenzweig（1995）研究发现，邻居对于新技术的使用经验能显著提高农户自身收益。Songsermsawas 等（2016）的实证结果表明，农户收入的 60% 可由同伴效应解释。相关研究还发现，农户在技术采纳（Maertens and Barrett, 2013）、产出和投入（Guo and Marchand, 2019）、种植多样化（程竹、陈前恒，2020）等方面都存在社会互动效应。也就是说，农户的生产行为确实是彼此影响、相互学习的。此外研究还发现，在农村居民的信贷准入（Wydick et al., 2011）和应对风险（Di Falco and Bulte, 2013）等方面，社会网络中也存在互动效应。

（四）政治参与的社会互动效应

从社会网络和社会互动的视角出发，国外学者对公民的政治参与行为进行了大量的研究。核心观点是，关系网络、在网络中的位置以及社会背景对解释公民政治参与行为和政治态度至关重要（Weatherford，1982）。在较早的一篇文献中，Foladare（1968）考察了邻居中从事体力劳动和脑力劳动的比例对居民选举行为的影响。研究发现，来自邻居的影响远远超过了政党的实际表现。

总体来看，已有研究主要从信息分享和社会规范这两个角度来解释选举投票的互动效应。与选举有关的信息在行为人之间的分享是产生互动效应的重要原因。在日常交往中，对于选举的认知、候选人的看法等信息会在行为人之间传递和扩散，进而激发人们的讨论。对于没有明确偏好的个体而言，朋友的看法会使其形成相同的认知，进而影响个体的政治参与和选择。学界研究发现，社会网络中的政治讨论对于公民的政治参与产生了显著的正向影响（McClurg，2006）。来自

"朋友"的影响也可以不依赖于社会交往，而是通过营造一种社会氛围，引导个体参与选举投票，这就是所谓的社会规范。一个社会网络中大部分人都积极参与选举投票，或者对某个候选人青睐有加，就会形成一种社会规范，激励网络中的其他个体参与投票（Nickerson，2008）。即使人们不经常谈论选举，仍然可以通过自己的行为树立良好公民的榜样，影响他人的政治参与行为。

（五）其他领域的互动效应

健康领域的研究发现肥胖会在个体之间传染。Christakis 和 Fowler（2007）研究发现，如果一个人变得肥胖，他朋友变得肥胖的可能性会增加57%；如果兄弟姐妹变得肥胖，个体变得肥胖的可能性会增加40%；如果一个人变得肥胖，配偶变得肥胖的可能性会增加37%。Maximova 等（2008）、Halliday 和 Kwak（2009）研究发现，儿童和青少年的体重会受到他们朋友和父母体重的影响。Cohen-Cole 和 Fletcher（2008）研究表明，体重的社会互动效应在性别和亲密程度上存在异质性。李磊等（2016）证实了中国成年人的肥胖具有传染性。

犯罪行为的社会互动效应因其高额的社会成本也引起了学者们的高度关注。一些研究发现，犯罪行为的社会互动效应普遍存在于拘留所、学校和社区之中。关押在同一拘留所的犯人会影响彼此出狱后的犯罪行为（Bayer et al., 2009；Drago and Galbiati, 2012）。社区和学校中有犯罪经历的人比例越高，个体犯罪的概率越大（Deming, 2011；Billings et al., 2019），且这种互动效应具有长期性（Damm and Dustmann, 2014）。

四 社会互动效应的识别

不同类型的社会互动效应对应了不同的政策含义，因此实证研究的核心内容就是区分内生互动效应和情境效应。然而，识别社会互动效应并非一件容易的事情，难点在于传统的线性模型不能有效地区分内生互动效应和情境效应，即存在所谓的映射问题（Manski, 1993）。

目前，学界已提出了诸多解决映射问题的方法。其中，使用空间计量模型识别社会互动效应是一种较新的研究思路和研究方法。它不仅能避免映射问题，还可以根据研究需要灵活设置模型，是识别社会互动效应的一种崭新的思路。考虑到陆铭、张爽（2007）已经对映射问题进行了较为详细的介绍，本节将对社会互动效应的实证研究方法新进展进行综述，并将重点放在介绍空间计量模型的应用和评价不同模型的优缺点上[①]。

（一）线性均值模型及识别问题

线性均值模型使用群组均值作为群组中其他个体的代理变量，通过考察群组均值对个体的影响来识别社会互动效应。在标准的互动效应模型中，个体行为受到自身特征、群组中其他个体特征以及其他个体行为的影响。经典线性均值模型可设定如下：

$$y_{ir} = \lambda_0 E(y_r \mid r) + \beta_{10} x_{ir} + \beta_{20} E(x_r \mid r) + \varepsilon_{ir} \quad (2-19)$$

在上式中，y_{ir} 代表来自群组 r 的个体 i 的结果变量，例如，农户的农业生产行为、技术采纳行为、家庭消费支出等；x_{ir} 代表 i 的个体特征，例如，年龄、性别、受教育程度等；$E(y_r \mid r)$ 和 $E(x_r \mid r)$ 分别表示群组 r 的结果变量和个体特征的均值，ε_{ir} 代表误差项。在模型中，λ_0 反映了个体结果变量随着群组结果变量均值的变化而变化，即为内生互动效应系数；β_{20} 反映被解释变量随着群组特征均值的变化而变化，即为情境效应系数。进行简单的转换后我们就可以得到：

$$y_{ir} = \beta_{10} x_{ir} + [(\lambda_0 \beta_{10} + \beta_{20})/(1 - \lambda_0)] E(x_r \mid r) + \varepsilon_{ir} \quad (2-20)$$

虽然上式中的 β_{10} 和 $[(\lambda_0 \beta_{10} + \beta_{20})/(1 - \lambda_0)]$ 可以识别，但无法从中分离出内生互动效应系数 λ_0 和情境效应系数 β_{20}，只能得到一个"复合"社会互动效应，这就是映射问题。在社会互动效应的研究中，映射问题也类似于联立性问题（Simultaneity Problem）。群组被解释变

[①] 考虑社会互动效应的政策评估方法可参见 Delgado 和 Florax（2015）的空间双重差分模型（Spatial Difference-in-difference Model）、考虑社会互动效应的处理效应模型（Gerulli, 2017）等。

量的均值和被解释变量就好像是一个人和他在镜子里的影子一样是同时运动的,难以判断这种被观察到的相关性是因为影子的运动"导致"还是"反映"了照镜子的人的运动(陆铭、张爽,2007)。

社会互动效应(此处指未严格区分内生和外生的互动效应)仍有可能因为遗漏变量而表现出虚假相关。因为在一个群组中,个体行为趋同很有可能是行为人面临共同的环境因素所导致的。例如,同一城市的居民受相同文化习俗的影响而养成相似的消费习惯,同一区域的村庄都面临相同的土壤条件、气候环境,一个地区的企业面临相同的政府监管或享受相同的政策优惠等。如果这些变量在模型中没有得到很好的体现,会使得误差项与被解释变量相关。除此之外,正所谓"物以类聚,人以群分",现实生活中,个体有可能根据某些特征来选择自己的参照系。例如,学生根据升学成绩进入不同学校和班级;个体根据自己的喜好选择朋友;城市居民根据自身的经济条件选择社区,等等。如果忽略群组自选择问题,同样会造成估计结果偏差。在上述两种情况下,模型的误差项由两部分组成:

$$\varepsilon_{ir} = \alpha_r + u_{ir} \qquad (2-21)$$

其中,α_r 反映了未观察到的群组特征,u_{ir} 为随机扰动项。如果被遗漏的特征 α_r 与结果变量 y_{ir} 相关,那么会造成模型估计的社会互动效应有偏。

综合来看,线性均值模型的优点在于通俗易懂,便于操作,而且对于数据没有过高的要求。研究者只要能明确地划分群组边界,就可轻松地计算群组均值,估计社会互动效应。而线性均值模型的不足之处在于映射问题。此外,线性均值模型通常假设同一群组中来自他人的影响是等权重的,这一假定忽视了社会关系的异质性。

(二)识别问题的解决方案

为了解决映射问题和自选择问题,学者们主要采取工具变量法和控制固定效应来识别内生互动效应。还有学者根据研究的需要,假定内生互动效应和情境效应只存在一种,或者不完全区别内生互动与情境效应（例如 Entorf and Lauk，2008；Entorf and Tatsi，2009 等）。

工具变量法着重于解决线性均值模型的遗漏变量和群组自选择问题，是最常见、使用最为广泛的方法。学者们通常选择那些只会影响自身而不会影响其他人的变量作为群组均值的工具变量。工具变量法的关键在于工具变量的有效性。有学者指出使用群组层面的加总变量作为工具变量可能会扩大模型的误差（Rivkin，2001）。在使用工具变量法的同时，模型通常会控制群组或者地区的固定效应，例如 Gaviria 和 Raphael（2001）、Powell 等（2005）、Fletcher（2010，2012，2015）、McVicar 和 Polanski（2014）、Helmers 和 Patnam（2014）等。这一做法主要是为了控制不可观察的特征的影响，如制度因素、环境因素等。

除工具变量法外，还有很多方法用于克服映射问题和群组自选择问题。Brock 和 Durlauf（2001）研究表明，在群组外生情况下，因为解释变量与被解释变量存在非线性关系，Probit 和 Logit 之类的非线性模型不存在映射问题。因此，对于离散型被解释变量而言，均值模型可以直接应用于研究。此外，还有一些文献采用准实验的方法来识别内生互动效应。例如，在研究社区效应的文献中，Aaronson（1998）、Plotnick 和 Hoffman（1999）通过观察搬家到不同社区的同一家庭的孩子之间的差异，来反映社区因素对儿童成长的影响。这种类似于实验的方法存在一定弊端，不同孩子所面临的家庭特征很可能是不同的，尤其是那些不可观察的家庭特征（Lin，2010）。在学习成绩的同伴效应研究中，大学生的宿舍是在入学的时候随机分配的，不存在选择性问题，因此可以基于宿舍这一基本单位来研究社会互动效应对学生成绩的影响（Sacerdote，2001；Zimmerman，2003）。类似的实验方法也得到了很多学者的认可，并被应用于实证研究。区别于计量模型基于已有的数据来挖掘隐藏其中的互动效应，实验的方法更侧重于观察外生冲击带来的互动效应。针对部分人群的随机干预实验能避免群组内生的困扰，有助于识别社会互动的影响（Moffitt，2001；Rivkin，2001）。但是，实验方法的有效性严重依赖于实验的设计和实施，其难点在于实验对象的随机性（Lin，2010）。

（三）空间计量模型

空间计量模型的发展为社会互动效应的实证研究提供了新的思路。在李龙飞（Lung-fei Lee，2007）、Bramoullé 等（2009）的推动下，空间自回归模型已经能够比较好地解决识别问题。空间自回归（SAR）模型设定如下：

$$Y_r = \lambda_0 W_r Y_r + X_r \beta_{10} + W_r X_r \beta_{20} + l_{n_r} \alpha_r + \varepsilon_r, r = 1, \cdots, R \quad (2-22)$$

其中，Y_r 是群组 r 的 n_r 个成员的被解释变量组成的向量，X_r 是一组特征变量组成的矩阵。W_r 是一个 $n_r \times n_r$ 的经过标准化处理、主对角线元素为 0 的矩阵。标准化之前，如果 i 和 j 来自同一群组，则 w_{ij} 赋值为 1，反之则为 0。由于权重矩阵是在群组基础之上构建的，因此暗含的假设是每个群组都是一个完全社会网络，网络中每个个体都相互连接、彼此影响。这也意味着，每个个体都受到群组中其他个体等权重的影响。与均值模型相同，此处 λ_0 为内生互动效应系数，β_{20} 为情境效应系数。α_r 捕捉了群组固定效应，反映了未观测群组特征对 Y_r 的影响，尤其是一些群组共同面临的环境因素。ε_r 是随机扰动项，Var$(\varepsilon_r) = \sigma_o^2 I_{n_r}$。式（2-22）所示模型可以进一步转化为：

$$y_{ir} = \lambda_0 \left(\frac{1}{n_r - 1} \sum_{j=1, j \neq i}^{m_r} y_{jr} \right) + x_{ir} \beta_{10} + \left(\frac{1}{n_r - 1} \sum_{j=1, j \neq i}^{m_r} x_{jr} \right) \beta_{20} + \alpha_r + \varepsilon_{ir}$$

$$(2-23)$$

Lee（2007）证明，当 n_r 不为常数时，$n_1 \neq n_2, \cdots, \neq n_R$，SAR 模型不存在识别问题。也就是说，只要群组包含的个体数量不同，模型就可以识别内生互动效应。但是，模型的可识别性会随着群组规模的扩大而下降。Bramoullé 等（2009）随后的研究发现，只要两个或两个以上的群组规模不同，上述模型就可以识别内生互动效应和情境效应。

随着包含社会网络信息的数据公布（例如，美国 The Add Health Survey 数据库包含了学生的社会网络），学者们开始基于真实的社会网络识别内生互动效应，形成了真正意义上的"网络计量模型"。这一小小的变化也改变了模型的识别条件。在绝大多数情况下，一个群组内并非每个个体都是相互连接的，每个个体都可能拥有自己的独特的社会网络。并且，网络中连接的分布是很不均等的，有些人有很多"朋友"，而有些人甚至没有"朋友"。那么，即便群组规模相同，组内个体间的差异也足以满足式（2-22）所示模型的识别条件，群组规模的扩大不再影响模型识别。在拥有社会网络数据的情况下，权重矩阵 W_r 根据真实的社会网络而设置，如果 j 是 i 的朋友，则 w_{ij} 赋值为 1，反之则为 0，也可以根据社会关系的远近赋予不同的权重。Bramoullé 等（2009）研究表明，当 $E(W_rY_r \mid X_r)$ 与 $E(X_r, W_rX_r)$ 并非完全线性相关时，上述模型就可以识别。而 $E(W_rY_r \mid X_r)$ 与 $E(X_r, W_rX_r)$ 线性无关的等价条件是 I 和 W_r，W_r^2 线性无关。I 和 W_r，W_r^2 线性无关就意味着社会网络是部分重叠，通俗的理解就是"我朋友的朋友不是我的朋友"。在满足这一条件情况下，"朋友的朋友"的行为只会影响"朋友"的行为而不会影响"我自己"的行为，所以"朋友的朋友"的个体特征就可以作为"朋友"的行为的工具变量，从而识别内生互动效应。例如，考虑群组 r 中的个体 i，j，k，假设 j 是 i 的朋友，k 是 j 的朋友，但是 k 不是 i 的朋友，那么 x_{kr} 就可以作为 y_{jr} 的工具变量。因为，x_{kr} 通过 y_{jr} 影响 y_{ir}，而不会直接影响 y_{ir}。Bramoullé 等（2009）还指出绝大多数社会网络结构都满足这一识别条件。

（四）权重矩阵的内生性问题

面对群组自选择的问题，传统的线性模型有赖于外生的工具变量或者严格假定群组外生。但是，社会网络的形成与个体特征、外部环境密切相关。在空间（网络）计量模型中，如果影响社会关系的因素同时影响我们关注的结果变量，并且在模型中没有得到很好的体现，那么就会使得权重矩阵与模型误差项相关，从而导致内生互动效应和社会乘数的估计出现偏差（Hsieh and Lee，2016）。

近年来，空间计量模型开始聚焦权重矩阵的内生性问题。总体来看，学者们提出了两种方法来解决内生性问题：工具变量法和联立方程组模型。Kelejian 和 Piras（2014）提出为权重矩阵寻找工具变量的方法来解决内生性问题，并证明该方法具有很好的一致性和渐进性。但工具变量法的缺点也是显而易见的，在研究中通常很难找到一个有效的工具变量。结构方程组的思路是将个体之间的连接在模型中内生化，进而纠正权重矩阵内生带来的偏差。通常，模型由两个结构方程组成，一个是空间权重矩阵的决定方程，用一组外生变量来解释个体之间的连接；另一个是结果变量的 SAR 模型。联立方程组模型可设定如下：

$$\begin{cases} Z_n = X_{2n}\Gamma + V_n \\ Y_n = \lambda_0 W_n Y_n + X_{1n}\beta_{10} + \varepsilon_n \end{cases} \quad (2-24)$$

其中，X_{2n} 是由一组外生的影响因素组成的 $n \times k_2$ 的矩阵，这些因素影响个体之间的连接；$Z_n = (z_{1,n}, \cdots, z_{n,in})'$ 是 $n \times p_2$ 的矩阵。w_{ij} 反映 j 和 i 的连接强度或社会关系的亲密程度。假定：$w_{ij} = h_{ij}(Z_n, \rho_{ij})$，$i \neq j$，$h_{ij}(\cdot)$ 是一个有界函数。模型中，因为空间相关的存在，个体 i 的 $y_{i,n}$ 会受 $y_{j,n}$ 的影响，所以 $y_{i,n}$ 决定方程为 $y_{i,n} = \lambda \sum_{j \neq i} w_{ij} y_{j,n} + x'_{in}\beta_{10} + v_{i,n}$。这里，$w_{ij}$ 取决于 Z_n，而 Z_n 又由一组外生的变量决定。权重矩阵在统计上是否内生取决于两个方程误差项的相关性。如果相关系数等于 0 且误差项不相关，则可以将权重矩阵视为外生，使用传统的 SAR 模型即可。倘若相关系数不为零，则表明权重矩阵是内生的，需要使用联立方程组来克服内生性问题。考虑到未观测特征的情况下，该模型可以使用两阶段最小二乘法、最大似然法和广义矩法估计（Qu and Lee，2015）。

联立方程组模型同样可用于解决社会网络的自选择问题。Goldsmith-Pinkham 和 Imbens（2013）、Hsieh 和 Lee（2016）讨论了在社会网络内生情况下社会互动效应的识别问题。假设在社会网络中，每个个体都有一组可观测的和不可观测的特征，这些特征可以被网络中的其他个体观察到，每个个体再根据自身的特征选择自己的"朋友"。基于这一假设，可以在结构方程中使用一个 Probit 模型来反映个体 i 和

j 之间是否有联系：

$$\begin{cases} P\ (w_{ij}\mid c_i,\ c_j,\ c_{ij},\ z_i,\ z_j,\ \gamma,\ \delta) = \dfrac{exp\ (\psi_{ij})}{1+exp\ (\psi_{ij})} \\ \psi_{ij} = \gamma_1 c_i + \gamma_2 c_j + \gamma_3 c_{ij} + \delta\mid z_i - z_j\mid \end{cases} \quad (2-25)$$

其中，c 表示一组可以观测的特征（可以和 SAR 模型中的外生解释变量部分相同），c_{ij} 表示 i 和 j 的共同特征。z 代表一组未观测的特征，$\mid z_i - z_j\mid$ 表示 i 和 j 之间未观测特征的差距对 ψ_{ij} 的影响，也即误差项。如果 $w_{ij}=1$，则表示 i 和 j 之间有连接；如果 $w_{ij}=0$，则表示 i 和 j 之间有没有连接。这样一个简单的模型就可以将整个社会网络视为个体选择的结果，从而将社会网络内生化。在此基础上，式（2-25）与式（2-22）所示的 SAR 模型相结合，就可以在内生的社会网络下识别内生互动效应、情境效应，并控制关联效应的影响。Goldsmith-Pinkham 和 Imbens（2013）同样讨论了内生的社会网络，与 Hsieh 和 Lee（2016）不同的是，它们的网络是无向的，个体间的连接是对称的，即 $w_{ij}=w_{ji}$。

美中不足的是，上述权重矩阵并非时变的。生活中的社会互动和社会网络往往不是静态的，相关网络理论研究中个体间的博弈也是动态的多期博弈。显然，仅限于截面数据的模型难以满足研究需要。如果在模型中加入时间维度，我们不仅可以控制个体的固定效应，还能获得更多有意思的结论。例如，社会互动效应是否存在时间的扩散效应。

幸运的是空间面板模型近年来取得了非常大的突破。Lee 和 Yu（2010、2012）讨论空间面板模型的不同估计方法，Kelejian 和 Piras（2014）研究了如何在权重矩阵内生的情况下使用工具变量法估计空间面板模型。Han 和 Lee（2016）在前人研究的基础上，进一步开发了一个带有时变、内生的权重矩阵的 SAR 模型，很好地满足了社会互动的研究需要。这种动态的面板 SAR 模型，不仅满足了识别内生互动效应的需要，还可以进一步考察动态的互动效应。带有时变、内生的权重矩阵的 SAR 模型可以设定为：

$$\begin{cases} Y_{n,t} = \lambda W_{n,t} Y_{n,t} + \psi_1 Y_{n,t-1} + \rho W_{n,t-1} Y_{n,t-1} + X_{1n,t} \beta_{10} + \Lambda f_t + V_{nt} \\ Z_{nt} = Y_{n,t-1} \psi_2 + X_{2n,t} \beta_{20} + \varepsilon_n \qquad t = 1, 2, \cdots, T \end{cases} \quad (2-26)$$

其中，$W_{n,t}$ 反映的是时间 t（$t=1, 2, \cdots, T$）上的权重矩阵（社会网络）。系数 λ 测量了内生互动效应，系数 ρ 反映了上一期同伴行为对当期个体行为的影响，因此它测量了一个动态的内生互动效应。Han 和 Lee（2016）对于个体之间连接强度的设定与前人的研究略有不同。他将 $w_{ij,t}$ 设定为：

$$w_{ij,t} = \frac{w_{ij,t}^b}{\sum_{k=1}^n w_{ik,t}^b}, \quad i \neq j, \ w_{ii,t} = 0 \quad (2-27)$$

假定 d_{ij} 反映个体之间的地理距离，$z_{it} = (z_{i1,t}, z_{i2,t}, \cdots, z_{ip,t})$ 是个体 i 的一组特征组成的 $1 \times p$ 向量，$Z_{it} = (z'_{i1,t}, z'_{i2,t}, \cdots, z'_{ip,t})$ 是 $n \times p$ 的矩阵，$E_{ij,t} = |z_{ir,t} - z_{jr,t}|$，$r=1, 2, \cdots, p$，则 $w_{ij,t}^b$ 可以定义为：

$$\begin{cases} w_{ij,t}^b = \gamma_{ij,t} \times \overline{w}_{ij,t}^b \\ \overline{w}_{ij,t}^b = d_{ij}^{-\varphi_0} E_{ij1,t}^{-\varphi_1} E_{ij1,t}^{-\varphi_2} \cdots E_{ijp,t}^{-\varphi_p} \end{cases} \quad (2-28)$$

其中，$\gamma_{ij,t}$ 是一个 0-1 变量，反映 i 和 j 之间是否有连接；$\overline{w}_{ij,t}^b$ 反映了连接的相对强度。可以看出，Han 和 Lee（2016）实质上是将个体之间的联系强度内生化，而非式（2-25）所示模型将个体之间是否有连接内生化。这一模型最大的特色就在于它的权重矩阵不仅是内生的，而且是时变的，这与社会网络的选择性和动态性十分吻合。如果将其运用于社会互动效应的研究中，模型可以捕获上一期同伴行为对当期个体行为的影响，因此它测量了一个动态的内生互动效应。此外，权重矩阵的内生性和时变性还与社会网络的自选择和动态性相吻合。除此之外，模型的灵活设置还给学者们带来很大的方便，研究者可以根据研究需要，自由地选择固定效应模型或者随机效应模型。

（五）空间自回归 Porbit 模型

个体行为在很多情况下表现为 0-1 型变量，因此社会互动效应的研究可以考虑使用空间自回归 Probit 模型（Spatial Auto-regressive Binary Probit, SARBP）。目前，SARBP 模型已经得到了很快的发展，权重矩阵内生问题也得到了解决。Zhou 等（2016）继承上述 SAR 模型解决权重矩阵内生问题的思想，在空间自回归 Probit 模型的基础上，构建了权重矩阵内生的空间自回归 Probit 模型（Spatial Auto-regressive Binary Probit Model with Endogenous Weight Matrix, SARBP-EWM）。模型由空间 Probit 模型和权重矩阵的决定方程组成。

空间 Probit 模型与传统的 Probit 模型类似，基于潜变量反映个体的选择：

$$Pr(y_{it}=1) = Pr(U_{it,1} > U_{it,0}) = Pr(y_{it}^* > 0) \qquad (2-29)$$

其中，y_{it} 是个体可观测的选择，$U_{it,1}$、$U_{it,0}$ 分别代表选择 1 和 0 的效用水平，y_{it}^* 是不可观测的潜变量。根据 Smith 和 Lesage（2004），空间自回归 Probit 模型可以设定为：

$$Y_t^* = \rho W_t Y_t^* + X\beta + \alpha l + V, t = 1, 2, \cdots, T \qquad (2-30)$$

上式所示模型与前文所述 SAR 模型基本无异，不做具体介绍。权重矩阵的决定方程设定为：

$$Z_t = X_2 \beta_{20} + T + \eta l_t + \varepsilon_t \qquad (2-31)$$

其中，$Z_{it} = (z'_{i1,t}, z'_{i2,t}, \cdots, z'_{ip,t})$ 是一组经济社会特征，它被一组外生变量 X_2 解释。个体之间的连接设置与 Han 和 Lee（2016）类似：

$$w_{ij,t} = d_{ij}^{-\gamma_0} |z_{i1,t} - z_{j1,t}|^{-\gamma_1} |z_{i2,t} - z_{j2,t}|^{-\gamma_2} \cdots |z_{ip,t} - z_{jp,t}|^{-\gamma_p} \qquad (2-32)$$

这里，d_{ij} 反映个体之间的地理距离，$|z_{ip,t} - z_{jp,t}|$ 反映这组特征在两个个体之间的差距。矩阵的内生性源于误差项 $v_{i,n}$ 和 $\varepsilon_{i,n}$ 相关。

总体来看，空间计量经济学和社会网络的结合避免了均值模型的限制。由于社会网络是个体选择的结果，行为人的参照系不再由研究者外生给定边界，来自同伴的影响也不一定是等权重的。使用空间计量模型研究社会互动效应不仅有效地避免了均值模型的映射问题，其权重矩阵的灵活设置还体现了社会网络的特征，更加贴近于现实生活。例如，权重矩阵的内生性反映了社会网络的内生性，权重矩阵的时变体现了社会网络的动态性。图 2-3 更为直观简明地展示了社会互动效应实证研究方法的进展脉络，图中每一处说明均可在上文中找到详细的解释。

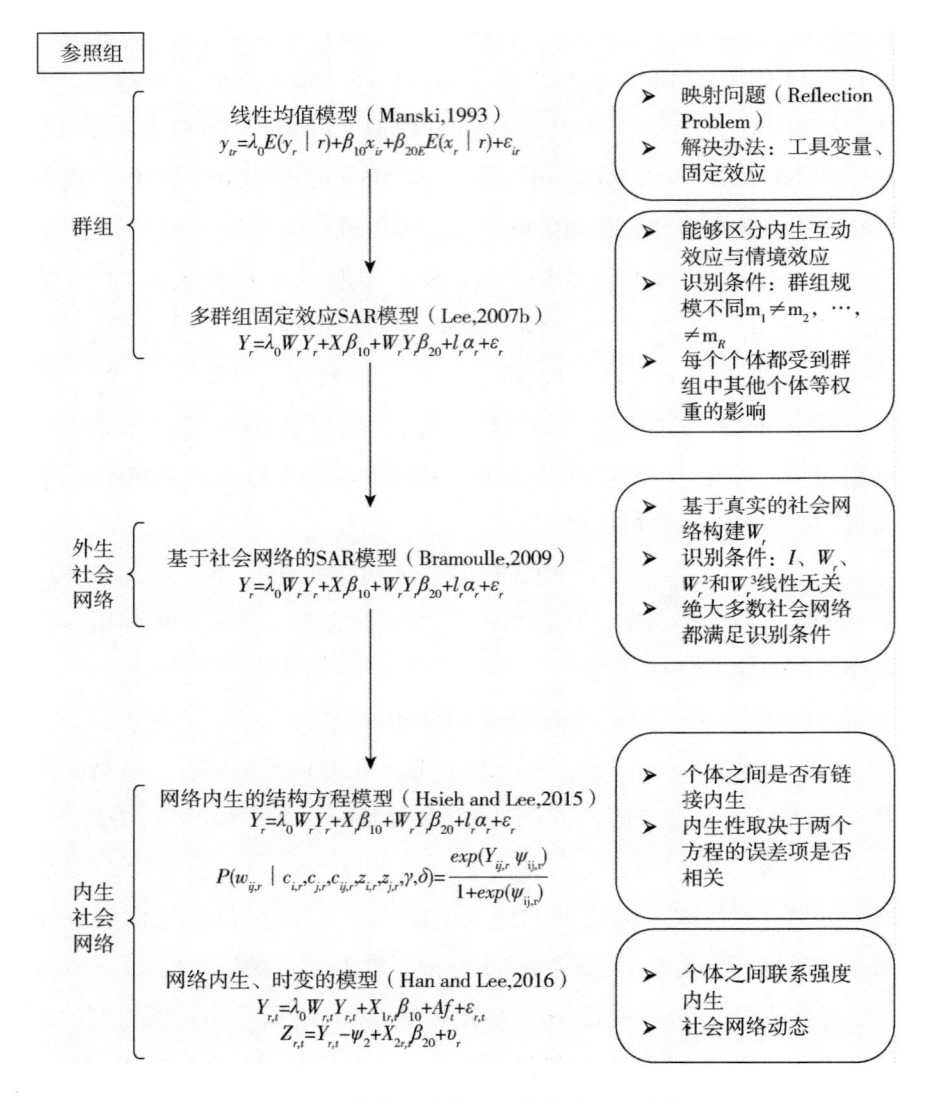

参照组

群组
- 线性均值模型（Manski,1993）
$$y_{i,r} = \lambda_0 E(y_r \mid r) + \beta_{10} x_{i,r} + \beta_{20} E(x_r \mid r) + \varepsilon_{i,r}$$
  - ➤ 映射问题（Reflection Problem）
  - ➤ 解决办法：工具变量、固定效应

- 多群组固定效应SAR模型（Lee,2007b）
$$Y_r = \lambda_0 W_r Y_r + X \beta_{10} + W_r Y \beta_{20} + l_r \alpha_r + \varepsilon_r$$
  - ➤ 能够区分内生互动效应与情境效应
  - ➤ 识别条件：群组规模不同 $m_1 \neq m_2, \cdots, \neq m_R$
  - ➤ 每个个体都受到群组中其他个体等权重的影响

外生社会网络
- 基于社会网络的SAR模型（Bramoulle,2009）
$$Y_r = \lambda_0 W_r Y_r + X \beta_{10} + W_r Y \beta_{20} + l_r \alpha_r + \varepsilon_r$$
  - ➤ 基于真实的社会网络构建 W_r
  - ➤ 识别条件：I、W_r、W_r^2 和 W_r^3 线性无关
  - ➤ 绝大多数社会网络都满足识别条件

内生社会网络
- 网络内生的结构方程模型（Hsieh and Lee,2015）
$$Y_r = \lambda_0 W_r Y_r + X \beta_{10} + W_r Y \beta_{20} + l_r \alpha_r + \varepsilon_r$$
$$P(w_{ij,r} \mid c_{i,r}, c_{j,r}, z_{i,r}, z_{j,r}, \gamma, \delta) = \frac{exp(Y_{ij,r} \psi_{ij,r})}{1 + exp(\psi_{ij,r})}$$
  - ➤ 个体之间是否有链接内生
  - ➤ 内生性取决于两个方程的误差项是否相关

- 网络内生、时变的模型（Han and Lee,2016）
$$Y_{r,t} = \lambda_0 W_r Y_{r,t} + X_{1r,t} \beta_{10} + A f_t + \varepsilon_{r,t}$$
$$Z_{r,t} = Y_{r,t} \psi_2 + X_{2r,t} \beta_{20} + v_r$$
  - ➤ 个体之间联系强度内生
  - ➤ 社会网络动态

图 2-3　社会互动实证研究方法进展脉络

五　文献评述

近 20 年来，社会互动效应的相关研究在理论和实证上都取得了一

定的进展。社会互动会带来社会乘数效应，使得外生冲击产生的总体影响大于个体对冲击的反应，这有利于提高公共政策的有效性。此外，个体经济行为或经济福利的社会互动效应可能导致多重均衡的存在，经济系统有可能收敛于低水平的均衡。实证研究在消费行为、劳动力流动、农业生产、学习成绩、政治参与、犯罪、健康等诸多领域内都证实了社会互动效应的普遍性。实证研究的深入也对计量研究方法提出了更高的要求。空间计量模型的应用较好地解决了线性均值模型的识别问题，放松了研究假设，从而更加贴近真实的经济生活。

尽管现有研究较为丰富，但这一领域的研究仍有较大拓展空间。从研究内容上看，第一，综观现有研究，对于社会互动效应的异质性的讨论不足。社会互动的异质性体现在两个方面：不同区域（群组）之间的差异以及群组内部的差异。一方面，区域（群组）之间的差异主要体现在社会互动效应大小的差异。对于同一行为，往往有一些区域（群组）的内生互动效应较大，人们更容易受到同伴的影响，行为高度趋同，而另一些区域（群组）的内生互动效应则相对较小，人们的行为更加独立。内生互动效应的大小会直接影响社会乘数，因而，社会互动给公共政策带来的放大效应也可能在不同区域（群组）之间存在差异。我们需要了解什么因素会影响社会互动效应的大小，以便更好地制定干预政策。另一方面，区域（群组）内部的异质性表现为个体行为溢出效应的差异。在社会互动视角下，个体行为会直接影响其他个体的行为，但这种溢出效应可能与个体特征相关，即不同个体对其他人的影响是有差异的。对于政策干预而言，把有限公共资源用于干预溢出效应较大的个体会获得最佳的干预效果。因此，探究社会互动效应的异质性具有重要的政策含义，应采取适当方法来评估社会互动效应的差异。

第二，国内学者对社会互动讨论滞后于国际学前沿的进展，鲜有文献深入讨论中国居民消费行为的社会互动效应。在居民消费领域，虽然在郭云南等（2012）和李涛、朱铭来（2017）的实验研究中涉及村庄平均消费水平对农户消费支出的影响，但由于研究重心的差异，并未对消费行为的社会互动效应及其影响做深入探究。而且，从郭云南等（2012）的估计结果来看，宗族网络不同代理指标对互动效应的影响是不确定的，这有待进一步的分析与讨论。冯尧（2010）、Ling 等（2018）和余丽甜、詹宇波（2018）是为数不多的有针对性地讨论中国农村居民消费行为的同伴效应的文献。Ling 等（2018）主要基于线性均值模型检验了参照系消费支出对家庭消费支出的影响。模型仅仅控制了村庄经济特征，可能遗漏了不可观察的环境特征而导致内生性问题，难以区分互动效应和关联效应。虽然使用了参照系的人口特征作为工具变量来纠正偏差，并且检验了工具变量的有效性，但模型并未考虑情境效应的影响。冯尧（2010）的研究以单个商品为例，余丽甜、詹宇波（2018）聚焦于某一项目消费支出的同群效应。两者对本书有一定的启发作用，但是单项支出代表性不足，因而政策含义也不直观（Roychowdhury，2019）。

从研究方法来看，现有绝大多数研究采用的实证方法滞后于计量方法的创新。Manski（1993）指出，线性均值模型因为映射问题无法有效地识别内生互动效应，Lee（2007）研究发现空间计量模型能在一定条件下识别内生互动效应，随后一系列研究开发出了针对不同数据结构的空间计量模型。但是，在实证研究中，学者们仍然普遍使用线性均值模型。虽然工具变量、固定效应等方法能够在一定程度上弥补识别问题，但是仍然面临着诸多问题和挑战（Lin，2010）。

现有研究为本书提供了一定借鉴，本书拟从以下几个方面对现有文献形成补充。

第一，使用博弈论模型，从理论上深入探究中国农村居民消费行为的社会互动效应。理论上的挖掘将帮助我们明晰社会互动效应的微观机理，将中国人"他人取向"的行为特征纳入经济分析框架中，同时，为后续实证研究奠定理论基础。

第二，研究内容上，本书将探讨消费支出、消费升级和消费信贷行为三个方面的社会互动效应,从而更全面地理解中国农村居民消费行为的相互影响,对现有文献形成补充。其次,本书将结合中国乡土社会的实际情况,讨论社会互动效应的时间演变趋势和空间差异,挖掘背后蕴藏的政策含义,以期丰富社会互动效应的异质性研究。最后,除了关注中国农村居民消费行为是否存在社会互动之外,本书还将进一步思索社会互动效应将带来怎样的影响。具体而言,本书分析了社会互动的不平等效应。

第三,研究方法上,本书主要采用空间计量模型来识别农户消费行为的内生互动效应。下文各实证章节将会综合考虑数据结构和空间计量的研究进展,建立与理论基础相匹配的计量模型。以期更好地处理内生互动效应的识别问题,科学合理地评估社会乘数,为完善促进消费的体制机制提供科学合理的政策参考。

第三章 理论框架与研究假说

本章在上文梳理的社会互动理论基础之上,结合中国乡土社会实情,使用非合作博弈模型从理论上揭示中国农村居民消费行为的社会互动效应,以期全面客观地理解消费行为在农户之间的相互影响。选择博弈论模型作为主要分析工具主要出于以下考虑:一是,能以简单明晰的函数形式较为直观地展示其他个体的消费行为如何通过偏好或期望影响个体农户的消费行为,从而帮助我们清晰地定义社会互动效应,阐述社会互动效应的含义,提出相应的研究假说;二是,博弈论模型可以很好地连接理论基础和实证研究,为下文采用的空间计量实证研究方法提供坚实的理论基础,打消方法论方面的疑虑[①]。这两点可以在一定程度上帮助我们避免 Manski(2000)所指的社会互动研究面临的"借用其他学科的术语、缺乏清晰定义"的问题。

本章具体安排如下:第一节提出一个基础理论模型,分析农户消费支出和消费结构的社会互动效应;第二节在基础理论模型基础上,讨论内生互动效应带来的社会乘数,及其对公共政策的影响;第三节结合中国乡土社会的实情,进一步分析消费行为的社会互动效应的时间及空间异质性;第四节具体讨论农户发生消费信贷行为的社会互动

[①] 本书具体使用的空间计量模型详见下文各章"实证研究方法"的介绍。计量理论基础亦可参见上文"文献综述"中的介绍,相关研究均发表于 *Econometrics Journal*、*Journal of Econometrics*、*Journal of Applied Econometrics*、*Journal of Labor Economic*、《经济学(季刊)》、《经济学动态》等国内外权威期刊,在近二十年的研究中逐渐形成"网络计量经济学(Networks Econometrics)"这一全新研究领域。

效应;第五节讨论消费支出的社会互动效应与消费不平等的关系。

第一节 基础理论模型

首先将目光聚焦一个典型村庄内的消费行为的社会互动效应。考虑一个典型村庄 r 是由 n 个农户组成的,每个农户都可以用一组特征 (x_i, z_i) 描述。其中 x_i 是可以观测到的影响消费支出的个体特征,例如,收入水平、家庭背景等因素,z_i 是不可观测到的私有特征。这里,我们假定农户的参照系是村庄中的其他农户。做出这一假定的理由,已在上文做了阐释,此处不再赘言。由于参照系的存在,个体效用函数由两部分组成,一是个体消费所带来的私有效用,二是与参照系中其他农户消费支出相关的社会效用。这里,使用 c_i 表示农户 i 的消费行为,可以是总体的消费支出(Roychowdhury,2019),亦可是反映农户消费倾向的消费结构。效用函数具体设置如下:

$$U(c_i, c_{-i}) = u(c_i) + s(c_i, c_{-i}) \qquad (3-1)$$

其中,集合 $-i$ 表示除了农户 i 之外的其他 $n-1$ 个农户,也即农户 i 的参照系;c_{-i} 则表示其他农户的消费行为。上式右侧第一项为农户的私有效用函数,第二项为社会效用函数。

其次,我们关注社会效用函数的设置。在理论基础部分介绍的社会规范模型给本书的研究提供了一个很好的借鉴,个体农户为了避免消费支出或消费结构的相对差异带来的福利损失,从而导致了消费行为在农户之间的相互影响,体现了居民消费的从众心理。社会规范模型描述的从众心理对于传统村庄中的绝大多数农户都是适用的,因为,消费水平跟上村落里少数"精英"们的步伐是普遍存在的。但是,对于这些"精英"们而言,或如凡勃伦在《有闲阶级论中》中所描述的歧视对比(Invidious Comparison)动机,通过炫耀性消费区别于村庄中社会地位较低的农户,使得他们具有高于他人消费水平的偏好。抑或是因为较高的收入水平或超前的消费观念使得他们的消费水平或消费质量本来就远远高于其他农户。因此，在社会规范模型所描述的从众心理之外，我们还需要刻画农户对于高水平消费的偏好。社会效用函数具体设置如下：

$$s(c_i, c_{-i}) = \theta\Big[-\frac{\varphi}{2}(c_i - \sum_{j \in -i} w_{ij}c_j)^2\Big] + (1-\theta)\big[\sigma(c_i - \sum_{j \in -i} w_{ij}c_j)\big] \quad (3-2)$$

其中，$\sum_{j \in -i} w_{ij}c_j$ 表示村庄其他农户消费行为的加权平均水平，反映了参照系平均消费行为，或者说群体（村庄）消费行为，例如平均消费支出、消费结构的平均水平；权重 $w_{ij} \geq 0$，表示农户 i 和农户 j 之间的联系强度，体现了农户 j 对 i 的影响程度。上式等号右侧第一项中括号内是一个标准的社会规范模型，小括号中的离差反映了个体农户的消费行为与参照系平均消费行为的差异，平方项用于体现边际效用递减规律。系数 φ 是背离村庄平均水平的惩罚，假定系数 φ 恒大于 0（$\varphi > 0$），任何与参照系消费水平的差距都会带来效用损失。此时，个体农户存在与群体保持一致的偏好，理性的农户会尽量避免自身的消费行为与村庄平均水平的差距，以追求效用的最大化，反映了农户的从众心理。一个直观的理解是：当村庄平均消费水平增长或消费结构趋于优化，而自身的消费行为保持不变时，相对地位的下降会使其效用水平下降，为了避免相对剥夺造成的福利损失，理性的农户会相应地增加消费支出、改变消费结构。式（3-2）等号右侧第二项表示的是消费行为相对差距带来的效用，反映了农户对较高的社会地位的偏好，系数 σ 是单位相对差距带来的效用增量，同样假定系数 σ 恒大于 0（$\sigma > 0$）。系数 $\theta \in (0, 1)$ 是避免相对差距和追求相对差距之间的权重，也即从众心理和追求社会地位之间的权重。θ 越大，表明社会规范的约束力越强，农户越倾向于与村庄其他农户消费水平保持一致，反之，则表明社会规范的约束力越弱。

最后，我们将目光转移到私有效用函数。参考 Blume 等（2015）

的研究，具体设置如下：

$$u(c_i) = (\varphi x_i + z_i + \delta \sum_{j \in -i} w_{ij} x_j) c_i - \frac{1}{2} c_i^2 \qquad (3-3)$$

式（3-3）等号右侧第一项表明消费的边际效用取决于农户的个体特征 x_i 和 z_i，以及其他农户的可观测个体特征 x_j $(j \in -i)$；系数 δ 衡量了其他农户个体特征的加权平均值对边际效用的影响程度；权重 w_{ij} 与社会效用中的权重相同，反映了农户 j 的个体特征对农户 i 的影响程度；等号右侧第二项的平方项则体现了边际效用递减规律。

至此，可以完整地表述出农户的效用函数：

$$u(c_i, c_{-i}) = (\varphi x_i + z_i + \delta \sum_{j \in -i} w_{ij} x_j) c_i - \frac{1}{2} c_i^2 + \theta \left[-\frac{\varphi}{2} (c_i - \sum_{j \in -i} w_{ij} c_j)^2 \right] + (1-\theta) \left[\sigma (c_i - \sum_{j \in -i} w_{ij} c_j) \right]$$

$$(3-4)$$

当私有效用函数的影响较小时，消费本身带来的效用增量并不明显，而"炫耀""虚荣"的意味更浓厚，农户会把更多的注意力放在其他农户的身上，消费决策的依赖性越强，社会互动效应越大。正如杨国枢（2004）所言，中国人的人际关系取向存在"他人取向"的特征，在心理与行为上易受他人影响，对他人的意见、标准、褒贬、批评等特别敏感且重视。这是我们分析中国农村居民消费行为时必须考虑的内容，也是研究居民消费的社会互动效应的意义所在。

在此基础上，农户通过在可行域内选择 c_i 来使自身效用水平 U 最大化。所有农户在不协商的情况下同时做出决策，根据一阶条件，可以等到均衡条件下个体农户最优反应函数为[1]：

$$c_i = \alpha + \rho \sum_{j \in -i} w_{ij} c_j + \beta x_i + \gamma \sum_{j \in -i} w_{ij} x_j + \varepsilon_i \qquad (3-5)$$

其中，$\alpha = [\sigma(1-\theta)]/(1+\theta\varphi)$，$\rho = \theta\varphi/(1+\theta\varphi)$，$\beta = \varphi/(1+$

---

[1] 非合作博弈的均衡是唯一的，详细的证明可参见 Blume 等（2015）。

$\theta\varphi)$，$\gamma = \delta/(1+\theta\varphi)$，$\varepsilon_i = [1/(1+\theta\varphi)] \cdot z_i$。

式（3-5）所示的决定函数说明了农户消费行为的非独立性。可以看出，农户最优的消费决策不仅取决于个体特征（x_i，z_i），还受到村庄中其他农户消费行为和个体特征（c_j，x_j）的直接影响。根据 Manski（1993）对社会互动效应的分类和定义，系数 ρ 反映的是内生互动效应，它是指消费行为本身的相互依赖性，或者说个体农户消费决策的外部性、溢出效应；而系数 γ 体现的互动效应被称为情境效应或外生互动效应，它是指个体农户消费行为受村庄中其他农户某些经济社会特征的影响。根据上文假定，系数 $\varphi > 0$，$\sigma > 0$，易得 $\partial c_i / \partial (\sum_{j \in -i} w_{ij} c_j) = \rho > 0$，$0 < \rho < 1$。由此，我们可以提出本书的第一个研究假说：

研究假说 1：农户的消费行为存在正向的内生互动效应，个体农户的消费决策受到村庄其他农户消费行为的直接影响。

本书将具体从消费支出和消费结构两个角度考察农户的消费行为，因此，从式（3-5）中可以得到两个具体的研究假说：

研究假说 1-1：农户消费水平存在正向的内生互动效应，其他农户的消费水平对个体农户的消费支出产生正面影响。

研究假说 1-2：农户消费升级存在正向的内生互动效应，其他农户的消费结构对个体农户的消费结构产生正面影响。

第四章和第五章将基于中国家庭追踪调查（CFPS）2010—2018年农户数据，结合本节的理论框架分别对这两个研究假说进行实证检验。

第二节 社会乘数

在农户的消费行为存在内生互动效应的情况下，外生冲击不仅会通过私有效用对个体农户消费决策产生直接影响，还会通过社会互动效应间接地影响其他农户的消费行为。因此，外生冲击的真实影响因农户之间的互动而被放大，最终给整个村庄带来的加总影响，会超过个体农户对冲击做出的反应，产生一个乘数效应，即社会乘数。如果政策干预能有效地利用社会乘数，则可以提高公共政策的有效性。

为了更直观地理解内生互动效应给农户消费支出带来的影响，参考社会资本互动理论中的加总分析方法和文献中的计算方法（Becker and Murphy，2000；Roychowdhury，2019），我们将在上述基础理论模型的基础之上继续讨论社会乘数。为了方便运算和表达，假定村庄内部是一个完整的社会网络，每个农户之间都相互连接、彼此影响，并且来自其他农户的影响是等权重的，即 $w_{ij}=1/(n-1)$。此时，农户的消费行为会受到村庄其他农户消费行为和个体特征的均值影响，式（3-5）可以表达为：

$$c_i = \rho \bar{c}_{-i} + \beta x_i + \gamma \bar{x}_{-i} + \varepsilon_i \qquad (3-6)$$

其中，$\bar{c}_{-i} = [1/(n-1)] \sum_{j \in -i} c_j$，$\bar{x}_{-i} = [1/(n-1)] \sum_{j \in -i} x_j$。为了简化表达，令 $\pi_i = \beta x_i + \gamma \bar{x}_{-i} + \varepsilon_i$，则农户的最优消费决策为 $c_i = [\rho/(n-1)] \sum_{j \in -i} c_j + \pi_i$。根据前文假设，$0 < 1-\rho < 1$，因而，我们可以得到村庄层面加总的消费为：

$$c_r = \sum_{i \in r} c_i = \frac{1}{1-\rho} \sum_{i \in r} \pi_i \qquad (3-7)$$

进而，参照系的消费行为，也即村庄其他农户的消费为：

$$\sum_{j \in -i} c_j = \frac{n-1}{(1-\rho)(n+\rho-1)} \sum_{j \in -i} \pi_j + \frac{\rho(n-1)}{(1-\rho)(n+\rho-1)} \pi_i \qquad (3-8)$$

将上式代入农户消费决定函数中可以得到：

$$c_i = \frac{\rho}{(1-\rho)(n+\rho-1)} \sum_{j \in -i} \pi_j + \left[1 + \frac{\rho^2}{(1-\rho)(n+\rho-1)}\right] \pi_i \qquad (3-9)$$

假设，由于政策干预、市场波动或自然灾害带来的外生冲击使得所有农户消费支出或消费结构都发生了 ζ 个单位的变动，即 $\theta_i^* = \theta_i +$

ζ。根据式（3-7）可知，外生冲击给村庄层面加总的消费带来的边际影响为：

$$\frac{\partial c_r}{\partial \sum \zeta} = \frac{1}{1-\rho} \quad (3-10)$$

上式表示，外生冲击使得村庄层面加总的消费变动了 $1/(1-\rho)$ 个单位。而对农户而言，外生冲击的实际影响为式（3-9）等号右侧第二项的系数，即：

$$\frac{\partial c_i}{\partial \zeta} = 1 + \frac{\rho^2}{(1-\rho)(n+\rho-1)} \quad (3-11)$$

对比式（3-10）和式（3-11）可以看到，外生冲击给村庄层面带来的加总影响，并非等于外生冲击的个体效应之和，而是存在一个乘数关系。这个乘数为：

$$SE = \frac{\partial c_r / \partial \sum \zeta}{\partial c_i / \partial \zeta} = \frac{1}{1-\rho} \bigg/ \left(1 + \frac{\rho^2}{(1-\rho)(n+\rho-1)}\right) \approx \frac{1}{1-\rho} \quad (3-12)$$

上式即为社会乘数①。当村庄里的农户规模足够大时（n 趋于无穷大），这一乘数约等于 $1/(1-\rho)$。根据上文的系数假定，乘数 $1/(1-\rho)$ 恒大于 1，这表明，消费行为的内生互动效应放大了外生冲击带来的影响。农户层面消费支出的一个小变化，可以产生一个更大的村庄消费水平的总体反应。这也意味着，一个旨在提高农村居民消费水平的政策干预可以通过内生互动效应放大政策效果，有助于提高公共政策的有效性。

据此，我们可以得到一个定理：

定理 1：农户消费行为的内生互动效应带来的社会乘数等于 $1/(1-\rho)$，即外生冲击带来的总效应约为个体效应的 $1/(1-\rho)$ 倍。

根据定理 1 就可以计算社会乘数的大小，帮助我们直观地理解居

---

① 这里对于社会乘数的定义参考了 Glaeser 等（2003）的研究，与 Becker 和 Murphy（2000）略有差异。在社会资本互动理论中，Becker 和 Murphy（2000）将社会资本，即其他人行为选择，对个体行为选择的边际影响定义为社会乘数，详见本书第二章。

民消费的社会互动效应给公共政策带来的潜在影响。系数 ρ，也就是消费行为的内生互动效应，可以通过大样本的实证研究获取。因此，社会乘数的精确数值有赖于严谨的实证研究，这将是下文实证章节讨论的核心内容。

第三节 社会互动效应的时间、空间差异

前文通过非合作博弈模型刻画了中国农村居民消费行为的社会互动效应，体现了熟人社会中的"他人取向"的特征。回顾中国农村地区的发展历程，市场经济和城镇化的快速发展给乡土社会带来了一定的改变和冲击，传统的熟人社会也悄然发生变化。尤其是现代通信技术的传播和普及让农户能接触到更多信息，进而影响农村居民原有的消费意识和消费行为。那么，随着时间的推移，农户消费行为之间的相互依赖和彼此影响是否正呈现逐渐减弱的趋势？除此之外，中国社会经济的发展存在突出的区域不平衡，而前人研究发现，在市场化程度越高的地区，农户的行为决策越独立（方航、陈前恒，2020）。那么，农户消费行为的社会互动效应是否存在区域间的差异呢？为了回答这些疑问，本节结合中国乡土社会的实际情况，将从时间和空间两个维度探讨社会互动效应的差异，以期更加全面地理解中国农村居民消费行为的社会互动效应。

一 内生互动效应的变迁

改革开放以来，农村经济经历了百年未有的大发展。粮食产量从1978年的3.05亿吨增长到2017年的6.18亿吨，增长了1.03倍，农村居民人均可支配收入1978年仅为134元，2017年达到13432元，增长了99倍[①]。伴随着经济的快速发展，乡村社会文化也经历了前所未

---

① 数据源于中国社会科学院国家高端智库主办的"庆祝改革开放40周年系列智库论坛"第七场学术会议上的发言，见张晓山等（2018）。

有的大变迁。在农村社会方面，从"包产到户"到三权分置，土地制度的变革推动了农民的分化，也重塑了农村社会阶层结构（赵晓峰、赵祥云，2016；李新平等，2020）。在乡村文化方面，中国农村"内生秩序"的社会基础结构开始快速解体，导致了乡土文化的变迁（胡映兰，2013；陈波，2015）。快速推进的城市化和工业化进程不断解构着传统乡村文化的秩序价值，乡村文化失去了认同的基础，传统道德日益碎片化，乡村精英的标杆意义也日渐衰落（赵霞，2011）。

综合农村社会经济的变革来看，一方面，市场经济快速发展，极大地减少了信息不对称和不充分，改变了过去由信息闭塞导致的"别人买什么我就买什么"。现代通信技术和网购的普及，极大地扩展了农户的视野，使得村庄边界大开，过去规范村民行为的诸多地方性共识都受到了市场经济的剧烈冲击（贺雪峰，2013）。另一方面，城镇化和农民市民化提高了农村地区的人口流动性，加速了农村常住人口和户籍人口的流失。而受人口流失的影响，乡土社会的"差序格局"呈现瓦解的趋势。陈波基于一百余个村庄的实地调查发现，农村居民之间的社会关系发生显著的变迁，主要体现在人情关系、邻里关系、宗族关系和代际关系的逐渐疏远（陈波，2015）。那么，对于个体农户而言，以宗族、邻里为基础的参照系对消费决策的影响会逐渐减小，消费行为会变得越来越独立。因此，随着时间的推移，农户之间消费行为的相互依赖性应呈现逐年减弱的趋势。

回到前文的基础理论模型中，根据式（3-5）所示的农户消费行为决定函数，在体现社会关系远近的权重 w_{ij} 逐年减小的情况下，个人消费决策 c_i 受到其他个体消费行为 c_j 的影响也会逐渐减弱。也就是说，内生互动效应随着时间推移而逐渐减小。据此，我们可以得到第二个研究假说：

研究假说2：农户的消费行为的内生互动效应随着时间的推移呈现减弱的趋势。

本书将具体从消费支出和消费结构两个角度考察农户的消费行为，

因此，又可以得到两个具体的研究假说：

研究假说2-1：农户的消费支出的内生互动效应随着时间的推移呈现减弱的趋势。

研究假说2-2：农户的消费升级的内生互动效应随着时间的推移呈现减弱的趋势。

二 内生互动效应的区域差异

区域发展差距是新时代中国发展不平衡的重要表现。资料显示，2013年，东部地区人均可支配收入约为西部地区的1.7倍，2019年，西部地区人均可支配收入增长到3986.1元，但仍不及东部地区居民2013年的收入水平[①]。区域差异在农村地区同样存在。随着市场经济的确立，农民收入的多元化，农村出现了普遍的经济分化，在东部沿海发达地区农村，村庄熟人社会产生了一个强有力的富人群体，这个富人群体使村庄社会结构形成了极化效应，而在中西部地区农村，社会结构则保持了相对均质（贺雪峰，2018）。回顾上文的基础理论模型，式（3-2）所示的社会效用函数由避免相对差距和追求相对差距两部分组成，分别反映了农户的从众心理和对高水平消费的偏好，而不同区域之间的农户收入分化恰恰可以体现在这两者的权重分配之上。式（3-2）在 $a=1$ 的情况下描述了东部地区一个典型村庄的居民的社会效用函数：

$$s_a = \theta_a \left[-\frac{\varphi}{2} (c_i - \sum_{j \in -i} w_{ij} c_j)^2 \right] + (1 - \theta_a) \left[\sigma (c_i - \sum_{j \in -i} w_{ij} c_j) \right] a = 0, 1 \quad (3-13)$$

对于产生极化效应的东部地区而言，强有力的富人群体势必更加青睐高水平的消费，因此，社会效用函数中的权重 θ_1 相对较小，社会规范的约束力较弱。相对均质的中西部地区则呈现相反的情况，相似

---

① 2020年《中国统计年鉴》。

的预算约束使得农户的消费能力差异较小，因而，避免与其他农户的消费差异是获得更高效用水平的有效路径，也即社会效用函数中的权重 θ_0 相对较大，社会规范对个体农户的约束较强。根据式（3-5）所示的农户消费行为决定函数，内生互动效应系数 ρ 是一个关于权重 θ 的增函数①，也即 θ 越大，内生互动效应越大。假定背离村庄平均水平的惩罚 φ 在不同区域间没有差异，由 $\theta_1 > \theta_0$ 可知 $\rho_1 > \rho_0$，即东部地区的消费行为的内生互动效应小于其他地区。据此，我们可以得到第三个研究假说：

研究假说 3：农户消费行为的内生互动效应存在区域差异，相较于经济发达地区，经济欠发达地区的内生互动效应较大，农户消费决策的相互依赖性更强。

本书将具体从消费支出和消费结构两个角度考察农户的消费行为，因此，又可以得到两个具体的研究假说：

研究假说 3-1：农户消费支出的内生互动效应存在区域差异，相较于经济发达地区，经济欠发达地区的内生互动效应较大。

研究假说 3-2：农户消费升级的内生互动效应存在区域差异，相较于经济发达地区，经济欠发达地区的内生互动效应较大。

上述研究假说 2 和研究假说 3 将在第四和第五章的相应小节进行实证检验。

第四节　消费信贷行为的社会互动效应

上文基础理论模型暗含了一个预算约束，那就是农户的消费支出不超过可支配金额之和。对于居民消费行为而言，通过民间借款或银行贷款方式获得的信贷资金是消费金额的来源之一，并且在刺激消费方面发挥着越来越重要的作用（张艾莲等，2016；李江一、李涵，2017）。

---

① $\partial \rho / \partial \theta = \varphi / (1 + \theta \varphi)^2$，$(\partial \rho / \partial \theta) > 0$。

为了更为全面地分析中国农村居民消费行为，必须对农户是否发生消费信贷行为的社会互动效应进行必要的讨论。Manski（2000）指出，理论上，社会互动效应可以来源于个体间偏好、期望和约束上的相互影响。在分析消费信贷行为的过程中，其他农户的信贷行为会直接影响个体农户对消费信贷的偏好和期望。例如，当村庄中有很多农户通过银行贷款的方式购买汽车，为了避免相对剥削带来的福利损失，个体农户也倾向于贷款购车。个体的消费信贷决策又建立于对他们消费信贷行为的预期之上，从而形成了消费信贷行为在农户之间的相互影响。

考虑到中国消费信贷市场远不及主要发达国家或地区（杨蓬勃等，2014；剧锦文、常耀中，2016；剧锦文、柳肖雪，2017），农村地区的消费金融市场又滞后于城市地区（臧日宏、王春燕，2020），因此，我们首要关注农村居民消费信贷行为的发生率，暂不涉及信贷规模、频率等方面的讨论。是否发生消费信贷行为属于一个典型的离散行为，上文基础理论模型并不适用。为此，本小节将基于 Brock 和 Durlauf（2001）的离散选择互动模型，探讨消费信贷行为的社会互动效应，并提出研究假说。本小节的核心内容是农户消费信贷行为的社会互动效应，我们重点关注消费信贷行为在农户之间的相互影响，暂不将跨期消费和储蓄纳入模型框架中。

与前文基础理论相同，假定个体农户的参照系为同一个村庄中的其他农户。考虑农户 i 所在的村庄 r 由 n 个家庭组成，每个家庭都可以用一个可观察的个体特征 x_i 来描述。这里，直接假定村庄内部是一个完整的社会网络，所有农户之间都相互连接。我们使用 $B_i = \{-1, 1\}$ 表示农户的消费信贷行为，$B_i = 1$ 表示农户选择消费信贷，$B_i = -1$ 则表示农户没有选择消费信贷。那么对于村庄 r 而言，所有农户的选择集合为 $B = \{B_1, B_2, \cdots, B_i\}$。继续使用集合 $-i$ 来表示农户 i 的参照系，即村庄中其他 $n-1$ 个家庭。对于农户 i 而言，参照系的选择集合为 $B_{-i} = \{B_1, \cdots, B_{i-1}, B_{i+1}, \cdots, B_N\}$。

农户通过选择是否向银行或个人借款来满足自身的消费需求，以

追求效用水平 U 的最大化。在不考虑社会互动效应的情况下，经典的离散选择模型通常假定效用水平取决于个体的选择 B_i、个体特征 x_i，以及一个随机效用 $\varepsilon(B_i)$。当我们进一步考察社会互动效应时，农户的效用函数不仅包含私有效用函数，还包括一个与其他个体选择直接相关的社会效用函数。此时，效用函数可以设定为：

$$U(B_i) = u(B_i, x_i) + s[B_i, \mu^e_{-i}(B_{-i})] + \varepsilon(B_i) \quad (3-14)$$

上式中，$u(B_i, x_i)$ 表示个体的私有效用，它取决于个体的消费信贷选择和个体特征；$\varepsilon(B_i)$ 为农户之间相互独立的随机效用，$s(B_i, \mu^e_{-i}(B_{-i}))$ 为社会效用函数。其中，$\mu^e_{-i}(B_{-i})$ 表示农户 i 在做决策时，对参照系中其他农户的消费信贷选择的主观预期。由于我们假定个体农户受到村庄中其他农户等权重的影响，因此，主观预期可以用一个平均水平来表达：

$$\mu^e_{-i}(B_{-i}) = \overline{B}^e_{-i} = (n-1)^{-1} \sum_{j \in -i} B^e_j \quad (3-15)$$

其中，B^e_j $(i \neq j)$ 表示农户 i 对 j 消费信贷选择的主观预期，$\overline{B}^e_{-i}$ 则表达了农户 i 对参照系其他农户消费信贷选择预期的平均水平。在主观预期的基础之上，可以进一步定义社会效用函数。具体地，参考文献中的社会规范模型（Brock and Durlauf, 2001; Zanella, 2004; Liu et al., 2014; Blume et al., 2015），我们将社会效用函数设定为：

$$s[B_i, \mu^e_{-i}(B_{-i})] = -\frac{J}{2}(B_i - \overline{B}^e_{-i})^2 \quad (3-16)$$

这里，农户 i 的消费信贷选择 B_i 和其对其他农户消费信贷选择的主观预期 $\overline{B}^e_{-i}$ 共同决定了社会效用水平，而上式中的离差平方则代表了两者之间的差异。假定系数 J 恒大于 0（$J>0$），任何与其他农户消费信贷选择的差异都会带来福利损失，系数 J 即为背离平均水平的效用惩罚。为了避免选择差异带来的福利损失，理性的农户会尽量减少自己的选择与其他农户消费信贷选择的差异。上文研究提出了一个假说，个体农户的消费水平会随着村庄平均消费水平的增长而增长。那么，当个体预期村庄中绝大多数农户通过借贷的方式来提高消费水平时，为了避免相对剥削带来的福利损失，个体农户也会"跟风"借贷，通过正规或非正规的渠道借贷资金用于消费。反之，如若个体农户认为没有人会借贷消费，那么理性的选择就是自己也不选择消费信贷。因此，对其他农户消费信贷选择的预期起到了类似社会规范的作用，促使个体农户的决策与群体（村庄）选择保持一致。

我们进一步将私有效用函数设定为线性函数：$u(B_i, x_i) = x_i \cdot B_i$，它表示消费信贷行为的私有边际效应取决于个体特征。这一函数形式虽然简单，但也是合理的。例如，青年人的消费需求相较于老年人而言更为高涨，那么消费信贷给年龄越小的农户带来的效用增量就越大；对于面临健康冲击的家庭而言，消费信贷可以有效地满足计划之外的医疗支出，因此他们选择消费信贷的意愿更强烈。至此，我们可以完整地描述农户的效用函数：

$$U(B_i) = x_i B_i - \frac{J}{2}(B_i - \overline{B}^e_{-i})^2 + \varepsilon(B_i) \qquad (3-17)$$

在此基础上，参考 Brock 和 Durlauf（2001），假设个体随机效用呈独立的极值分布，则扰动项 $\varepsilon(B_i) - \varepsilon(-B_i)$ 呈现 Logistic 分布。从而，个体是否选择消费信贷的概率应遵循：

$$\begin{aligned}\text{Prob}(B_i) &= \frac{\exp\left(x_i B_i - \frac{J}{2}(B_i - \overline{B}^e_{-i})^2\right)}{\sum_{B_i = \{-1,1\}} \exp\left[x_i B_i - \frac{J}{2}(B_i - \overline{B}^e_{-i})^2\right]} \\ &= \frac{\exp(x_i B_i + J B_i \overline{B}^e_{-i})}{\sum_{B_i = \{-1,1\}} \exp(x_i B_i + J B_i \overline{B}^e_{-i})}\end{aligned} \qquad (3-18)$$

在已知个体选择概率的情况下，农户消费信贷行为的期望值即可表达为：

$$E(B_i) = \frac{\exp(x_i + J\overline{B}^e_{-i})}{\sum_{B_i = \{-1,1\}} \exp(x_i B_i + J B_i \overline{B}^e_{-i})} - \frac{\exp(x_i + J\overline{B}^e_{-i})}{\sum_{B_i = \{-1,1\}} \exp(x_i B_i + J B_i \overline{B}^e_{-i})}$$

$$= \frac{\exp(x_i + J\overline{B}^e_{-i}) - \exp(x_i + J\overline{B}^e_{-i})}{\exp(x_i + J\overline{B}^e_{-i}) + \exp(x_i + J\overline{B}^e_{-i})} = \tanh(x_i + J\overline{B}^e_{-i})$$

(3-19)

假设农户具有理性预期，那么个体农户对村庄中其他农户消费信贷选择的主观预期应等于数学期望，也即 $B^e_j = E(B_j)$。则农户选择消费信贷的期望值可以进一步表达为：

$$E(B_i) = \tanh\left[x_i + J(n-1)^{-1}\sum_{j\in -i} E(B_j)\right] \quad (3-20)$$

从上式中，我们可以清晰地看到，农户消费信贷选择不再是独立的，而是相互影响的，消费信贷的期望值不仅取决于个体特征，还与其他农户的选择直接相关。根据 Manski（1993）对社会互动效应的划分，参照系中其他农户的选择对个体农户消费信贷决策的影响称为内生互动效应。上式中的系数 J 衡量了内生互动效应的大小，即个体的信贷决策在多大程度上受到他人消费信贷行为的影响。根据系数 J 恒大于 0 的假定，村庄中选择消费信贷的农户越多，个体发生消费信贷的概率也就越大。据此，可以提出研究假说：

研究假说 4：农户消费信贷行为存在正向的内生互动效应，村庄消费信贷行为发生率对个体选择消费信贷的概率产生正面影响。

由于个体选择消费信贷的期望值服从正曲正切函数（$\tanh$），而 $\tanh$ 函数是一个连续函数，其函数图形与 45°直线至少存在一个交点 B^*，满足均衡条件：

$$E(B^*) = \tanh(x_i + JB^*) \quad (3-21)$$

但是，函数交点可能不唯一，这也意味着模型存在多重均衡的可能性。多重均衡是指理论上高水平均衡和低水平均衡同时出现的局面，高水平均衡表达的是村庄中绝大多数农户都会"跟风"选择消费信贷的情况，是我们期望的局面，可以在一定程度上刺激消费，拉动农村消费市场；而低水平的均衡则是绝大多数人都不会选择消费信贷，不利于发挥信贷体系对消费的促进作用。根据 Brock 和 Durlauf（2001）

的研究，多重均衡存在于私有效用和社会效用相比足够小，以至于个体选择与其他人相同的行为的动机超过了私有效用带来的激励的情况。

接下来，我们将通过一个比较静态分析，更直观地理解社会互动效应可能带来的多重均衡局面。由式（3-21）可知，个体农户的反应函数和均衡水平由两个参数所决定，一是个体特征 x_i，二是内生互动效应 J。前者在模型中决定了消费信贷的边际私有效用的大小，体现了来自私有效用的激励；后者衡量了农户消费信贷决策在多大程度上受到其他农户的影响，反映了来自社会效用的激励。

首先，通过固定个体特征 x_i 的大小，来观察内生互动效应的变化对均衡的影响。假定个体特征 $x_i=0$。在图3-1中，纵轴表示个体农户消费信贷选择的期望值，横轴表示村庄其他农户的平均选择。45°直线代表了个体选择期望值与群体选择期望值相等的均衡状态，因此，两条线的交点就是均衡点。图中四条曲线分别是参数 J 赋值为0.5、1、1.5和2时的反应函数。可以看出，反应函数的形状与参数 J 的大小密切相关。J 取值越大，反应函数越接近于一个 S 形曲线，取值越小，两个期望值之间的关系越接近于线性关系。更重要的是，反应函

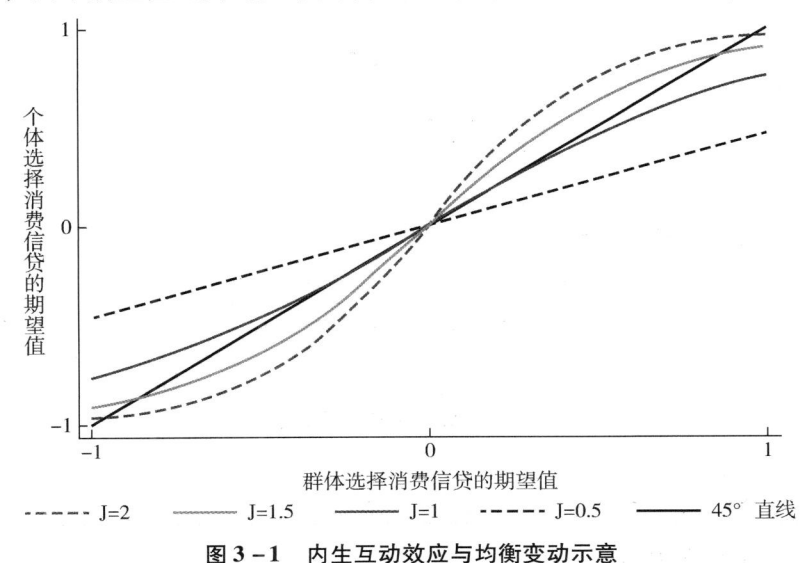

图3-1 内生互动效应与均衡变动示意

数越弯曲,就越有可能与45°直线相交于多个点。在出现3个交点的情况之下,左下方的点代表了一个低水平均衡,右上方代表了一个高水平均衡,这两个均衡点具有稳定性,任何在均衡点一定范围内的偏离都会逐步收敛到均衡点(Brock and Durlauf, 2001)。上述情况说明,对他人消费信贷选择的影响越大,即内生互动效应越大,出现多重均衡的可能性也就越大。

其次,通过控制内生互动效应 J 的大小,来观察个体特征 x_i 的变动对均衡的影响。假定参数 J 恒等于2,图3-2展示了 x_i 赋值为0、0.5、1和1.5时的反应函数。不难看出,与内生互动变化所呈现出来的规律不同,随着个体特征 x_i 取值的增长,出现多重均衡的可能性逐渐减小。基于以上静态比较分析,我们可以得出结论:当农户消费信贷的社会互动效应较大,而私人激励较小时,可能会出现多重均衡的局面。这与前人的研究结论一致(Brock and Durlauf, 2001)。

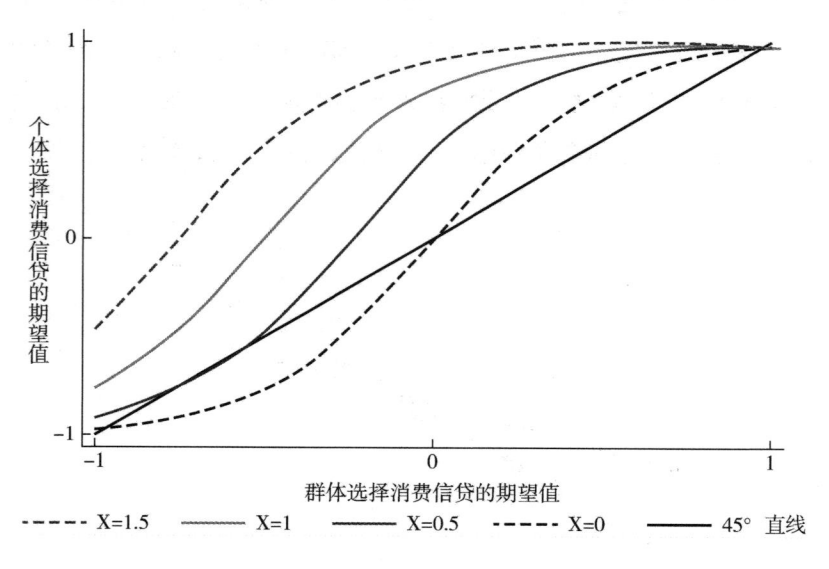

图3-2 个体特征与均衡变动示意

当然,即便是在均衡唯一的情况下,仍有可能出现绝大多数农村居民都不选择消费信贷的低水平均衡。这里,我们在通过控制内生互

动效应 J 的大小，假定个体特征 x_i 的激励不足的情况下观察均衡的状态。假定参数 J 恒等于 1，图 3-3 展示了 x_i 赋值为 -0.1、-0.5 和 -1 时的反应函数。可以看到，反应函数与 45°直线只有一个交点，均衡唯一，但是，反应函数与 45°直线相交于数值较低的点。也就意味着，在内生互动效应的作用下，农户消费信贷行为收敛到一个低水平的均衡点，此时，村庄中的绝大多数农户都不愿意选择消费信贷。这就为中国农村居民消费信贷行为发生率较低提供了一种解释。

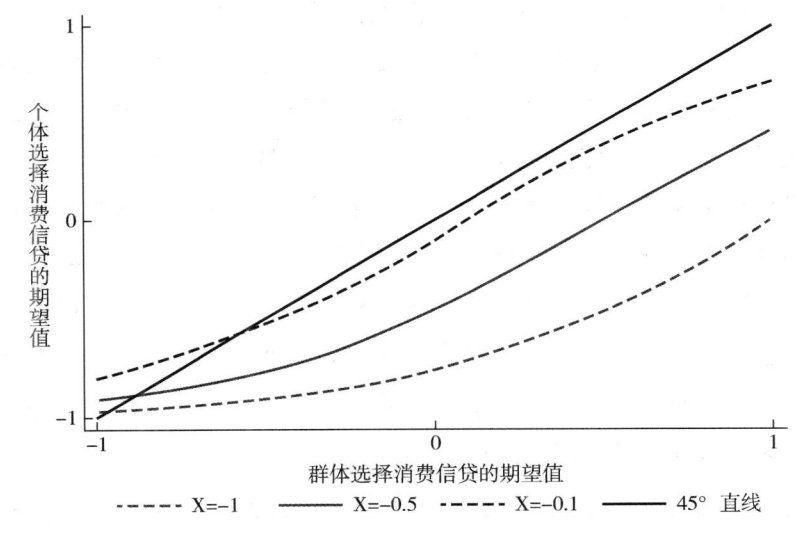

图 3-3 均衡唯一下的低水平均衡示意

第五节 社会互动效应与消费不平等

社会互动效应可能会对消费不平等产生一定的影响。上文的基础理论模型聚焦一个典型村庄内的农户消费行为之间的相互依赖，当我们把目光投向多个村庄之时就可初见端倪[①]。假设 R 个村庄都满足研究

---

① 就一个村庄来看，社会互动效应会提高群体内部不同个体行为选择的一致性。例如，程竹、陈前恒（2020）基于一个村庄的长期追踪调查发现，小农种植行为的社会互动效应是导致村庄内部种植业结构雷同的重要因素。

假说1-1，即消费支出存在正向的内生互动效应。根据式（3-7），对于任意一个村庄 r 而言，村庄层面加总的消费支出都满足：

$$c_r = \frac{1}{1-\rho_r} \sum_{i \in r} \pi_i \quad r = 1, \cdots, R \qquad (3-22)$$

其中，$\pi_i = \beta_r x_i + \gamma_r \bar{x}_{-i} + \varepsilon_i$（$i \in r$）。从上式中可以看到，村庄之间的消费不平等由两个要素构成，一个来自影响农户消费水平的个体特征 π_i 及其回报率的差异，另一个则是内生互动效应 ρ_r 的差异。根据定理1，内生互动效应直接决定了社会乘数的大小，进而决定了影响消费支出的外生冲击对群体消费支出的总效应。也就是说，当消费支出的内生互动效应在任意群组之间存在差异时，这一差异就可能会对消费不平等产生一定的影响。当然，社会互动效应究竟是扩大消费差距还是缩小消费差距，则要取决于初始的消费水平。如果高消费村庄的内生互动效应大于低消费村庄，那么高消费村庄的社会乘数大于低消费村庄，这意味着影响所有农户的外生冲击给高消费村庄带来的边际影响更大，会进一步扩大两个村庄之间的消费差距；反之，低消费村庄的消费增量大于高消费村庄，对消费不平等产生缩小效应。据此，我们可以提出第五个研究假说：

研究假说5：农户消费支出的内生互动效应是解释消费不平等的重要因素。

第七章将基于中国家庭追踪调查（CFPS）2010—2018年农户数据，选取适当研究方法对这一研究假说进行实证检验[①]。

[①] 实际上，社会互动效应很早就被学者们应用于不平等问题的解释中。例如，邻居成分（Neighborhood Component）是解释美国不同城市犯罪率的不平等的重要因素（Glaeser et al.，1996）；社会互动有利于解释芝加哥不同街区失业率的不平等（Topa，2001）。

第四章 消费支出的社会互动效应

第一节 引言

在外部环境不确定性加大、投资增速放缓的背景下,扩大内需已成为促进中国经济增长的重要手段。党的十九大明确提出,完善促进消费的体制机制,增强消费对经济发展的基础性作用。未来经济增长模式将由以往生产主导转向消费主导,并成为未来中国经济发展的新常态。但是,中国居民消费水平却一直萎靡不振,当前从绝对数值上看中国居民消费率较低,比较来看也远低于世界其他主要国家(陈斌开等,2014;韩雷、彭家欣,2019),消费已成为制约中国经济高质量发展的一个重要因素(韩雷、彭家欣,2019)。作为"三驾马车"之一的消费,在拉动经济增长上一直动力不足。

鉴于居民消费之于经济增长的重要性,诸多研究对中国居民消费行为和低消费率的成因展开了讨论。收入差距的扩大是抑制消费增长、导致低消费率的重要因素。陈斌开(2012)的模拟表明,城乡收入差距扩大导致中国居民消费率在2000—2008年下降了3.42%,解释了这一期间居民消费率下降的30.8%。邹红、喻开志(2011)基于1990—2008年省际面板数据研究发现,劳动收入份额和城乡收入差距是居民消费增长缓慢最根本的原因。城镇居民内部的收入差距亦会抑制城镇居民消费(娄峰、李雪松,2009)。社会保障方面,政府在基本医疗保险上的投入对家庭消费产生了显著的正面影响(甘犁等,2010),

针对流动人口的研究也发现，参加医疗保险将使流动人口的人均非医疗消费提升6.5%（宋月萍、宋正亮，2018）。但养老保险在促进消费上作用有限，提高养老金缴费率会显著抑制缴费家庭的消费，养老保险缴费负担对总消费的影响也是负面的（白重恩等，2012b）；李珍、赵青（2015）的研究也发现，1987—2012年养老保险保障水平对城镇居民消费模式产生微弱的挤出效应，养老保险制度向"社会养老保险"变轨后，社会养老保险替代率对居民消费支出的影响并不显著，覆盖率的提高挤出了居民消费。在农村地区，新型农村社会养老保险和新型农村合作医疗能在一定程度上促进家庭消费（白重恩等，2012a；张川川等，2015；毛捷、赵金冉，2017）。人口特征方面，家庭成员的主观和客观健康风险均对居民消费产生抑制作用（丁继红等，2013；何兴强、史卫，2014）；老年抚养系数变化对中国居民消费的影响并不显著（李文星等，2008），还有研究发现人口老龄化对居民消费总量影响不大，但对医疗保健类消费具有促进作用（朱勤、魏涛远，2016）。关于退休对消费的影响，学者们基于中国强制退休政策，设计了断点回归，研究发现退休显著降低了城镇居民消费，消费骤降主要源于退休后与工作相关支出和文化娱乐支出的减少（邹红、喻开志，2015）；李宏彬等（2015）在剔除工作相关的支出、在家的食品支出以及闲暇娱乐支出之后，剩余的消费在退休后没有显著变化，因此，中国居民退休后生活水平并没有实质性下降。流动约束方面，农村消费性信贷获取能有效促进农户消费（陈东、刘金东，2013），金融知识显著提高了家庭的消费支出和消费倾向（宋全云等，2019）；宏观层面，一定程度的金融自由化能够提升消费水平（郭念枝，2018），农村金融效率、农村金融规模和数字普惠金融发展能够显著促进农村居民消费（胡帮勇、张兵，2012；郭华等，2020）。家庭资产方面，金融资产对农村家庭消费有显著的正向影响（卢建新，2015），金融风险资产对城镇消费支出的财富效应和风险效应具有替代关系（李波，2015）。住房资产并不存在财富效应，住房价格的提高并不利于居民消费的增长（李涛、陈斌开，2014；万晓莉等，2017）；亦有研究表明，房价下跌会对城镇居民消费产生负面冲击，且下降幅度越大负面影响也越大（万海远等，2019）。除此之外，城镇化能够提高城市居民消费率，但过快的城镇化速度则会对消费率的增长起到抑制作用，并且这一关系存在区域差异（雷潇雨、龚六堂，2014）；税负过高直接抑制了居民消费，降低个人所得税能显著提高工薪阶层的消费（徐润、陈斌开，2015）；中国政府支出对居民消费支出和社会总消费产生了一定的挤出效应（方福前、孙文凯，2014）。

上述针对中国居民消费的研究文献中，家庭或消费者通常被视为独立的决策单元，个体之间的相互影响没有得到应有重视。正如文献综述的展示，来自教育、健康、农业生产、农地流转、劳动力流动等领域的研究都证实了社会互动效应的存在。第三章的理论研究也显示，当效用函数包含一个与其他农户消费水平相关的社会效用时，个体的消费支出将受到村庄其他农户消费水平的直接影响。那么，中国农村居民的消费支出究竟是否存在社会互动效应？社会互动效应又给居民消费来了怎样的影响？这对于公共政策而言意味着什么？现有研究尚未系统地回答这些问题。

讨论中国农村居民消费支出的社会互动效应具有重要的政策含义和学术价值。一方面，内生互动效应带来的社会乘数有助于提高公共政策的有效性（Becker and Murphy，2000）。准确估计中国农村居民消费支出的内生互动效应能让我们更清楚、更直观地了解社会乘数的大小，对进一步发掘农村消费潜力、刺激消费等公共政策具有一定的参考意义。另一方面，中国人的人际关系取向存在"他人取向"的特征，在心理与行为上易受他人影响，对他人的意见、标准、褒贬、批评等特别敏感且重视（杨国枢，2004），而既有研究更加关注个体特征的影响，"他人取向"的特征往往被忽视。考察农户消费支出的社会互动效应，有助于更好地解释中国农村居民的消费行为。

本章将在第三章所示的理论框架基础上，实证检验中国农村居民消费支出的社会互动效应。根据非合作博弈模型均衡状态下消费支出的决定函数，本章构建了一个与之对应的空间计量模型，并使用中国家庭追踪调查（CFPS）2010—2018年农户数据估计了消费支出的社会互动效应。研究证实了内生互动效应的存在，即个体农户消费支出随着村庄平均消费水平的增长而增长。我们还进一步对社会乘数和内生互动效应的异质性进行了探究，讨论了其蕴含的政策含义。

我们注意到，前人的部分研究已涉及不同国家或地区居民消费支出的社会互动效应（Roychowdhury，2019；De Giorgi et al.，2020），也有关于中国农村居民消费决策的相互影响的讨论（冯尧，2010；Ling et al.，2018；余丽甜、詹宇波，2018）。相比既往文献，本章可能的边际贡献是：使用非合作博弈模型在理论上探究了消费支出的社会互动效应的微观理论基础，并在理论指导下，深入讨论了社会互动的异质性及其蕴含的政策含义；实证研究方法上，本书使用固定效应的空间计量模型估计了内生互动效应，有效地避免了内生互动效应的识别问题。本章的讨论丰富了关于中国居民消费行为的社会互动效应研究，也为社会互动效应的国际讨论新添了中国证据。

第二节　研究设计

本节将从研究数据、研究方法和变量选取三个方面详细介绍实证研究思路，以期检验研究假说1-1，即农户消费支出的内生互动效应。

一　数据来源

本章实证研究数据来源于中国家庭跟踪调查（Chinese Family Panel Studies，CFPS）农户数据。中国家庭跟踪调查是北京大学中国社会科学调查中心实施的，一个旨在通过跟踪收集个体、家庭、社区三个层次的数据，反映中国社会、经济、人口、教育和健康的变迁，为学术研究和政策决策提供数据的重大社会科学项目。CFPS于2010年在全国 25 个省、市、自治区 649 个村/居单位开展了基线调查，并于 2012 年、2014 年、2016 年和 2018 年进行了四轮跟踪调查，形成了一套包含七万多个家庭样本和十七万六千多个成人样本的大型数据库。

本书将使用中国家庭跟踪调查 2010—2018 年的五期数据。我们依据国家统计局划分的农村—城镇分类，仅保留了来自农村地区的样本。CFPS 数据库主要包含家庭和个人两个层面的数据，2010 年和 2014 年进行了村庄调查。其中，家庭层面包含家庭经济数据库和家庭关系数据库，个人层面分为成人数据库和少儿数据库。考虑到本章以家庭为单位考察农村居民消费支出的社会互动效应，因此，本书主要使用家庭经济数据库和家庭关系数据库，同时从成人问卷中提取相应的变量与家庭样本匹配。为了尽可能地保留样本、确保样本的代表性，我们对缺失值进行了必要的处理。针对各项消费支出和家庭收入水平的缺失值和异常值，我们使用插值法进行填补，5 期数据中累计有 3171 个样本农户的各项消费支出数据存在缺失或异常，1702 个样本农户年收入缺失或异常。社会互动效应的识别将会涉及和同一个村庄其他农户之间的比较，为了方便参照系的设定和计算，本书以基期调查的样本编号为基准，矫正了跟踪调查中编号和所在区域发生变动的样本。

根据研究需要，本书对家庭数据库进行了一定筛选和清理。首先，本章使用的实证研究方法为空间计量模型，空间权重矩阵是固定不变的，这就要求数据结构是一个平衡的面板数据（下一小节中将有详细介绍）。其次，我们剔除了因婚姻变化、子女经济独立等原因所派生出来的新家庭和未能持续追踪的家庭样本。最后，剔除了村庄规模小于 6 个家庭的样本（累计剔除 305 个农户样本），以确保每个农户拥有至少 5 个参照对象。

经过筛选和清理，一共获得了 22375 个农户样本的 5 期平衡面板数据。这 22375 农户样本来自 274 个样本村庄，规模最大的村庄有 29 个样本农户，最小的仅有 6 个样本农户。虽然本书仅使用了 CFPS 数据库的部分样本，但这并没有影响数据的代表性，样本依旧覆盖了全国 24 个省、市、自治区，具体包括：天津、河北、山西、辽宁、吉林、黑龙江、上海、江苏、浙江、安徽、福建、江西、山东、河南、湖北、湖南、广东、广西、重庆、四川、贵州、云南、陕西和甘肃。

二 实证研究方法

由式（3-5）所示的均衡状态下农户消费决定函数可知，参照系的加权平均消费支出 $\sum_{j \in -i} w_{ij} c_j$ 和个体特征加权平均值 $\sum_{j \in -i} w_{ij} x_j$ 分别衡量了内生互动效应和情境效应。因此，我们仅需要在实证模型中添加这两个变量，即可估计内生互动效应和情境效应的大小。但非常遗憾的是，研究数据没有关于农户之间的社会网络的信息[①]，无法确定权重 w_{ij} 的大小。因此，参考现有研究中最普遍的做法，将农户的参照系设置为来自同一村庄的其他农户，假定村庄内部每个家庭都是相互影响的，来自其他农户的影响是等权重的。这样，加权平均值 $\sum_{j \in -i} w_{ij} c_j$ 和 $\sum_{j \in -i} w_{ij} x_j$ 即为参照系的均值。

将均衡状态下农户消费决定函数改写成计量模型，使用下标"0"标记出待估参数，模型可以设置为：

$$c_{i,t} = \alpha_0 + \rho_0 \bar{c}_{-i,t} + X_{i,t} \beta_0 + \bar{X}_{i,t} \gamma_0 + \varepsilon_{i,t} \qquad (4-1)$$

其中，$c_{i,t}$ 表示时间 t 上农户 i 的消费支出，$\bar{c}_{-i,t}$ 表示时间 t 上村庄中其他农户平均消费水平，$X_{i,t}$ 是一组影响消费的个体特征，$\bar{X}_{i,t}$ 表示村庄其他农户个体特征的均值，α_0 为常数项，$\varepsilon_{i,t}$ 为模型误差项。与理论模型相互对应是，系数 ρ_0 捕获了农户消费支出的内生互动效应，是我们关注的核心参数；系数 γ_0 为情境效应。

这一经典的线性均值模型在识别内生互动效应的过程中存在两个潜在的干扰。第一，映射问题。该问题最早由 Manski（1993）提出，

---

① 目前，国内公开的社会调查数据，普遍缺乏行为人之间的社会网络信息。

它是指以群组均值为解释变量的线性模型不能有效区分内生互动效应和情境效应，从而影响我们对社会乘数的评估。关于映射问题，文献综述部分已有详细的介绍，此处不再赘述。学者们使用了工具变量法等方法来纠正映射问题带来的识别偏差，也有研究在假定不存在情境效应的情况下识别内生互动效应（Entorf and Lauk, 2008；Entorf and Tatsi, 2009 等）。第二个干扰来自关联效应。来自同一个村庄的农户消费支出表现出相关性，可能是由未观测到的村庄环境因素或相似的个体特征所造成的。这种共同面临的环境因素所导致的行为趋同被称为关联效应。如果模型不能很好地捕获外部因素的干扰，就会导致社会互动效应的估计有偏。

为了弥补线性均值模型的不足，本章采用空间面板模型来同时识别内生互动效应和情境效应。包括李龙飞（Lee Lungfei）、De Giorgi、Bramoullé 在内的诸多学者讨论了空间计量模型在社会互动效应研究中的应用。研究表明，空间计量模型在一定条件下能够有效地避免映射问题，同时识别内生互动效应和情境效应（Lee, 2007；Bramoullé et al., 2009）。将式（3-5）所示的农户消费决定函数改写成矩阵形式，继续使用下标"0"标记出待估参数，即可得到空间计量模型：

$$C_t = \rho_0 W C_t + X_t \beta_0 + W X_t \gamma_0 + \alpha_i + \alpha_t + \epsilon_t \qquad (4-2)$$

其中，$C_t = (c_{1t}, c_{2t}, \cdots, c_{nt})'$ 是一个 $n \times 1$ 向量，由时间 t 上农户消费支出组成；X_t 是一个 $n \times k$ 的矩阵，由影响农户消费支出的个体特征组成。W 是一个 $n \times n$ 的主对角线元素为 0、经过行标准化处理的权重矩阵。与传统空间计量模型不同的是，这里的权重矩阵 W 不再构建于空间距离之上，而是构建于群组关系的基础之上。参考 Lee (2007)，在行标准化之前，如果农户 i 和农户 j 来自同一个村庄，则将 w_{ij} 赋值为 1；反之，则赋值为 0。α_i 为个体固定效应，捕获了未观测的家庭特征对消费支出的影响；α_t 为时间固定效应，控制了时间 t 上所有农户共同面临的冲击；ε_t 是随机扰动项，满足 $Var(\varepsilon_t) = \sigma_o^2 I_n$。与理论模型相对应，系数 ρ_0 仍是内生互动效应，γ_0 仍为情境效应。

根据 Bramoullé 等（2009）关于识别条件的讨论，只要两个或两个以上的村庄规模不同，上述空间计量模型就可以同时识别内生互动效应和情境效应。在本章所使用的数据库中，平均每个样本村庄约有17.67 个样本农户，规模最大的村庄有 29 个样本农户，最小的仅有 6 个样本农户，群组规模的差异很好地满足了空间计量模型的识别条件。

除了能避免映射问题之外，本章所运用的空间计量模型还能够克服关联效应的干扰。在前人的研究中，学者们通常在模型中添加群组固定效应来捕获不可观测的环境因素所导致的行为趋同。例如，在针对青少年的同伴效应研究中，使用班级、年级固定效应来控制班级层面或年级层面的未知因素对学生成绩、吸烟等行为的影响（Mcewan，2003；Hanushek et al.，2003；Fletcher，2012；袁舟航等，2018；武玮、祁翔，2019）。但是，群组固定效应仅能反映组间差异，并不能反映群组内部不可观测因素，所以只能部分解决不可观测因素带来的影响（Lin，2010）。而在本章的研究中，面板数据给我们提供了控制个体固定效应的可能。农户个体固定效应可以捕获不可观测的个体特征对消费支出的影响，从而避免关联效应带来的困扰。

三 变量选取

被解释变量为农户的家庭消费支出。消费支出具体指包括食品、衣着、居住、日常设备及日用品、医疗保健、交通通信、教育和文化、娱乐休闲等项目在内的年度支出之和。2010 年、2012 年、2014 年、2016 年和 2018 年农户的平均消费支出分别为 19056.04 元、30825.12 元、35401.20 元、40919.65 元和 45281.58 元。这表明，农村居民消费水平呈现增长趋势，但增速逐渐放缓。为了平滑农户消费支出和村庄平均消费水平的分布，同时更直观地反映两者之间的弹性关系，我们在模型估计中对消费支出做了取自然对数的处理。

在模型估计中，还尽可能控制影响农户家庭消费支出的家庭人口特征和家庭经济社会特征。参考前人相关研究以及数据的可能性，家庭人口特征包括未成年人数、老年人数、受教育程度、健康状况、外出务工人数和常住人口数量；社会经济特征包括家庭年纯收入、农业生产状况以及家庭信贷情况。考虑到消费支出涉及所有家庭内部的所有个体，是一个集体决策，单个个体的年龄难以反映出整个家庭的年龄结构对消费的影响，因此，我们使用18岁以下未成年人和60岁以上老年人人数来反映家庭年龄结构；使用获得高中及以上文凭的家庭成员占比来体现家庭成员的平均受教育程度；根据成人问卷和少儿问题卷中的自评健康状况，将不健康定义为健康冲击，并使用面临健康冲击的人数来反映家庭整体的健康状况。考虑到农业生产条件和自然资源禀赋在样本覆盖区域有较大的差异，很难用某一具体指标来衡量其对消费支出的影响，况且本书重点关注消费支出的社会互动效应，所以，这里仅设置"是否从事农业生产"这一虚拟变量。前人研究表明，消费信贷能在一定程度上缓解家庭流动性约束，促进消费增长（赵霞、刘彦平，2006；李燕桥、臧旭恒，2013；吴锟等，2020），本章根据家庭在被调查年份是否发生借贷行为来反映农户的信贷情况。详细变量设置请见表4-1。

表4-1　　　　　　关键变量的类型与定义

变量	类型	定义
被解释变量		
消费支出	连续数值	家庭消费性支出的自然对数
解释变量		
未成年人	计数型	18岁以下未成年人数
老年人	计数型	60岁以上老年人数
教育	百分比	完成高中及以上受教育程度的家庭成员占比
健康	计数型	面临健康冲击的人数
外出务工	计数型	外出务工人数
常住人口	计数型	家庭常住人口数
农业生产	离散型	是否从事农业生产，是=1，否=0

续表

变量	类型	定义
年纯收入	连续数值	家庭年纯收入的自然对数
家庭信贷	离散型	家庭是否有借贷行为，是=1，否=0

家庭人口特征方面，平均每个样本农户有 1.02 个未成年人、0.84 个老年人，拥有高中及以上学历的成员比例均值为 12.0%，平均每个农户样本有 3.73 个常住人口、0.54 个成员面临健康冲击、0.66 个成员外出务工。在 22375 个样本中，有超过 15% 的农户完全脱离农业生产，从事农业生产的农户比例也呈现逐渐降低的趋势。在家庭信贷水平方面，农户借贷的主要途径为亲戚朋友、银行信用社和民间借贷。总样本中超过四分之一的农户发生过借贷行为，并且尚未还清借贷金额。2010 年，农户尚未归还的借贷金额平均为 8948.691 元，到 2018 年这一数字增长到 13611.56 元[①]。收入水平方面，2010 年、2012 年、2014 年和 2016 年农户家庭纯收入平均为 2.32 万元，2018 年增长到 3.81 万元，保持了稳步增长的趋势。关键变量的描述性统计分析见表 4-2。

表 4-2　　　　　　　　关键变量的描述性统计分析

变量	样本量	均值	标准差	最小值	最大值
消费支出	22375	10.029	0.908	0	13.964
未成年人	22375	1.025	1.092	0	9
老年人	22375	0.842	0.919	0	9
教育	22375	0.120	0.190	0	1
健康	22375	0.539	0.717	0	5
外出务工	22375	0.655	0.984	0	8
常住人口	22375	3.727	1.802	1	20
农业生产	22375	0.837	0.370	0	1

---

① CFPS2010 年的基期调查中，农户借贷资金包含房贷，2012 年之后的跟踪调查数据不包含房贷。

续表

变量	样本量	均值	标准差	最小值	最大值
年纯收入	22375	9.772	1.544	0	13.607
家庭信贷	22375	0.265	0.441	0	1

第三节 模型估计结果与讨论

一 基础模型

本节首先使用方差膨胀因子（Variance Inflation Factor）来检验多重共线性问题，各解释变量 VIF 值均小于 5，表明模型不存在严重的多重共线性问题。稳健起见，我们通过三步展示内生互动效应的估计结果。首先，仅考虑消费支出的内生互动效应，在实证模型中加入空间滞后项（式 4-2 中的 $\rho_0 WC_t$），此时，空间计量模型是一个标准的空间自回归模型（Spatial Autoregression Model，SAR）；其次，在空间自回归模型（SAR）基础上控制个体固定效应，以克服潜在的未观测个体特征对消费支出的影响；最后，进一步考察情境效应，即模型中添加个体特征的空间滞后项（式 4-2 中的 $WX_t\gamma_0$），此时，模型变成一个标准的空间杜宾模型（Spatial Durbin Model，SDM）。

表 4-3 详细展示了模型估计结果。从表 4-3 第 1 列可以看出，在不考虑情境效应和关联效应的影响下，空间自回归系数 $\hat{\rho}$ 在 1% 统计水平下显著，系数方向为正。表 4-3 第 2 列控制个体固定效应之后，空间自回归系数 $\hat{\rho}$ 继续在 1% 统计水平下显著，系数方向保持不变。表 4-3 第 3 列进一步添加个体特征的空间滞后项，考察消费支出的情境效应，尽管空间自回归系数有所减小，但是仍然保持在 1% 统计水平下显著为正。上述结果表明，农户消费支出存在显著的内生互动效应，村庄中其他农户消费水平对个体农户消费支出产生正向影响，农户的消费支出随着村庄平均消费水平的变动而同向变动。研究假说

1-1 得到证实。表 4-3 第 3 列的估计结果显示，在其他因素保持不变的情况下，村庄平均消费水平每增加 1 个单位，个体农户的消费支出会随着增加 0.270 个单位①。

表 4-3　　　　　消费支出的社会互动效应：基础模型

变量	(1)	(2)	(3)
内生互动效应（$\hat{\rho}$）	0.351*** (0.011)	0.270*** (0.011)	0.270*** (0.011)
未成年人	-0.032*** (0.008)	-0.039*** (0.009)	-0.041*** (0.009)
老年人	-0.098*** (0.007)	-0.033*** (0.010)	-0.033*** (0.010)
教育	0.513*** (0.038)	0.245*** (0.044)	0.232*** (0.045)
健康	-0.007 (0.008)	0.027*** (0.008)	0.028*** (0.009)
外出务工	-0.010 (0.006)	0.006 (0.006)	0.004 (0.007)
常住人口	0.173*** (0.005)	0.140*** (0.006)	0.142*** (0.006)
农业生产	-0.111*** (0.018)	0.015 (0.019)	0.009 (0.020)
年纯收入	0.116*** (0.005)	0.050*** (0.004)	0.050*** (0.005)
家庭信贷	0.227*** (0.013)	0.163*** (0.013)	0.163*** (0.013)
$W*$未成年人			0.015 (0.028)

① 对于空间自回归系数的解释参考了程竹、陈前恒（2020）及 Liu 等（2017）等研究。与印度农村居民相比，中国农村居民消费支出的内生互动效应较小。Roychowdhury（2019）采用工具变量法估计的印度农村居民消费支出的内生互动效应约为 0.8。

续表

变量	(1)	(2)	(3)
$W*$老年人			-0.044 (0.032)
$W*$教育			0.146 (0.109)
$W*$健康			-0.042 (0.025)
$W*$外出务工			0.024 (0.016)
$W*$常住人口			-0.033** (0.014)
$W*$农业生产			0.099** (0.050)
$W*$年纯收入			0.010 (0.011)
$W*$家庭信贷			-0.060 (0.041)
时间固定效应	控制	控制	控制
个体固定效应	不控制	控制	控制
样本量	22375	22375	22375
R^2	0.047	0.052	0.051

注：**、***分别表示变量系数的估计值在5%、1%的统计水平下显著，括号内为稳健标准误；内生互动效应（$\hat{\rho}$）为空间自回归系数估计值，$W*X_k$为各解释变量的空间滞后项。

定理1表示，内生互动效应带来的社会乘数约为$1/(1-\rho)$。根据本节内生互动效应估计值，中国农村居民消费支出的社会乘数约为1.370。这意味着，外生冲击引起的村庄平均消费水平的均衡反应约是初始个体消费支出增幅的1.370倍。如果某项公共政策使得农户消费支出普遍增长1%，那么在农户之间的相互影响下，均衡状态下村庄层面的消费支出将会增长1.370%，政策的有效性得到显著提高。

除了内生互动效应之外，消费支出还存在显著的情境效应。其他农户的收入水平对个体农户的消费支出产生显著的正面影响。根据表4-4汇报的年纯收入的间接效应,在其他因素保持不变的情况下,年纯收入每增加1个单位,会使得个体农户的消费支出增加0.033个单位。一方面,收入水平的提高势必会刺激其他农户的消费增长,为了避免相对低位的落差,个体农户也会相应提高消费水平;另一方面,邻居的收入增长可能会通过借贷的方式缓解个体农户的流动约束,进而提高消费支出。例如,Angelucci 和 De Giorgi(2009)分析一项针对墨西哥贫困人群的援助项目发现,援助不仅直接提高了受助家庭的消费水平,还间接提高了没有接受援助的家庭的消费水平,原因在于,没有接受援助的家庭可以从受助家庭那里获得更多的转移支付,从而减少预防性储蓄、增加消费。除此之外,本书还发现,虽然农业生产行为并未对农户自身的消费支出产生显著影响,但却能间接提高其他农户的消费水平。可行的解释在于,农户会将收获的农产品分享给邻居,这种计划之外的食品馈赠会减少其他农户的食品支出,刺激其他方面的消费性支出,从而形成了农业生产的溢出效应。

家庭特征对农户消费支出产生了重要的影响。平均年龄偏小的农户,受教育程度越高、常住人口越多的家庭,消费支出越高。家庭成员的健康状况对消费支出产生了正面影响,这主要是由于疾病带来的医疗支出的增长。家庭收入水平和信贷规模越高的家庭,消费水平也越高,这与前人的研究发现基本一致(赵霞、刘彦平,2006;李燕桥、臧旭恒,2013;吴锟等,2020)。

表4-4　基础模型(空间计量模型)的直接效应与间接效应

	Panel A		Panel B		Panel C	
	直接效应	间接效应	直接效应	间接效应	直接效应	间接效应
未成年人	-0.032*** (0.008)	-0.017*** (0.004)	-0.039*** (0.009)	-0.014*** (0.004)	-0.041*** (0.009)	0.007 (0.037)

续表

	Panel A		Panel B		Panel C	
	直接效应	间接效应	直接效应	间接效应	直接效应	间接效应
老年人	-0.100*** (0.007)	-0.052*** (0.004)	-0.034*** (0.009)	-0.012*** (0.003)	-0.035*** (0.009)	-0.072 (0.041)
教育	0.524*** (0.036)	0.274*** (0.021)	0.252*** (0.042)	0.091*** (0.016)	0.241*** (0.042)	0.289 (0.152)
健康	-0.007 (0.008)	-0.004 (0.004)	0.028*** (0.008)	0.010*** (0.003)	0.027*** (0.008)	-0.048 (0.033)
外出务工	-0.011 (0.006)	-0.006 (0.003)	0.006 (0.006)	0.002 (0.002)	0.004 (0.006)	0.035 (0.021)
常住人口	0.175*** (0.005)	0.092*** (0.005)	0.141*** (0.006)	0.051*** (0.004)	0.142*** (0.006)	0.006 (0.018)
农业生产	-0.112*** (0.020)	-0.059*** (0.011)	0.015 (0.020)	0.006 (0.007)	0.011 (0.021)	0.138** (0.068)
年纯收入	0.117*** (0.005)	0.061*** (0.004)	0.051*** (0.004)	0.018*** (0.002)	0.050*** (0.004)	0.033** (0.014)
家庭信贷	0.230*** (0.012)	0.121*** (0.009)	0.165*** (0.013)	0.060*** (0.006)	0.163*** (0.013)	-0.023 (0.056)
时间固定效应	控制		控制		控制	
个体固定效应	不控制		控制		控制	
样本量	22375		22375		22375	
R^2	0.047		0.052		0.051	

注：**、***分别表示变量系数的估计值在5%、1%的统计水平下显著，括号内为稳健标准误；Panel A 至 Panel C 分别为表4-3第1至第3列所示模型的直接效应与间接效应。

二 稳健型检验

上文证实了农户消费支出存在显著的内生互动效应。为了确保结果的可靠性，本节将从以下几个角度对实证结论进行稳健性检验。

（一）检伪检验

本书将参照系设定为同一村庄中的其他农户，并假定这一参照系是严格外生的。近年来，越来越多的研究开始关注群组的自选择问题。

群组自选择问题是指参照系的内生性问题，个体有可能根据某些特征来选择自己的参照系。如果影响参照系选择的因素同时影响我们关注的结果变量，并且在模型中没有得到很好的体现，会导致模型估计的内生互动效应和社会乘数出现偏差（Lin，2010）。虽然，对于农村地区而言，村落是一种天然的社区，农村样本的估计结果更少受社区居住群分效应的影响（李强，2014；Liu et al.，2014），但稳健起见，还是很有必要进一步考察参照系设定的可靠性。

参考 Fletcher（2012）的研究思路，本书使用一个验伪检验来排除相关的担忧。我们给农户设定一个"虚假参照系"：来自同一个县其他村庄的农户。如果我们设定的参照系真实有效，那么虚假的参照系不应该呈现内生互动效应。反之，如果虚假的参照系也表现出了显著的内生互动效应，那就说明"同一村庄中其他农户"的设定可能与现实不符。参照系的调整使得空间计量模型不再适用，因此，我们使用传统的均值模型考察虚假参照系中的社会互动效应。模型具体设置为：

$$c_{i,t} = \rho_0^* \bar{c}_{-l,t}^* + X_{i,t} \beta_0^* + \bar{X}_{-l,t} \gamma_0^* + \alpha_l + \alpha_t + \mu_{i,t} \qquad (4-3)$$

其中，$c_{i,t}$表示来自 l 县村庄 r 的农户 i 在时间 t 上的消费支出；假定 l 县一共有 m 个农户，村庄 r 由 n 个农户组成，集合 $-l$ 表示虚假参照系，即来自 l 县村庄 r 之外的其他 $m-n$ 个农户；α_l 为县域固定效应，用以控制潜在的未观测群组特征的影响；α_t 为时间固定效应，$\bar{c}_{-l,t}^*$、$\bar{X}_{-l,t}$ 分别表示虚假参照消费支出和个体特征均值，计算方法如下：

$$\bar{c}_{-l,t}^* = \frac{1}{m-n} \sum_{j \in -l} c_{j,t} \qquad (4-4)$$

系数 ρ_0^* 为内生互动效应，如果拒绝 $\rho_0^* = 0$ 的原假设，则表明原有参照系的设定有问题，反之，则说明参照系设定有效。采用最小二乘法估计上述线性均值模型。表 4-5 汇报了估计结果，可以看到，虚拟参照系的内生互动效应为负数，但显著性检验无法拒绝 $\rho_0^* = 0$ 的假设。结果结果显示，来自同一个县其他村庄的农户的平均消费水平对农户消费支出的影响不显著。这表明,"虚假参照系"的设置是不合理的,也说明了"同一村庄中其他农户"作为参照系的设定是合理的。

(二)村庄规模

为了进一步检验结果的稳健性,我们还需要关注样本村庄的规模。因为村庄规模直接决定了每个农户拥有几个潜在的参照对象,参照系过小可能不具有代表性。例如,在学习成绩的同伴效应研究中,学者将最小群组规模设定为11,也就是要求每一个学生拥有至少10个潜在同伴(Hseih and Lee,2016)。在农户土地流转的社会互动效应研究中,学者将也将样本村庄最小规模设定为11,以确保每个农户有至少10个参照对象(方航、陈前恒,2020)。相较于这一设定,我们设定的最小规模相对较小。

为此,本书将村庄最小规模重新设定为11和16,以确保每个农户拥有至少10个和15个参照对象。当最小规模重新设定为11时,有1405个农户样本被剔除;最小规模为16时,有6570个农户样本被剔除。在此基础上,继续使用式(4-2)所示的面板空间计量模型估计消费支出的社会互动效应。表4-5的第2和第3列分别展示了不同设定的估计结果,附录表A4-1的Panel A和Panel B汇报了个体特征的直接效应和间接效应。不难看出,两种设定下空间自回归系数都在1%统计水平下显著为正,说明农户消费支出依旧存在显著的内生互动效应。并且各解释变量系数与前文的估计结果差异较小,反映了上文估计结果的可靠性。

(三)村庄固定效应

由"实证研究方法"中的介绍可知,来自同一个村庄的农户消费支出表现出相关性,可能是由未观测到的村庄环境因素或相似的个体特征所造成的,也即关联效应。上文的空间计量模型控制了个体固定效应,有效地捕获了相似的个体特征对内生互动效应的影响,但仍有可能存在未观测的村庄特征导致农户消费支出趋同。例如,价格水平、购物便利性等,这些因素往往在不同地区之间存在差异。由于 CFPS 数据库仅在 2010 年和 2014 年对样本村庄进行了调查,使得我们难以在模型中添加时变的村庄层面的特征变量。为此,这里采用传统的线性均值模型,模型中直接控制村庄固定效应,以捕获村庄层面特征的影响。模型设定如下:

$$c_{i,t} = \rho_0 \bar{c}_{-i,t} + X_{i,t}\beta_0 + \bar{X}_{i,t}\gamma_0 + \alpha_v + \alpha_t + \varepsilon_{i,t} \quad (4-5)$$

其中,α_v 为村庄固定效应,系数 ρ_0 仍为农户消费支出的内生互动效应,其余变量与式(4-1)所示模型相同。表4-5 第4列汇报了估计结果,可以看到,在控制村庄固定效应的情况下,村庄平均消费水平在1%统计水平下显著为正。这说明,在考虑到村庄层面未观测特征的情况下,农户消费支出的内生互动效应依旧显著为正,再次证明了上文结果的可靠性。

表4-5　　　　消费支出的社会互动效应:稳健性检验

	(1) 验伪检验	(2) 村庄规模	(3) 村庄规模	(4) 村庄固定效应
内生互动效应	-0.024 (0.024)	0.286*** (0.012)	0.291*** (0.014)	0.110*** (0.020)
未成年人	-0.010 (0.007)	-0.043*** (0.009)	-0.044*** (0.012)	-0.013 (0.007)
老年人	-0.102*** (0.006)	-0.033*** (0.010)	-0.037*** (0.011)	-0.103*** (0.006)
教育	0.490*** (0.031)	0.242*** (0.047)	0.257*** (0.053)	0.511*** (0.029)
健康	-0.004 (0.007)	0.028*** (0.009)	0.031*** (0.010)	-0.003 (0.007)
外出务工	0.002 (0.006)	0.001 (0.007)	-0.009 (0.008)	0.0003 (0.006)
常住人口	0.173*** (0.005)	0.143*** (0.006)	0.139*** (0.007)	0.176*** (0.004)

续表

	（1）验伪检验	（2）村庄规模	（3）村庄规模	（4）村庄固定效应
农业生产	-0.021 (0.018)	0.009 (0.021)	0.018 (0.025)	-0.013 (0.017)
年纯收入	0.101*** (0.005)	0.049*** (0.005)	0.049*** (0.005)	0.100*** (0.005)
家庭信贷	0.228*** (0.012)	0.163*** (0.013)	0.144*** (0.015)	0.225*** (0.012)
$W*$未成年人	-0.003 (0.031)	0.008 (0.029)	0.009 (0.036)	-0.013 (0.029)
$W*$老年人	-0.023 (0.032)	-0.061 (0.034)	-0.066 (0.040)	0.011 (0.033)
$W*$教育	0.207 (0.124)	0.145 (0.114)	0.110 (0.136)	-0.074 (0.125)
$W*$健康	-0.005 (0.032)	-0.043 (0.026)	-0.049 (0.032)	-0.011 (0.027)
$W*$外出务工	0.028 (0.020)	0.033 (0.017)	0.059*** (0.020)	0.030 (0.018)
$W*$常住人口	-0.034 (0.018)	-0.034** (0.015)	-0.027 (0.019)	-0.043*** (0.015)
$W*$农业生产	0.385*** (0.055)	0.097 (0.052)	0.057 (0.066)	0.136** (0.053)
$W*$年纯收入	-0.055** (0.022)	0.011 (0.011)	0.030** (0.014)	-0.025 (0.018)
$W*$家庭信贷	-0.160*** (0.054)	-0.070 (0.043)	0.013 (0.050)	-0.103** (0.045)
常数项	8.709*** (0.287)			7.387*** (0.251)
时间固定效应	控制	控制	控制	控制
个体固定效应	不控制	控制	控制	不控制
群组固定效应	控制	不控制	不控制	控制
样本量	20245	20970	15805	22375

续表

	（1） 验伪检验	（2） 村庄规模	（3） 村庄规模	（4） 村庄固定效应
R^2	0.356	0.050	0.044	0.392

注：**、***分别表示变量系数的估计值在5%、1%的统计水平下显著，括号内为稳健标准误；对于第2和第3列空间计量模型，内生互动效应为空间自回归系数估计值（$\hat{\rho}$），$W*X_k$为各解释变量的空间滞后项；第1和第4列内生互动效应变量为参照系消费支出均值，$W*X_k$也为参照系各解释变量均值；第1列群组固定效应为县域固定效应，第4列群组固定效应为村庄固定效应。

第四节　异质性讨论

上文研究发现，农户消费支出存在显著且稳健的内生互动效应。个体农户的消费决策不仅取决于自身面临的约束，还受到其他农户消费支出的直接影响，随着村庄平均消费水平的变动而同向变动。这一结论较好地体现了中国人际关系"他人取向"的特征。内生互动效应带来的社会乘数约为1.370，也就是说，外生冲击导致的农村消费水平的变动约是个体农户初始消费波动的1.370倍，公共政策可以借助社会乘数来提高政策有效性。本节具体关注农户消费支出的内生互动效应的时间变化趋势，以及区域间是否存在异质性。

一　内生互动效应的变迁

为了检验消费支出的内生互动效应的时间变化趋势，我们将总样本按调查时间的先后分为2010年、2012年、2014年、2016年、和2018年五个子样本，进行分样本估计。为了避免映射问题，仍使用空间计量模型估计各年的内生互动效应。与上文式（4-2）所示模型不同的是，任意一个时间点上的数据结构为横截面数据，空间杜宾模型将不再控制个体固定效应和时间固定效应。实证模型设定为：

$$C = \rho_0 WC + X\beta_0 + WX\gamma_0 + \epsilon \quad (4-6)$$

其中，C表示农户消费支出组成的向量；X是由影响农户消费支出的个体特征组成的矩阵；W 是基于群组关系的权重矩阵，与式（4-2）所示面板空间计量模型构造方法相同。

表 4-6 详细展示了分样本回归估计结果。不难看出，各年份的空间自回归系数均在 1% 统计水平下显著，系数方向都为正，只是系数的大小略有差异。这表明，各年份农户的消费支出都存在显著的正向内生互动效应。为了更直观地反映时间演变趋势，我们在图 4-1 中标绘了各年份内生互动效应的估计值。可以清晰地看到，内生互动效应估计值从 2010 年的 0.393 减小到 2018 年的 0.274，整体上呈现明显的逐年减小的趋势，与理论预期相符。

综上所述，随着时间的推移，消费支出的内生互动效应呈现逐渐减小的趋势。也就是说，来自其他农户的影响逐渐减弱，农户消费决策越来越独立。研究假说 2-1 得以证实。

表 4-6　消费支出的内生互动效应的时间差异：空间计量估计

	（1）2010	（2）2012	（3）2014	（4）2016	（5）2018
内生互动效应（$\hat{\rho}$）	0.393*** (0.027)	0.358*** (0.027)	0.330*** (0.028)	0.309*** (0.029)	0.274*** (0.031)
未成年人	-0.010 (0.013)	-0.017 (0.014)	-0.017 (0.016)	-0.019 (0.017)	-0.013 (0.016)
老年人	-0.075*** (0.011)	-0.108*** (0.013)	-0.126*** (0.013)	-0.090*** (0.014)	-0.107*** (0.013)
教育	0.637*** (0.059)	0.526*** (0.066)	0.246*** (0.058)	0.494*** (0.072)	0.546*** (0.063)
健康	0.041*** (0.014)	-0.009 (0.015)	-0.037** (0.015)	0.023 (0.017)	0.001 (0.017)
外出务工	-0.013 (0.013)	-0.060*** (0.014)	-0.034*** (0.012)	-0.033** (0.014)	0.035** (0.017)
常住人口	0.120*** (0.010)	0.171*** (0.009)	0.191*** (0.009)	0.180*** (0.010)	0.187*** (0.011)

续表

	(1) 2010	(2) 2012	(3) 2014	(4) 2016	(5) 2018
农业生产	0.065 (0.037)	0.012 (0.040)	−0.101*** (0.037)	−0.040 (0.035)	−0.088*** (0.032)
年纯收入	0.296*** (0.015)	0.128*** (0.010)	0.137*** (0.012)	0.149*** (0.013)	0.063*** (0.007)
家庭信贷	0.203*** (0.021)	0.225*** (0.024)	0.283*** (0.028)	0.244*** (0.029)	0.257*** (0.028)
$W*$未成年人	−0.037 (0.039)	−0.008 (0.040)	−0.046 (0.033)	−0.022 (0.039)	−0.059 (0.049)
$W*$老年人	0.034 (0.032)	0.070 (0.038)	0.019 (0.041)	0.009 (0.040)	0.060 (0.042)
$W*$教育	−0.285 (0.203)	−0.129 (0.219)	−0.112 (0.132)	0.011 (0.214)	0.110 (0.186)
$W*$健康	−0.084** (0.040)	0.047 (0.039)	0.069 (0.043)	−0.042 (0.047)	−0.039 (0.053)
$W*$外出务工	0.013 (0.033)	−0.041 (0.035)	0.003 (0.028)	0.028 (0.033)	−0.031 (0.047)
$W*$常住人口	−0.067*** (0.026)	−0.073*** (0.024)	−0.048** (0.021)	−0.043 (0.024)	−0.005 (0.031)
$W*$农业生产	−0.134** (0.062)	−0.215*** (0.063)	−0.290*** (0.069)	−0.248*** (0.072)	−0.493*** (0.071)
$W*$年纯收入	−0.019 (0.027)	0.019 (0.024)	0.076*** (0.027)	0.081*** (0.029)	0.013 (0.015)
$W*$家庭信贷	−0.023 (0.059)	0.049 (0.066)	−0.086 (0.091)	0.107 (0.101)	0.091 (0.094)
常数项	2.992*** (0.280)	4.754*** (0.310)	4.535*** (0.328)	4.468*** (0.328)	6.551*** (0.303)
样本量	4475	4475	4475	4475	4475
Wald	1696.02	1272.36	1372.97	1287.43	1307.08

注：**、***分别表示变量系数的估计值在5%、1%的统计水平下显著，括号内为稳健标准误；内生互动效应为空间自回归系数估计值（$\hat{\rho}$），$W*X_k$为各解释变量的空间滞后项。

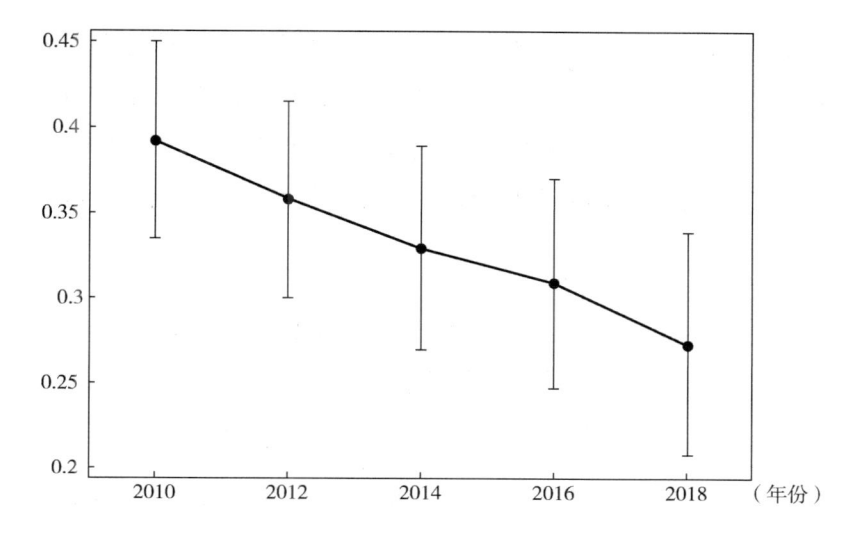

图 4-1　消费支出的内生互动效应的时间演变趋势

注：原点代表内生互动效应估计值，垂直线段表示95%置信区间，图形根据表4-6所示估计结果绘制。

二　内生互动效应的区域差异

区域发展差距是新时代中国发展不平衡的重要表现。悠久的历史和多样的地理环境塑造了璀璨的中华文化，也造就了中华文化的多样性。火辣川渝、冰雪东北、多彩云贵，时至今日，区域间多彩的文化习俗依旧是人们津津乐道的话题。相关研究表明，文化差异是造成消费行为差异的重要因素（Briley and Wyer，2001；叶德珠等，2012）。那么，中国区域间的发展不平衡和文化差异会不会带来消费支出的社会互动效应的区域差异？

为了检验内生互动效应的区域差异，我们根据样本所在区域将总样本分为东部地区、中部地区、东北地区及西部地区4个子样本，分别估计内生互动效应。实证模型依旧使用式（4-2）所示的空间面板计量模型。表4-7展示了估计结果①。不难看出，四个子样本的空间

---

① 直接效应与间接效应参见附录表 A4-2。

自回归系数都在1%统计水平下显著，系数方向为正，即存在显著的正向内生互动效应。从系数大小上看，东部地区的内生互动效应最小，西部地区最大。图4-2更为直观地展示了内生互动效应的区域差异。可以看到，西部地区的内生互动效应最大，东北地区和中部地区次之，东部地区最小。

表4-7　消费支出的内生互动效应的区域差异：空间计量估计

	（1） 东部地区	（2） 中部地区	（3） 东北地区	（4） 西部地区
内生互动效应（$\hat{\rho}$）	0.176*** (0.024)	0.204*** (0.023)	0.240*** (0.035)	0.304*** (0.019)
未成年人	-0.043** (0.017)	-0.030 (0.016)	0.034 (0.035)	-0.056*** (0.015)
老年人	-0.030 (0.019)	-0.026 (0.018)	-0.037 (0.026)	-0.041** (0.017)
教育	0.144 (0.079)	0.244*** (0.090)	0.260** (0.119)	0.304*** (0.081)
健康	0.051*** (0.018)	0.021 (0.017)	0.095*** (0.024)	0.005 (0.013)
外出务工	0.004 (0.012)	0.006 (0.012)	0.006 (0.021)	0.001 (0.011)
常住人口	0.145*** (0.011)	0.139*** (0.011)	0.169*** (0.020)	0.136*** (0.009)
农业生产	0.003 (0.035)	0.013 (0.035)	0.023 (0.051)	-0.007 (0.041)
年纯收入	0.052*** (0.009)	0.060*** (0.009)	0.043*** (0.009)	0.041*** (0.008)
家庭信贷	0.211*** (0.026)	0.191*** (0.027)	0.128*** (0.035)	0.132*** (0.020)
$W*$未成年人	-0.005 (0.053)	0.122** (0.049)	-0.085 (0.141)	-0.057 (0.048)
$W*$老年人	-0.091 (0.064)	-0.044 (0.056)	0.020 (0.090)	-0.020 (0.062)

续表

	（1）东部地区	（2）中部地区	（3）东北地区	（4）西部地区
$W*$教育	0.518** (0.257)	0.220 (0.266)	0.757** (0.369)	-0.184 (0.160)
$W*$健康	0.000 (0.054)	-0.013 (0.050)	0.109 (0.078)	-0.074 (0.038)
$W*$外出务工	-0.029 (0.030)	0.030 (0.026)	-0.088 (0.066)	0.069** (0.030)
$W*$常住人口	-0.058** (0.027)	-0.025 (0.025)	0.042 (0.053)	-0.000 (0.026)
$W*$农业生产	0.178 (0.095)	-0.104 (0.097)	0.036 (0.165)	0.173** (0.085)
$W*$年纯收入	0.018 (0.021)	-0.006 (0.024)	-0.049** (0.024)	0.038** (0.019)
$W*$家庭信贷	-0.151 (0.089)	0.022 (0.085)	0.028 (0.110)	-0.016 (0.065)
时间固定效应	控制	控制	控制	控制
个体固定效应	控制	控制	控制	控制
样本量	5765	5765	2870	7975
R^2	0.061	0.080	0.058	0.050

注：**、***分别表示变量系数的估计值在5%、1%的统计水平下显著，括号内为稳健标准误；内生互动效应为空间自回归系数估计值（$\hat{\rho}$），$W*X_k$为各解释变量的空间滞后项。

总体而言，农户消费支出的内生互动效应存在地区差异，相较于经济发达地区，经济欠发达地区的内生互动效应较大，农户消费决策的相互依赖性更强。研究假说3-1得证。

三 按收入分组的内生互动效应

前文研究表明，村庄中其他农户消费水平会对个体农户消费支出产生直接影响。这一影响不仅存在时间和区域维度上的差异，村庄内部也有可能存在异质性。因为，不同社会经济地位的农户对其他农户

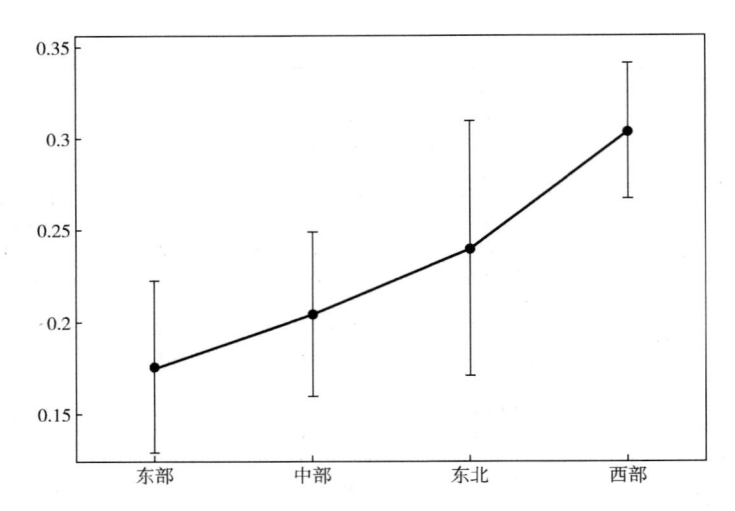

图 4-2 消费支出的内生互动效应的区域差异

注：原点代表内生互动效应估计值，垂直线段表示 95% 置信区间，图形根据表 4-7 所示估计结果绘制。

的影响也会略有差异。通常而言，收入水平较高的农户的消费水平和消费质量更高，更容易引起低收入农户的模仿和学习。同样，高收入的农户可能更加在意与其社会地位相近的农户的消费决策。也就是说，消费支出的内生互动效应在村庄内不同收入组之间存在异质性。

为了检验内生互动效应在村庄内部的异质性，我们根据调查年份的纯收入是否高于村庄平均收入水平，将农户分为高收入组和低收入组。在此基础上进行分样本回归，以考察高收入组和低收入组农户的消费水平对个体农户消费支出的影响差异。此时，内生互动效应将由两个变量捕获，空间计量模型不再适用。为此，我们采用传统的线性均值模型，具体设定如下：

$$c_{i,t} = \rho_1 \bar{c}_{l,t} + \rho_2 \bar{c}_{l,t} + X_{i,t}\beta_0 + \alpha_t + \alpha_i + \varepsilon_{i,t} \quad (4-7)$$

其中，$\bar{c}_{h,t}$ 表示村庄中高收入组农户的平均消费支出[①]，$\bar{c}_{l,t}$ 表示村

---

① 对于高收入组的农户而言，$\bar{c}_{l,t}$ 为除自己之外的村庄中其他高收入农户的消费支出均值；对于低收入组的农户而言，$\bar{c}_{l,t}$ 为除自己之外的村庄中其他低收入农户的消费支出均值。

庄中低收入农户的平均消费支出。其余设定与式（4-2）所示模型相同。这里，系数 ρ_1 和 ρ_2 分别反映了来自高收入组和低收入组消费支出的影响。

表4-8展示了估计结果。可以看到，对于高收入组的农户而言，高收入组平均消费水平的边际影响大于低收入组平均消费水平的边际影响；低收入组农户同样存在这一特征，来自高收入组平均消费水平的影响大于低收入组。这表明，消费支出的内生互动效应在村庄内部存在异质性，来自高收入农户的影响比低收入组群体的影响更大。一个可行的解释在于，收入水平较高的农户更倾向于通过高水平的消费来展现社会经济地位，因而，他们对于同等收入水平的农户的消费支出的变动更为敏感；而低收入农户倾向于模仿社会地位较高的农户，通过向高收入农户看齐的方式来提高自身的福利水平。

表4-8　　　　　　分收入组的消费支出的内生互动效应

	（1）高收入组	（2）低收入组
内生互动效应_高收入组	0.177*** (0.021)	0.200*** (0.026)
内生互动效应_低收入组	0.115*** (0.017)	0.145*** (0.021)
未成年人	-0.039*** (0.012)	-0.048*** (0.019)
老年人	-0.016 (0.013)	-0.055*** (0.018)
教育	0.123** (0.061)	0.253*** (0.078)
健康	0.021 (0.012)	0.051*** (0.015)
外出务工	-0.013 (0.008)	0.031** (0.014)

续表

	(1) 高收入组	(2) 低收入组
常住人口	0.112*** (0.007)	0.173*** (0.012)
农业生产	−0.028 (0.027)	0.081** (0.033)
年纯收入	0.118*** (0.013)	0.020*** (0.007)
家庭信贷	0.175*** (0.017)	0.147*** (0.023)
常数项	5.244*** (0.262)	5.062*** (0.310)
个体固定效应	控制	控制
时间固定效应	控制	控制
样本量	12988	9383
R^2	0.251	0.237

注：**、***分别表示变量系数的估计值在5%、1%的统计水平下显著，括号内为稳健标准误；内生互动效应变量为村庄中对应收入组的平均消费支出的自然对数。

第五节　本章小结

激发农村消费潜力、促进农村居民消费是畅通国内大循环中消费环节的重要举措。重新审视中国农村居民消费支出的决定因素具有十分重要的现实意义。在以往关于中国居民消费行为和低消费率的成因的讨论中，学者们更加关注个体特征或外部环境因素对居民消费的影响，而居民消费决策之间的相互影响没有得到重视，乡土中国的"熟人社会"和中国人"他人取向"的特征往往被忽略。

本章在第三章所示的理论框架的指导下，实证检验了中国农村居民消费支出的社会互动效应及其时间、空间异质性。根据非合作博弈模型均衡状态下消费支出的决定函数,本章构建了一个与之对应的空间计量模型,并使用中国家庭追踪调查(CFPS)2010—2018年农户数据估计了农户消费支出的社会互动效应。空间计量模型和CFPS面板数据结合的优势在于:第一,相较于传统的线性均值模型,空间计量模型能有效地避免映射问题,更好地识别和区分内生互动效应和情境效应;第二,面板数据结构给我们提供了控制个体固定效应的可能,农户个体固定效应可以捕获不可观测的个体特征对消费支出的影响,从而避免关联效应带来的困扰。

研究表明,中国农村居民的消费支出是相互影响的,而非相互独立的。研究假说1-1、2-1和3-1在本章得到证实。本章研究发现如下:第一,农户消费支出存在显著且稳健的内生互动效应,村庄中其他农户消费水平对个体农户消费支出产生正向影响,农户的消费支出随着村庄平均消费水平的变动而同向变动;估计结果显示,在其他因素保持不变的情况下,村庄(其他农户)平均消费水平每增加1个单位,个体农户的消费支出会随着增加0.270个单位。第二,内生互动效应带来的消费支出社会乘数约为1.370,外生冲击引起的村庄平均消费水平的均衡反应约是初始个体消费支出增幅的1.370倍,旨在刺激农村消费的干预政策的有效性会因此得到提高。第三,随着时间的推移,消费支出的内生互动效应呈现逐渐减小的趋势,农户消费决策越来越独立。第四,农户消费支出的内生互动效应存在地区差异,相较于经济发达地区,经济欠发达地区的内生互动效应较大,农户消费决策的相互依赖性更强。第五,消费支出的内生互动效应在村庄内部存在异质性,来自高收入农户的影响比低收入组群体的影响更大。第六,除了内生互动效应之外,消费支出还存在显著的情境效应,收入水平和农业生产行为存在溢出效应,这些个体特征不仅会影响自身的消费支出,还会左右村庄其他农户的消费决策。

第五章 消费升级的社会互动效应

第一节 引言

随着收入水平和消费水平的持续增长,居民消费将由满足基本生存需求的食品、衣着和居住等逐渐转向追求医疗保健、文教娱乐的发展享受型消费。消费升级不仅是居民福利水平提升的重要体现,还对国民经济产生至关重要的影响。相关研究表明,消费升级有利于推动产业升级,改善就业质量(石奇等,2009;杨天宇、陈明玉,2018;王军、詹韵秋,2018)。因此,居民消费结构的优化升级引起社会各界的广泛关注。21世纪,新一轮居民消费升级呈现结构多元、消费品质提升和商品形态由物质向服务拓展的特征,此轮消费结构升级将推动互联网+和数字经济为代表的服务业的进一步发展,促进新兴产业和传统产业实现融合渗透发展,带动传统产业转型升级(王永中,2018)。

然而,随着消费增速的放缓,2018年有关中国"消费降级"说法却一度成为舆论的焦点。"消费降级"的声音之所以出现,重要原因在于榨菜等低层次消费品的销量增长,拼多多用户的迅速上涨及其上市,还有部分高端消费者减少了奢侈品的需求。政府部门第一时间对这一言论作出了回应。2018年9月26日的商务部例行新闻发布会上,发言人指出,"消费降级"的说法有失偏颇,市场出现部分大众化商品销售较好的情况是从一个侧面反映了消费升级的新趋势①。2019年3月6日的十三届全国人大二次会议记者会上，国家发改委主任副主任宁吉喆也正面回应了"消费降级"的观点，他指出，我国消费持续扩大的基本面没有改变，消费转型升级并带动产业转型升级、投资转型升级，乃至整个经济转型升级是大势所趋，长期看好②。

学界对中国居民消费升级还是降级问题展开了讨论。总体来看，学者们并不赞同"消费降级"的观点。孙兴杰等（2019）研究表明，我国消费市场表现出消费分层的特征，且短期内居民消费变动呈现的主要是不同群体消费升级速度的差异，并不是明显的升级和降级的区别。孙豪等（2020）指出，消费降级是一种假象，反映出了当前消费增速下行、消费分化初显和局部消费降级风险等问题。石明明等（2019）将食品等生存性消费占比下降定义为第Ⅰ类消费升级，符号性和服务性消费占比上升定义为第Ⅱ类消费升级；实证结果表明，1998—2017年，城乡居民的第Ⅰ类消费升级和第Ⅱ类消费升级都在持续不断地进行，但乡村居民的第Ⅰ类消费升级小于城镇居民，2013年以后，第Ⅱ类消费升级出现一定程度的放缓。当然，也有研究指出，消费降级存在于部分群体之中。例如，刘向东、米壮（2020）放弃从消费结构的角度审视消费升级的方法，转而使用"基本—非基本消费"框架判断消费升级，基于大样本的分析表明，我国整体处于消费升级状况，但低收入阶层面临消费降级的处境，农村地区的家庭也面临消费降级的状况。

除了"升级降级之争"之外，学者们还对中国居民消费升级的影响因素展开了研究。在人口特征方面，家庭规模阻碍了居民消费结构的优化升级（李晓楠、李锐，2013），而人口年龄结构对家庭消费升级的影响结论不一致。有研究表明家庭老年抚养比的增加对消费结构

---

① 详见：http://www.gov.cn/xinwen/2018-09/06/content_5319882.htm。
② 详见：https://baijiahao.baidu.com/s?id=1627231142386287505&wfr=spider&for=pc。

的改善具有显著的促进作用（齐红倩、刘岩，2020），也有研究发现老年抚养比降低了家庭享受消费（范兆媛、王子敏，2020）；有研究发现，少儿抚养比对消费结构的改善具有显著的抑制作用（齐红倩、刘岩，2020、范兆媛、王子敏，2020），也有研究表明子女数量的增加能显著提高家庭发展享乐型消费支出的占比（王军、詹韵秋，2021）。在家庭财富方面，总资产收益率决定了住房消费对消费升级的影响，当资产总收益为正时，家庭持有适量的房产有利于消费升级，反之则抑制消费升级（王辉龙、高波，2016）。家庭负债对于生存型消费影响不显著，但对于发展与享乐型消费有显著的抑制作用，因此，家庭负债的增加阻碍消费结构的优化升级（张自然、祝伟，2019）。家庭金融资产结构亦是影响居民消费升级的重要因素，证券类资产占比对发展型与享受型消费具有显著促进作用（贾宪军，2020）。在金融领域，信用卡支付提高了享受型消费支出和发展型消费支出的比重，促进了消费结构的优化升级（王巧巧等，2018），互联网消费金融有利于提高居民的发展享受型消费支出，从而有助于优化消费结构（赵保国、盖念，2020）。收入不平等除了抑制消费增长之外，也是阻碍消费升级的重要因素。总体而言，收入不平等拖累了消费升级的进程，尤其针对东部和西部地区（纪园园、宁磊，2020）。城乡收入差距对城乡居民消费升级的影响略有差异，城乡收入差距的扩大对农村家庭的生存型和享受型消费产生了挤出效应，但却促进了城镇家庭的享受型消费（李江一、李涵，2016）。此外，刘悦等（2019）通过一个包含非位似性偏好和异质性个体的模型研究表明，收入不平等会抑制总消费，即便商品需求弹性大于1，这表明收入不平等会抑制消费升级，跨国经验研究证明了这一观点。在宏观层面，学者们讨论了公共政策对居民消费升级的影响。许光建等（2020）讨论了减税降费对消费升级的影响，结果表明，一定条件下减税措施对消费升级存在显著的促进作用，但降费措施对消费升级影响不显著。社会保障财政投入有利于城镇居民的消费升级，政府社会保障支出对中高收入城镇居民的消费升级明显，但对低收入居民消费升级的影响不显著（魏勇，2017）。经济政策的不确定性显著促进城镇消费结构升级，对农村的影响较小，但经济政策的不确定性对消费结构升级只存在短暂的正向影响，对消费品质升级存在长期的负向累积效应（张喜艳、刘莹，2020）。

鉴于居民消费升级之于国民经济和居民福利的重要性，本书在分析中国农村居民消费行为的社会互动效应的过程中，不应缺少对消费升级的社会互动效应的讨论。综观现有研究，消费结构在农户之间的相互依赖性并未得到重视，"熟人社会"和"他人取向"的特征也没有得到体现。本章将继续在第三章所示的理论框架基础上，实证检验中国农村居民消费升级的社会互动效应。参考相关研究，本章选取发展享受型消费倾向来反映农户消费结构优化升级的情况。基于中国家庭追踪调查（CFPS）2010—2018年农户数据，使用空间计量模型估计了消费升级的社会互动效应。研究证实了内生互动效应的存在，即个体农户消费结构随着村庄平均消费结构的变化而变动。我们还进一步对社会乘数和内生互动效应的异质性进行了探究，讨论了其蕴含的政策含义。

需要说明的是，在消费结构的研究中，常见的研究方法是使用包括 ELES 模型、AIDS 模型及扩展的 AIDS 模型在内的需求系统模型估计各项消费的需求弹性或价格弹性，进而讨论消费结构的变化（例如，谭涛等，2014；郑志浩等，2016；许菲等，2018；石明明等，2019；林万龙、陈蔡春子，2020 等）。本章并未选用需求系统模型等的原因在于，系统模型在内生互动效应的识别上具有一定困难，空间计量模型能较好地识别区分内生互动效应和情境效应。

第二节 研究设计

一 数据来源

本章实证研究数据来源于中国家庭跟踪调查（CFPS）农户数据。

与上一章节相同,我们对家庭数据库进行了一定筛选,以满足研究需要。首先,依据国家统计局划分的农村—城镇分类,删除了来自城市地区的样本。其次,本章仍使用空间计量模型识别社会互动效应,为了保证空间权重矩阵的不变性,我们剔除了因婚姻变化、子女经济独立等原因所派生出来的新家庭和未能持续追踪的家庭样本,保留了一个平衡面板数据。最后,剔除了村庄规模小于6个家庭的样本,以确保每个农户拥有至少5个参照对象。经过筛选和清理,一共获得了22375个农户样本的5期平衡面板数据。这22375农户样本来自274个样本村庄,规模最大的村庄有29个样本农户,最小的仅有6个样本农户。

二 实证研究方法

从诸多影响农户消费升级的因素中分离出农户之间的相互影响,即消费升级的内生互动效应,实属不易。这里,我们主要面临关联效应和映射问题的困扰。关联效应是指,相似的个体特征和共同面临的社会环境因素也有可能使得同一村庄的农户的消费结构趋同,进而呈现出一个"虚假"的内生互动效应。如果实证模型没有很好地控制住这些因素的影响,则会导致模型估计的内生互动效应和基于此得出的政策含义有偏差。映射问题是指,如果以村庄消费结构的平均水平和个体特征均值分别作为内生互动效应和情境效应的代理变量,那么传统的线性模型不能同时识别消费升级的内生互动效应和情境效应(Manski,1993)。

与第四章的实证策略相同,本章采用空间面板计量模型来识别消费升级的内生互动效应。一方面,空间计量模型能有效避免映射问题。当两个或两个以上的村庄规模不同,空间计量模型能同时识别内生互动效应和情境效应(Lee,2007;Bramoullé et al.,2009)。在本章所使用的数据库中,群组规模的差异很好地满足了空间计量模型的识别条件。另一方面,面板数据给我们提供了控制个体固定效应的可能。农户个体固定效应可以捕获不可观测的个体特征对消费升级的影响,从而避免关联效应带来的困扰。

将式（3-5）所示的农户消费决定函数改写成矩阵形式，继续使用下标"0"标记出待估参数，则实证模型变为：

$$Y_t = \rho_0 W Y_t + X_t \beta_0 + W X_t \gamma_0 + \alpha_i + \alpha_t + \epsilon_t \qquad (5-1)$$

这里，y_{it} 表示农户 i 在时间 t 上的消费结构的指标，用于体现家庭消费升级的情况，具体的指标选择将在下一小节详细介绍，$Y_t = (y_{1t}, y_{2t}, \cdots, y_{nt})'$ 则是一个 $n \times 1$ 向量；X_t 是一个 $n \times k$ 的矩阵，由影响农户消费升级的个体特征组成。W 是一个 $n \times n$ 的主对角线元素为 0、经过行标准化处理的权重矩阵。与第四章的空间计量模型相同，权重矩阵 W 构建于群组关系的基础之上。在行标准化之前，如果农户 i 和农户 j 来自同一个村庄，则将 w_{ij} 赋值为 1，反之，则赋值为 0。α_i 为个体固定效应，捕获了未观测的家庭特征对消费升级的影响；α_t 为时间固定效应，控制了时间 t 上所有农户共同面临的冲击；ε_t 是随机扰动项，满足 $Var(\varepsilon_t) = \sigma_o^2 I_n$。系数 ρ_0 是内生互动效应，它捕获了消费升级在农户之间的相互影响，是我们关注的核心参数。系数 γ_0 体现了情境效应，它指个体农户消费升级受村庄中其他农户个体特征的影响。

三 变量选取

（一）被解释变量

本章从消费结构是否优化的角度来衡量农户的消费升级。根据马斯洛需求层次理论，当基本生存需求得到满足后，人们开始追求社交、尊重、自我实现等更高层次的需求。消费需求也会遵循类似的基本生存消费向发展享受型消费转型的路径。因此，本章使用发展享受型消费倾向来衡量农户消费结构的优化升级。

发展享受型消费倾向是指发展型消费和享受型消费支出占消费总支出的比重。具体而言，居民消费性支出可以大体上分为 8 类：食品支出、衣着支出、居住支出、家庭设备及日常用品支出、医疗保健支出、交通通信支出、文教娱乐支出和其他消费性支出。本书参考前人的划分方法（李晓楠、李锐，2013；潘敏、刘知琪，2018；齐红倩、刘岩，2020 等），将农户的消费支出划分为基本生存型消费和发展享受型消费。其中，食品、衣着和居住支出属于基本生存型消费，发展享受型消费具体包括：家庭设备及日常用品、医疗保健、交通通信、文教娱乐和其他消费性支出，用于满足家庭更高层次的需求。但是，治疗支出主要来源于疾病的救治需要，具有一定的突发性，概念上并不完全属于消费结构的优化升级（张自然、祝伟，2019），亦有学者将医疗开支挤占基本型消费称为"伪消费升级"现象（李书宇、赵昕东，2019）。因此，本章不将医疗保健支出纳入发展享受型消费的范畴。

（二）解释变量

实证模型还控制了影响农户消费结构优化升级的家庭人口特征和家庭经济社会特征。参考前人相关研究以及数据的可能性，家庭人口特征包括：未成年人数、老年人数、受教育程度、健康状况、外出务工人数和常住人口数量；社会经济特征包括农业生产状况、家庭年纯收入以及家庭信贷情况。我们使用 18 岁以下未成年人和 60 岁以上老年人人数来反映家庭年龄结构；使用获得高中及以上文凭的家庭成员占比来体现家庭整体的受教育程度；根据成人问卷和少儿问题卷中的自评健康状况，将不健康定义为健康冲击，并使用面临健康冲击的人数来反映家庭整体的健康状况。社会经济特征方面，设置"是否从事农业生产"这一虚拟变量来反映农业生产状况，使用家庭年纯收入来衡量农户收入水平，根据家庭在被调查年份是否发生借贷行为来反映农户的信贷情况。详细变量设置请见表 5-1。

表 5-1　　　　　消费升级及相关变量的类型与定义

变量	类型	定义
被解释变量		
发展享受型消费倾向	百分比	家庭设备及日常用品、交通通信、文教娱乐和其他消费性支出占家庭消费总支出的比重

续表

变量	类型	定义
解释变量：家庭特征		
未成年人	计数型	18 岁以下未成年人数
老年人	计数型	60 岁以上老年人数
教育	百分比	完成高中及以上受教育程度的家庭成员占比
健康	计数型	面临健康冲击的人数
外出务工	计数型	外出务工人数
常住人口	计数型	家庭常住人口数
农业生产	离散型	是否从事农业生产，是 = 1，否 = 0
年纯收入	连续数值	家庭年纯收入的自然对数
家庭信贷	离散型	家庭是否有借贷行为，是 = 1，否 = 0

家庭人口特征方面，平均每个样本农户有 1.02 个未成年人、0.84 个老年人、0.66 个外出务工人员和 3.73 个常住人口，拥有高中及以上学历的成员比例均值为 12.0%，平均每个农户样本有 0.54 个家庭成员面临健康冲击。在 22375 个样本中，有超过 15% 的农户完全脱离农业生产，从事农业生产的农户比例也呈现逐渐降低的趋势。在家庭信贷水平方面，农户借贷的主要途径为亲戚朋友、银行信用社和民间借贷。总样本中超过四分之一的农户发生过借贷行为，并且尚未还清借贷金额。2010 年，农户尚未归还的借贷金额平均为 8948.691 元，到 2018 年这一数字增长到 13611.56 元。收入水平方面，2010 年、2012 年、2014 年和 2016 年农户家庭年纯收入平均为 2.32 万元，2018 年增长到 3.81 万元，保持了稳步增长的趋势。变量的描述性统计特征见表 5-2。

表 5-2　　　　消费升级及相关变量的描述性统计分析

变量	样本量（个）	均值	标准差	最小值	最大值
发展享受型消费倾向	22375	0.313	0.203	0	1
未成年人	22375	1.025	1.092	0	9

续表

变量	样本量（个）	均值	标准差	最小值	最大值
老年人	22375	0.842	0.919	0	9
教育	22375	0.120	0.190	0	1
健康	22375	0.539	0.717	0	5
外出务工	22375	0.655	0.984	0	8
常住人口	22375	3.727	1.802	1	20
农业生产	22375	0.837	0.370	0	1
年纯收入	22375	9.772	1.544	0	13.607
家庭信贷	22375	0.265	0.441	0	1

第三节 模型估计结果与讨论

一 基础模型

本节使用方差膨胀因子（Variance Inflation Factor）检验了多重共线性问题。结果发现，各解释变量 VIF 值均小于 5，表明不存在严重的多重共线性问题。首先，仅考虑消费升级的内生互动效应，在实证模型中加入空间滞后项（式 5-1 中的 $\rho_0 WY_t$），此时，空间计量模型是一个标准的空间自回归模型（SAR）；其次，在空间自回归模型（SAR）基础上控制个体固定效应，以克服潜在的未观测个体特征对消费结构的影响；最后，进一步考察情境效应，即模型中添加个体特征的空间滞后项（式 5-1 中的 $WX_t \gamma_0$），此时，模型变成一个标准的空间杜宾模型（SDM）。

首先，我们来关注发展享受型消费倾向的内生互动效应。表 5-3 详细展示了模型估计结果。从表 5-3 第 1 列可以看出，在不考虑情境效应和关联效应的影响下，空间自回归系数 $\hat{\rho}$ 在 1% 统计水平下显著，系数方向为正。表 5-3 第 2 列控制个体固定效应之后，空间自回归系数 ρ 继续在 1% 统计水平下显著为正。表 5-3 第 3 列进一步添加个体特征的空间滞后项，考察消费升级的情境效应，尽管空间自回归系数有所减小，但是仍然保持在1%统计水平下显著为正。上述结果表明，农户消费升级存在显著的内生互动效应，村庄中其他农户发展享受型消费倾向对个体农户消费结构产生正面影响，农户的消费结构随着村庄平均消费结构的变动而同向变动。研究假说1-2得到证实。

表5-3　　发展享受型消费倾向的社会互动效应：基础模型

	(1) SAR	(2) SAR	(3) SDM
内生互动效应（$\hat{\rho}$）	0.259*** (0.011)	0.243*** (0.012)	0.236*** (0.012)
未成年人	-0.005*** (0.002)	-0.008*** (0.002)	-0.008*** (0.002)
老年人	-0.030*** (0.002)	-0.005 (0.003)	-0.004 (0.003)
教育	0.126*** (0.009)	0.059*** (0.012)	0.055*** (0.013)
健康	-0.028*** (0.002)	-0.013*** (0.002)	-0.013*** (0.002)
外出务工	0.001 (0.001)	0.001 (0.002)	0.001 (0.002)
常住人口	0.019*** (0.001)	0.012*** (0.001)	0.012*** (0.002)
农业生产	0.022*** (0.004)	0.008 (0.005)	0.008 (0.005)
年纯收入	0.009*** (0.001)	0.002 (0.001)	0.002 (0.001)
家庭信贷	0.035*** (0.003)	0.025*** (0.004)	0.024*** (0.004)
W*未成年人			0.001 (0.008)

续表

	（1） SAR	（2） SAR	（3） SDM
$W*$老年人			-0.008 (0.009)
$W*$教育			0.042 (0.029)
$W*$健康			0.013 (0.007)
$W*$外出务工			0.001 (0.004)
$W*$常住人口			-0.002 (0.004)
$W*$农业生产			-0.013 (0.014)
$W*$年纯收入			0.001 (0.003)
$W*$家庭信贷			0.035*** (0.011)
时间固定效应	控制	控制	控制
个体固定效应	不控制	控制	控制
样本量	22375	22375	22375
R^2	0.012	0.014	0.017

注：***分别表示变量系数的估计值在1%的统计水平下显著，括号内为稳健标准误；内生互动效应（$\hat{\rho}$）为空间自回归系数估计值，$W*X_k$为各解释变量的空间滞后项。

表5-3第3列的估计结果显示，在其他因素保持不变的情况下，村庄平均发展享受型消费倾向每增加1个单位，个体农户的发展享受型消费倾向会随之增加0.236个单位[①]。根据定理1，中国农村居民消费升级的社会乘数约为1.309。这意味着，外生冲击引起的平均消费结

---

① 对于空间自回归系数的解释参考了程竹、陈前恒（2020）、Liu等（2017）等研究。

构的均衡反应约是初始个体发展享受型消费倾向变动幅度的1.309倍。如果某项转移支付政策或消费补贴政策使得农户发展享受型消费比重增长1%，那么在农户之间的相互影响下，均衡状态下村庄层面的平均发展享受型消费倾向将会增长1.309%，政策的有效性得到显著提高。

表5-4 基础模型（发展享受型消费倾向）的直接效应与间接效应

	Panel A 直接效应	Panel A 间接效应	Panel B 直接效应	Panel B 间接效应	Panel C 直接效应	Panel C 间接效应
未成年人	-0.005** (0.002)	-0.002** (0.001)	-0.008*** (0.003)	-0.002*** (0.001)	-0.008*** (0.003)	-0.000 (0.010)
老年人	-0.031*** (0.002)	-0.010*** (0.001)	-0.005 (0.003)	-0.001 (0.001)	-0.005 (0.003)	-0.012 (0.012)
教育	0.128*** (0.009)	0.044*** (0.004)	0.061*** (0.012)	0.019*** (0.004)	0.057*** (0.012)	0.072 (0.038)
健康	-0.028*** (0.002)	-0.010*** (0.001)	-0.013*** (0.002)	-0.004*** (0.001)	-0.013*** (0.002)	0.012 (0.009)
外出务工	0.001 (0.001)	0.000 (0.000)	0.001 (0.002)	0.000 (0.001)	0.001 (0.002)	0.002 (0.006)
常住人口	0.019*** (0.001)	0.006*** (0.001)	0.012*** (0.001)	0.004*** (0.001)	0.012*** (0.001)	0.001 (0.005)
农业生产	0.022*** (0.004)	0.008*** (0.001)	0.008 (0.005)	0.003 (0.002)	0.008 (0.005)	-0.015 (0.018)
年纯收入	0.009*** (0.001)	0.003*** (0.000)	0.002 (0.001)	0.001 (0.000)	0.002 (0.001)	0.002 (0.003)
家庭信贷	0.035*** (0.003)	0.012*** (0.001)	0.026*** (0.004)	0.008*** (0.001)	0.025*** (0.004)	0.052*** (0.015)
时间固定效应	控制		控制		控制	
个体固定效应	不控制		控制		控制	
样本量	22375		22375		22375	
R^2	0.012		0.014		0.017	

注：**、***分别表示变量系数的估计值在5%、1%的统计水平下显著，括号内为稳健标准误；Panel A 至 Panel C 分别为表5-3第1至第3列所示模型的直接效应与间接效应。

除了内生互动效应之外，农户消费结构的优化升级还存在显著的情境效应。其他农户的借贷行为对个体农户的发展享受型消费倾向产生显著的正面影响。根据表5-4汇报的受教育程度的间接效应，在其他因素保持不变情况下，村庄中有借贷经历的农户比例每增加1个单位，个体农户的发展享受型消费倾向将会提高0.052个单位。可行的解释在于，借贷行为有助于缓解农户的流动约束、提高消费（能力）（李燕桥、臧旭恒，2013）。当其他农户通过消费信贷来改善消费结构时，为了避免相对低位的落差，个体农户也会相应地提高发展型和享受型消费，消费结构得到优化升级。

家庭特征也是影响农户发展享受型消费倾向的重要因素。从人口结构上看，未成年人越多的家庭，发展享受型消费的比重越低，这与文献中的结论相符（齐红倩、刘岩，2020；王军、詹韵秋，2021）。人口素质方面，平均受教育程度越高的家庭，发展享受型消费的比重越高，健康冲击给消费结构的优化带来负面影响。从事农业生产对发展享受型消费倾向产生正面影响，一个可行的解释在于，农业生产能够为农户提供更廉价的农产品，减少家庭的食品支出。虽然年纯收入对发展享受型消费倾向的影响并不在5%统计水平上显著，但从估计值和标准差的比值中可以看出，P值也较为接近0.05。因此，年纯收入仍是影响农户消费结构优化升级的重要因素。除此之外，家庭信贷均对消费升级产生正面影响，上述发现与文献中的结论基本一致。

二 稳健型检验

上文证实了农户消费结构的优化升级存在显著的内生互动效应，本节将从以下几个方面对这一结论的稳健性进行讨论。

（一）替换被解释变量

从基本生存需求向高端的发展型消费和享受型消费的转变体现了农户消费结构的优化升级。除了前文使用的发展享受型消费倾向可以反映消费结构升级之外，基本生存型消费支出比重的下降同样是结构优化的重要表现。为了确保估计结果的稳健性，本书还尝试将恩格尔系数，即食品支出占家庭消费总支出的比重，作为被解释变量，重新估计农户消费升级的社会互动效应。表 5-5 详细展示了模型估计结果。从表 5-5 第 1 列可以看出，在不考虑情境效应和关联效应的影响下，空间自回归系数 $\hat{\rho}$ 在 1% 统计水平下显著，系数方向为正。表 5-5 第 2 列控制个体固定效应之后，空间自回归系数 $\hat{\rho}$ 继续在 1% 统计水平下显著，系数方向保持不变。表 5-5 第 3 列进一步添加个体特征的空间滞后项，考察消费升级的情境效应，尽管空间自回归系数有所减小，但是仍然保持在 1% 统计水平下显著为正。上述结果表明，恩格尔系数存在显著的内生互动效应，个体农户的恩格尔系数随着村庄平均水平的变动而同向变动。但是，在表 5-3 第 3 列展示的结果中，收入对恩格尔系数的影响并不显著，这与消费理论中的恩格尔定理不相符。一个可能的原因在于，收入与恩格尔系数并非简单的线性关系。

表 5-5　　　　　恩格尔系数的社会互动效应：稳健性检验

	(1) SAR	(2) SAR	(3) SDM	(4) SAR	(5) SAR	(6) SDM
内生互动效应 ($\hat{\rho}$)	0.411*** (0.009)	0.354*** (0.010)	0.347*** (0.011)	0.411*** (0.009)	0.354*** (0.010)	0.347*** (0.011)
未成年人	0.011*** (0.002)	0.003 (0.002)	0.003 (0.002)	0.010*** (0.002)	0.003 (0.002)	0.004 (0.002)
老年人	0.010*** (0.002)	-0.007** (0.003)	-0.007** (0.003)	0.010*** (0.002)	-0.007** (0.003)	-0.007** (0.003)
教育	-0.088*** (0.009)	-0.037*** (0.012)	-0.035*** (0.013)	-0.086*** (0.009)	-0.037*** (0.012)	-0.035*** (0.012)
健康	-0.018*** (0.002)	-0.013*** (0.002)	-0.014*** (0.002)	-0.018*** (0.002)	-0.013*** (0.002)	-0.014*** (0.002)
外出务工	-0.004*** (0.001)	-0.002 (0.002)	-0.002 (0.002)	-0.004** (0.001)	-0.003 (0.002)	-0.002 (0.002)

续表

	(1) SAR	(2) SAR	(3) SDM	(4) SAR	(5) SAR	(6) SDM
常住人口	-0.009*** (0.001)	-0.004*** (0.001)	-0.004*** (0.002)	-0.009*** (0.001)	-0.004*** (0.001)	-0.004*** (0.002)
农业生产	-0.004 (0.004)	0.006 (0.005)	0.006 (0.005)	-0.006 (0.004)	0.006 (0.005)	0.006 (0.005)
年纯收入	-0.002 (0.001)	0.001 (0.001)	0.001 (0.001)	-0.019** (0.009)	-0.024*** (0.009)	-0.024*** (0.009)
年纯收入2				0.004** (0.002)	0.004*** (0.002)	0.004*** (0.002)
年纯收入3				-0.0001*** (0.0001)	-0.0002** (0.0001)	-0.0002** (0.0001)
家庭信贷	-0.051*** (0.003)	-0.039*** (0.004)	-0.037*** (0.004)	-0.051*** (0.003)	-0.038*** (0.004)	-0.037*** (0.004)
W*未成年人			-0.008 (0.008)			-0.009 (0.008)
W*老年人			0.018** (0.009)			0.018 (0.009)
W*教育			-0.028 (0.030)			-0.029 (0.030)
W*健康			0.009 (0.007)			0.009 (0.007)
W*外出务工			-0.007 (0.005)			-0.007 (0.005)
W*常住人口			-0.001 (0.004)			-0.001 (0.004)
W*农业生产			0.008 (0.014)			0.007 (0.014)
W*年纯收入			0.001 (0.003)			0.001 (0.003)
W*家庭信贷			-0.036*** (0.012)			-0.036*** (0.012)

续表

	(1) SAR	(2) SAR	(3) SDM	(4) SAR	(5) SAR	(6) SDM
时间固定效应	控制	控制	控制	控制	控制	控制
个体固定效应	不控制	控制	控制	不控制	控制	控制
样本量	22375	22375	22375	22375	22375	22375
R²	0.002	0.008	0.002	0.003	0.008	0.002

注：**、***分别表示变量系数的估计值在5%、1%的统计水平下显著，括号内为稳健标准误；内生互动效应（$\hat{\rho}$）为空间自回归系数估计值，$W^* X_k$为各解释变量的空间滞后项。

为此，我们又在模型中加入家庭年纯收入的高次项，以反映收入变动对恩格尔系数的真实影响。表5-5第4至第6列展示了加入年纯收入高次项的估计结果。不难看出，年纯收入的一次项和高次项均显著不为0，整体上呈现恩格尔系数随着收入增长而减小的趋势。控制收入的高次项后，空间自回归系数依旧显著为正。这表明，居民消费的恩格尔系数存在显著正向内生效应，研究假说1-2再次得到证实。表5-5第6列的估计结果显示，在其他因素保持不变的情况下，村庄恩格尔系数的均值减小1个单位，个体农户的恩格尔系数会相应减小0.348个单位[1]。这表明，前文发现"农户消费升级存在正向内生互动效应"的结论是可靠的。

从恩格尔系数的角度来反映农户消费结构优化升级时，同样发现了显著的情境效应[2]。年纯收入和家庭信贷的提高不仅能降低农户自身的恩格尔系数，还对其他农户的恩格尔系数产生了显著负面影响。与前文关于情境效应的解释类似，一方面，当村庄内其他农户的基本生存型消费支出随着收入水平的提高、借贷资金的获取而逐渐减少时，为了避免相对低位的落差，个体农户也会相应地减少食品支出，增加发展享受型消费支出；另一方面，邻居的收入增长可能会通过借贷的

---

[1] 对于空间自回归系数的解释参考了程竹、陈前恒（2020）、Liu 等（2017）等研究。
[2] 直接效应与间接效应参见附录表 A5-1。

方式缓解个体农户的流动约束，进而带来消费结构的优化升级。

(二) 村庄规模

为了进一步检验结果的稳健性，我们还需要关注样本村庄的规模。如果村庄规模过小，参照系可能不具有代表性。在上一章关于消费支出的社会互动效应讨论中，我们将村庄最小规模重新设定为 11 和 16，以保证每个农户拥有至少 10 个和 15 个参照对象，确保估计结果的稳健性。本章也采取相同的方法，将村庄最小规模重新设定为 11 和 16，继续使用式 (5-1) 所示的面板空间计量模型估计农户消费升级的社会互动效应。表 5-6 的第 1 和第 2 列分别展示了不同设定的估计结果，附录表 A5-2 汇报了控制变量的直接效应和间接效应。不难看出，两个模型的内生互动效应都在 1% 统计水平下显著，反映了上文估计结果的可靠性。

(三) 验伪检验

在上文的实证研究中，将农户的参照系外生假定为村庄中的其他农户。但正如文献综述部分所介绍的，参照系可能存在自选择的问题，如果影响参照系选择的因素同时影响被解释变量，在模型中又没有得到很好的控制，会导致模型估计的内生互动效应出现偏差 (Hsieh and Lee, 2016)。虽然导论部分已经阐述过现有参照系设置的合理性，稳健起见，仍有必要考察参照系设定的可靠性。

表 5-6　　　　　消费升级的社会互动效应：稳健性检验

	(1) 群组规模 >10	(2) 群组规模 >15	(3) 验伪检验	(4) 村庄固定效应
内生互动效应 ($\hat{\rho}$)	0.248 *** (0.013)	0.251 *** (0.015)	0.059 (0.031)	0.160 *** (0.025)
未成年人	-0.009 *** (0.003)	-0.011 *** (0.003)	-0.003 (0.002)	-0.004 ** (0.002)
老年人	-0.004 (0.003)	-0.007 ** (0.003)	-0.029 *** (0.002)	-0.030 *** (0.002)

续表

	（1）群组规模>10	（2）群组规模>15	（3）验伪检验	（4）村庄固定效应
教育	0.051*** (0.013)	0.047*** (0.015)	0.131*** (0.008)	0.130*** (0.008)
健康	-0.013*** (0.002)	-0.016*** (0.003)	-0.029*** (0.002)	-0.029*** (0.002)
外出务工	0.002 (0.002)	-0.001 (0.002)	0.001 (0.002)	0.001 (0.001)
常住人口	0.013*** (0.002)	0.013*** (0.002)	0.019*** (0.001)	0.020*** (0.001)
农业生产	0.010 (0.005)	0.008 (0.006)	0.020*** (0.004)	0.019*** (0.004)
年纯收入	0.001 (0.001)	0.001 (0.001)	0.008*** (0.001)	0.008*** (0.001)
家庭信贷	0.024*** (0.004)	0.024*** (0.004)	0.033*** (0.003)	0.033*** (0.003)
$W*$未成年人	0.003 (0.008)	0.003 (0.010)	-0.003 (0.008)	-0.000 (0.008)
$W*$老年人	-0.009 (0.010)	-0.010 (0.012)	0.007 (0.008)	0.015 (0.009)
$W*$教育	0.041 (0.030)	0.038 (0.036)	0.011 (0.031)	-0.023 (0.030)
$W*$健康	0.015** (0.007)	0.015 (0.009)	0.016** (0.008)	0.027*** (0.007)
$W*$外出务工	0.001 (0.005)	0.006 (0.006)	0.005 (0.005)	0.001 (0.005)
$W*$常住人口	-0.003 (0.004)	-0.003 (0.005)	-0.007 (0.004)	-0.008** (0.004)
$W*$农业生产	-0.013 (0.015)	-0.004 (0.018)	0.016 (0.014)	-0.024 (0.014)
$W*$年纯收入	0.002 (0.003)	0.004 (0.004)	-0.015*** (0.006)	-0.006 (0.005)

续表

	（1） 群组规模 >10	（2） 群组规模 >15	（3） 验伪检验	（4） 村庄固定效应
$W*$家庭信贷	0.035*** （0.012）	0.031** （0.014）	-0.015 （0.015）	0.031*** （0.012）
常数项			0.311*** （0.059）	0.228*** （0.053）
固定效应	时间、个体	时间、个体	时间、县域	时间、村庄
样本量	20970	15805	20245	22375
R^2	0.016	0.016	0.130	0.150

注：**、***分别表示变量系数的估计值在5%、1%的统计水平下显著，括号内为稳健标准误；对于第1和第2列空间计量模型，内生互动效应为空间自回归系数估计值（$\hat{\rho}$），$W*X_k$为各解释变量的空间滞后项；第3和第4列内生互动效应变量为参照系发展享受型消费倾向的均值，$W*X_k$也为参照系各解释变量均值。

与上一章稳健性检验方法相同，本章借鉴 Fletcher（2012）的思路，使用一个验伪检验来排除相关的担忧。我们给农村居民设定一个"虚假参照系"：来自同一个县其他村庄的农户。如果我们设定的参照系真实有效，那么虚假的参照系就不应该呈现内生互动效应。反之，如果虚假的参照系也表现出了显著的内生互动效应，那就说明"同一村庄中其他农户"的设定可能与现实不符。据此，我们根据"虚假参照系"计算了"虚假群组均值"，并根据式（4-3）所示模型，重新估计了农户消费升级的内生互动效应。表5-6的第3列汇报了估计结果。不难看出，来自同一个县其他村庄的农户的发展享受型消费倾向对个体农户消费结构的影响不显著。这表明，"虚假参照系"的设置是不合理的，也说明，前文将"同一村庄中其他农户"作为参照系的设定是合理的。

（四）村庄固定效应

来自同一个村庄的农户消费结构表现出相关性，可能是由未观测到的村庄环境因素或相似的个体特征造成的。上文的空间计量模型控制了个体固定效应，有效地捕获了相似的个体特征对内生互动效应的影响，但仍有可能存在未观测的村庄特征导致农户消费升级出现趋同。例如，物价水平、交通运输条件、购物便利性等会在地区间出现差异。CFPS 只有 2010 年和 2014 年进行了村庄层面的调查，这让我们无法在模型中控制村庄层面的变量。为此，本节将在线性均值模型中直接控制村庄固定效应，来检验潜在的未观测村庄层面特征对内生互动效应的影响。

表 5-6 第 4 列汇报了估计结果，可以看到，在控制村庄固定效应的情况下，村庄其他农户平均发展享受型消费倾向在 1% 统计水平下显著为正。这说明，考虑村庄层面未观测特征的影响下，农户消费结构的内生互动效应依旧显著为正，再次证明了上文结果的可靠性。

第四节 异质性讨论

上文证实农户消费结构的优化升级存在正向的内生互动效应，个体农户的发展享受型消费倾向随着村庄平均水平的变动而变动。相关公共政策不仅会直接影响单个农户，还会在内生互动效应的作用下产生间接影响，从而提高公共政策的有效性，加速农村消费结构的优化升级。本节具体关注农户消费升级的内生互动效应的时间变化趋势，以及区域间是否存在异质性。

一 内生互动效应的变迁

为了讨论消费升级的内生互动效应的时间变化趋势，本书将总样本根据调查时间的先后划分为 5 个子样本，分别估计每个时间点上的内生互动效应。为了避免映射问题，继续使用空间计量模型。此时，数据结构是一个横截面数据，模型中不再控制个体固定效应和时间固定效应。实证模型设置如下：

$$Y = \rho_0 WY + X\beta_0 + WX\gamma_0 + \in \qquad (5-2)$$

其中，Y 是衡量农户消费升级的指标发展享受型消费倾向和恩格尔系数组成的向量；X 是影响农户消费结构的个体特征组成的矩阵；W 是基于群组关系的权重矩阵，与式（5-1）所示面板空间计量模型构造方法相同。

表 5-7 详细展示了以发展享受型消费倾向为被解释变量的分样本回归估计结果。可以看到，各年份的空间自回归系数均在 1% 统计水平下显著，系数方向为正，只是系数的大小略有差异。这表明，任意时间点上发展享受型消费倾向都存在显著的正向内生互动效应。为了更直观地反映时间演变趋势，我们在图 5-1 中标绘了各年份内生互动效应的估计值。可以清晰地看到，内生互动效应从 2010 年的 0.294 减小到 2018 年的 0.202，整体上呈现逐年减小的趋势。这说明，农户发展享受型消费倾向的内生互动效应会随着时间的增长而逐渐减小，验证了分样本估计的结论。研究假说 2-2 得证。

表 5-7　消费升级的内生互动效应的时间差异：空间计量估计

	（1） 2010 年	（2） 2012 年	（3） 2014 年	（4） 2016 年	（5） 2018 年
内生互动 效应 $\hat{\rho}$	0.294*** (0.030)	0.270*** (0.031)	0.245*** (0.032)	0.237*** (0.032)	0.202*** (0.034)
未成年人	0.001 (0.004)	0.001 (0.004)	-0.008** (0.004)	-0.006 (0.004)	-0.007 (0.004)
老年人	-0.023*** (0.003)	-0.032*** (0.003)	-0.033** (0.003)*	-0.030*** (0.003)	-0.031*** (0.003)
教育	0.244*** (0.020)	0.138*** (0.021)	0.075*** (0.015)	0.133*** (0.018)	0.072*** (0.015)
健康	-0.029*** (0.005)	-0.029*** (0.004)	-0.027*** (0.004)	-0.034*** (0.004)	-0.029*** (0.004)
外出务工	-0.004 (0.004)	-0.006 (0.004)	-0.002 (0.003)	0.005 (0.004)	0.006 (0.004)
常住人口	0.012*** (0.003)	0.016*** (0.003)	0.022*** (0.002)	0.023*** (0.003)	0.023*** (0.002)

续表

	（1） 2010 年	（2） 2012 年	（3） 2014 年	（4） 2016 年	（5） 2018 年
农业生产	-0.009 (0.010)	-0.015 (0.010)	0.038*** (0.008)	0.041*** (0.008)	0.030*** (0.007)
年纯收入	0.021*** (0.004)	0.015*** (0.003)	0.006** (0.002)	0.002 (0.003)	0.008*** (0.001)
家庭信贷	0.038*** (0.006)	0.034*** (0.007)	0.029*** (0.008)	0.027*** (0.008)	0.040*** (0.007)
$W*$未成年人	-0.022 (0.013)	0.001 (0.011)	0.018** (0.008)	-0.006 (0.009)	-0.023 (0.012)
$W*$老年人	-0.000 (0.010)	0.008 (0.011)	0.023** (0.010)	0.008 (0.010)	0.000 (0.010)
$W*$教育	-0.069 (0.056)	0.030 (0.064)	-0.028 (0.032)	-0.057 (0.052)	-0.066 (0.044)
$W*$健康	0.007 (0.013)	0.021 (0.011)	0.012 (0.011)	0.025** (0.012)	0.012 (0.013)
$W*$外出务工	0.008 (0.010)	-0.005 (0.010)	-0.004 (0.007)	0.013 (0.008)	0.011 (0.011)
$W*$常住人口	0.008 (0.008)	-0.017** (0.007)	-0.019*** (0.005)	-0.006 (0.006)	0.000 (0.007)
$W*$农业生产	-0.017 (0.018)	0.023 (0.018)	0.017 (0.017)	-0.005 (0.018)	0.005 (0.015)
$W*$年纯收入	-0.021*** (0.007)	-0.004 (0.007)	0.007 (0.006)	-0.004 (0.007)	0.001 (0.003)
$W*$家庭信贷	-0.008 (0.019)	0.004 (0.019)	0.056** (0.023)	0.064** (0.025)	0.054** (0.022)
常数项	0.209*** (0.068)	0.102 (0.064)	0.025 (0.066)	0.159** (0.067)	0.094*** (0.034)
样本量	4475	4475	4475	4475	4475
Wald	564.86	479.22	520.66	686.00	817.96

注：内生互动效应为空间自回归系数估计值（$\hat{\rho}$），$W*X_k$ 为各解释变量的空间滞后项。

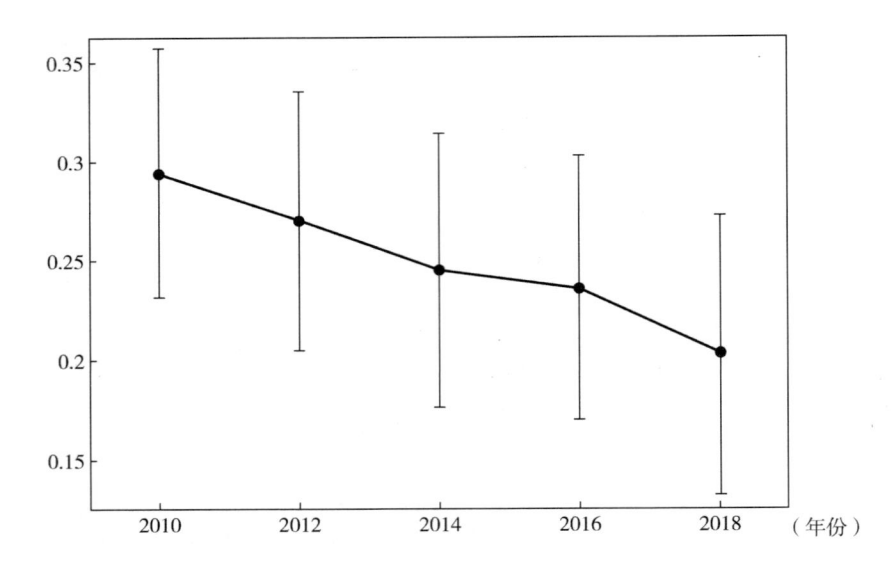

图 5-1　消费升级的内生互动效应的时间演变趋势

注：原点代表内生互动效应估计值，垂直线段表示95%置信区间，图形根据表5-7所示估计结果绘制。

二　内生互动效应的区域差异

为了检验内生互动效应的区域差异，将样本分为东部地区、中部地区、东北地区及西部地区4个子样本，分别估计内生互动效应。实证模型依旧使用式（5-1）所示的空间面板计量模型。表5-8展示了以发展享受型消费倾向为被解释变量的估计结果[①]。不难看出，四个区域子样本的空间自回归系数都在1%统计水平下显著，系数方向为正。这表明，对于不同地域的农户而言，发展享受型消费倾向存在显著的正向内生互动效应。从系数大小上看，东部地区的内生互动效应最小，西部地区最大。图5-2更为直观地展示了消费升级的内生互动效应的区域差异。可以看到，西部地区的内生互动效应最大，中部地区和东北地区次之，东部地区最小。

---

① 直接效应与间接效应参见附录表A5-3。

综合上述讨论，农户消费升级的内生互动效应存在显著的区域差异。具体而言，相较于经济发达地区，经济欠发达地区的内生互动效应较大，农户消费结构的相互依赖性更强。研究假说3-2得到证实。

为稳健起见，本书还将恩格尔系数作为反映农户消费升级的指标，再次检验了内生互动效应的时间和空间异质性。研究发现，恩格尔系数的内生互动效应同样展现出随时间推移而逐渐减小的时间差异，以及经济欠发达地区大于经济发达地区的区域差异。相关讨论和估计结果详见附录B。

表5-8　发展享受型消费倾向的社会互动效应的区域差异：空间计量估计

	（1）东部地区	（2）中部地区	（3）东北地区	（4）西部地区
内生互动效应（$\hat{\rho}$）	0.112*** (0.027)	0.227*** (0.023)	0.169*** (0.038)	0.264*** (0.019)
未成年人	-0.006 (0.005)	-0.007 (0.005)	0.014 (0.011)	-0.014*** (0.004)
老年人	0.001 (0.005)	-0.005 (0.005)	-0.011 (0.008)	-0.006 (0.005)
教育	0.051** (0.023)	0.068** (0.028)	0.086** (0.034)	0.029 (0.021)
健康	-0.013*** (0.004)	-0.019*** (0.005)	-0.023*** (0.007)	-0.008** (0.003)
外出务工	0.005 (0.003)	-0.003 (0.003)	0.003 (0.006)	-0.001 (0.003)
常住人口	0.018*** (0.003)	0.015*** (0.003)	0.016*** (0.005)	0.005** (0.002)
农业生产	0.007 (0.009)	-0.001 (0.009)	0.008 (0.013)	0.013 (0.009)
年纯收入	0.001 (0.002)	0.005** (0.002)	0.003 (0.002)	-0.001 (0.002)

续表

	（1）东部地区	（2）中部地区	（3）东北地区	（4）西部地区
家庭信贷	0.043*** (0.008)	0.031*** (0.008)	-0.003 (0.010)	0.018*** (0.006)
$W*$未成年人	-0.011 (0.017)	0.029** (0.014)	-0.008 (0.040)	-0.008 (0.012)
$W*$老年人	-0.009 (0.018)	0.004 (0.018)	-0.018 (0.030)	0.004 (0.017)
$W*$教育	-0.012 (0.067)	0.100 (0.074)	-0.213 (0.110)	0.054 (0.041)
$W*$健康	0.012 (0.015)	0.003 (0.015)	0.008 (0.022)	0.020** (0.010)
$W*$外出务工	0.012 (0.008)	0.001 (0.008)	-0.025 (0.018)	-0.007 (0.008)
$W*$常住人口	0.002 (0.007)	-0.009 (0.007)	0.018 (0.016)	0.000 (0.006)
$W*$农业生产	-0.005 (0.025)	-0.040 (0.031)	0.047 (0.054)	-0.031 (0.023)
$W*$年纯收入	0.002 (0.005)	-0.006 (0.007)	-0.003 (0.006)	0.004 (0.005)
$W*$家庭信贷	0.004 (0.025)	0.021 (0.024)	0.070** (0.034)	0.048*** (0.017)
时间固定效应	控制	控制	控制	控制
个体固定效应	控制	控制	控制	控制
样本量	5765	5765	2870	7975
R^2	0.027	0.020	0.046	0.013

注：**、***分别表示变量系数的估计值在5%、1%的统计水平下显著，括号内为稳健标准误；内生互动效应为空间自回归系数估计值（$\hat{\rho}$），$W*X_k$为各解释变量的空间滞后项。

三 按收入分组的内生互动效应

前文研究表明，个体农户消费结构的优化升级受到村庄其他农户消费结构的直接影响，并且内生互动效应存在时间和区域维度上的差

第五章 消费升级的社会互动效应 / 121

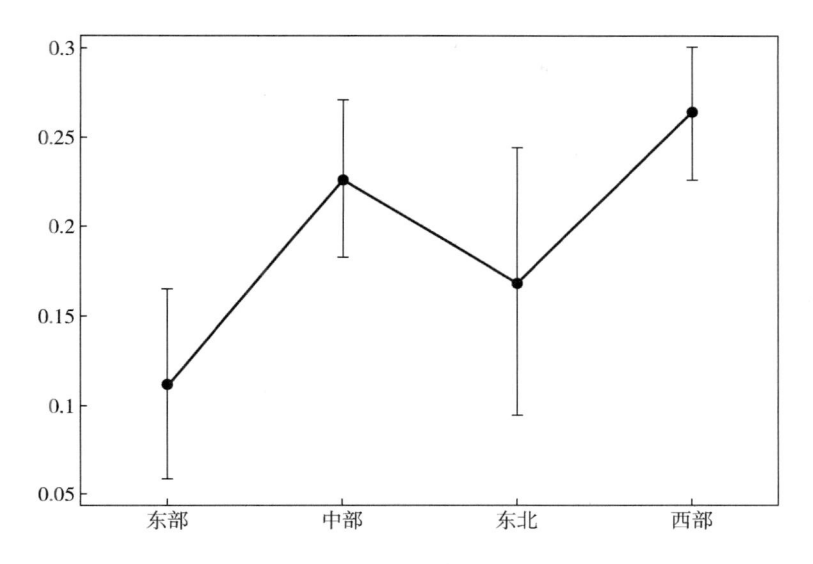

图 5-2 消费升级的内生互动效应的区域差异

注：原点代表内生互动效应估计值，垂直线段表示 95% 置信区间，图形根据表 5-9 估计结果绘制。

异。第四章研究发现，内生互动效应在村庄内部存在差异，来自高收入群体的影响大于低收入群体。那么，消费升级的内生互动效应是否同样在村庄内部存在差异？本节将给予检验。

本书根据调查年份的纯收入是否高于村庄平均收入水平，将农户分为高收入组和低收入组。在此基础上进行分样本回归，以考察高收入组和低收入组农户的消费结构对个体农户消费升级的影响差异。参考第四章的模型设定，实证模型设定如下：

$$y_{i,t} = \rho_1 \bar{y}_{l,t} + \rho_2 \bar{y}_{l,t} + X_{i,t}\beta_0 + \alpha_t + \alpha_i + \varepsilon_{i,t} \qquad (5-3)$$

其中，$\bar{y}_{h,t}$ 表示村庄中高收入组农户的发展享受型消费倾向均值[①]，$\bar{y}_{l,t}$ 表示村庄中低收入农户的发展享受型消费倾向均值。这里，系数 ρ_1

---

① 对于高收入组的农户而言，$\bar{y}_{l,t}$ 为除自己之外的村庄中其他高收入农户的发展享受型消费倾向均值；对于低收入组的农户而言，$\bar{y}_{l,t}$ 为除自己之外的村庄中其他低收入农户的发展享受型消费倾向均值。

和 ρ_2 分别反映来自高收入组和低收入组消费结构的影响。

表 5-9 展示了估计结果。可以看到，对于高收入组的农户而言，高收入组发展享受型消费倾向均值的边际影响大于低收入组发展享受型消费倾向均值的影响；低收入农户同样存在这一特征，来自高收入组消费结构的影响大于低收入组。这表明，消费升级的内生互动效应在村庄内部存在异质性，相较于低收入群体，农户对高收入群体消费结构的变动更敏感。这里可行的解释与第四章相类似，收入水平较高的农户有更强的动机优化升级消费结构，理性的农户会避免自身消费结构与同等收入水平的农户之间的差异；而低收入农户倾向于模仿村庄里社会地位较高的农户，因而其消费结构更容易受到高收入群体的影响。

表 5-9 分收入组的消费升级的内生互动效应

	（1）高收入组	（2）低收入组
内生互动效应_高收入组	0.237*** (0.027)	0.236*** (0.030)
内生互动效应_低收入组	0.209*** (0.026)	0.149*** (0.027)
未成年人	-0.011*** (0.003)	-0.010** (0.005)
老年人	-0.004 (0.004)	-0.004 (0.004)
教育	0.056*** (0.018)	0.032 (0.019)
健康	-0.013*** (0.003)	-0.013*** (0.004)
外出务工	0.002 (0.002)	-0.001 (0.004)
常住人口	0.009*** (0.002)	0.016*** (0.003)

续表

	（1） 高收入组	（2） 低收入组
农业生产	0.006 (0.008)	0.007 (0.007)
年纯收入	−0.001 (0.004)	0.001 (0.001)
家庭信贷	0.031*** (0.005)	0.021*** (0.006)
常数项	0.188*** (0.039)	0.107*** (0.021)
个体固定效应	控制	控制
时间固定效应	控制	控制
样本量	12988	9383
R^2	0.044	0.044

注：**、***分别表示变量系数的估计值在5%、1%的统计水平下显著，括号内为稳健标准误；内生互动效应变量为村庄中对应收入组的平均消费支出的自然对数。

第五节　本章小结

消费结构由满足基本生存需求的食品、衣着和居住向医疗保健、文教娱乐等发展享受型消费的升级，不仅是居民福利提升的重要体现，也是国民经济健康良性发展的关键。第四章讨论了中国农村居民消费支出的社会互动效应，研究表明农户的消费支出会随着村庄平均消费水平的增长而增长。但是，并未考虑消费增长过程中消费结构的变动是否也在农户之间存在相互依赖的关系。本章在第三章所示的理论框架的指导下，实证检验了中国农村居民消费升级的社会互动效应及其时间、空间异质性。我们使用发展享受型消费倾向作为反映农户消费结构优化升级的指标，基于中国家庭追踪调查（CFPS）2010—2018年农户数据，使用空间计量模型估计了消费升级的社会互动效应。

研究表明，中国农村居民消费结构的升级是相互影响的，而非独立的。研究假说1-2、2-2和3-2在本章得到证实。研究发现：第一，农户消费升级存在显著且稳健的内生互动效应，村庄中其他农户发展享受型消费倾向对个体农户消费结构产生正面影响，农户的消费结构随着村庄平均消费结构的变动而同向变动；具体而言，在其他因素保持不变的情况下，村庄平均发展享受型消费倾向增加一个单位，个体农户的发展享受型消费倾向会随之增加0.236个单位。第二，发展享受型消费倾向的社会乘数约为1.309，外生冲击引起的平均消费结构的均衡反应约是初始个体发展享受型消费倾向变动幅度的1.309倍。第三，随着时间的推移，消费升级的内生互动效应呈现逐渐减小的趋势，农户消费决策越来越独立。第四，农户消费升级的内生互动效应存在区域差异，相较于经济发达地区，经济欠发达地区的内生互动效应较大，农户消费决策的相互依赖性更强。第五，消费升级的内生互动效应在村庄内部存在异质性，相较于低收入群体，农户对高收入群体消费结构的变动更敏感。第六，除了内生互动效应之外，消费升级还存在显著的情境效应，借贷行为不仅会影响自身的消费结构优化升级，还会左右村庄其他农户的消费决策。

第六章 消费信贷行为的社会互动效应

第一节 引言

消费信贷在激励居民消费、引导消费升级方面发挥着积极作用，是构建促进消费的体制机制的重要环节。在消费信贷的促动下，消费规模的扩大和消费结构的改变会成为中国经济发展的新引擎，引导生产结构、区域结构和经济结构的调整，最终推动中国经济的转型升级（剧锦文、常耀中，2016）。

消费信贷的行为特征决定居民采用信贷方式进行消费的规模（张艾莲等，2016），诸多实证研究也证实了这一观点。微观层面，李江一、李涵（2017）基于中国家庭金融调查（CHFS）数据，研究表明，信用卡消费信贷可通过缓解流动性约束而促进消费。阮小莉等（2017）同样基于中国家庭金融调查数据，研究发现，消费信贷对城镇家庭消费水平产生正面影响。南永清、孙煜（2020）进一步指出，消费信贷的刺激效应主要表现在农村家庭和金融知识较低家庭。李广子、王健（2017）基于信用卡信用额度调整的样本，研究表明，消费信贷额度增加对消费和消费结构的调整起到促进作用。宏观层面，赵霞、刘彦平（2006）分析表明，1999年我国大力发展居民个人消费信贷以来，消费信贷的发展在一定程度上缓解了流动性约束的程度，促进了我国居民消费增长率的提高。李燕桥、臧旭恒（2013）基于2004—2009年的省际面板数据，研究发现，消费信贷在一定程度上促进了我国城镇居民的当期消费。

鉴于消费信贷的重要性，学者们围绕着中国居民消费信贷行为的影响因素展开了讨论。研究发现，消费结构、年龄结构、收入水平、所在区域等家庭人口特征均对消费信贷行为是否发生具有非常显著的影响（周弘，2012），而年龄对消费信贷行为的影响还意味着，个体所经历的社会、历史背景也是消费信贷决策的重要影响因素（许华岑，2017）。受教育程度越高，对信贷消费的接纳程度越高，获得更高额度信贷的意愿越强烈（剧锦文、柳肖雪，2017），周世军、李清瑶（2017）的研究还表明，受教育程度通过影响个体风险偏好进而促进信贷消费水平。除此之外，消费文化可以通过影响消费者的需求层次结构来影响消费信贷行为（杨蓬勃等，2014）。金钱态度、社会化影响源、父母消费行为、社会阶层等因素在不同程度上影响着大学生互联网消费信贷使用意愿（彭小辉、王坤沂，2019）。生产信贷对消费信贷具有明显的挤出效应（米晋宏等，2016）。总体来看，相较于城镇居民，针对农村居民消费信贷行为的讨论较少。

与居民消费支出和升级的讨论相类似，消费信贷行为在农户之间的相互依赖性并未得到重视，乡土中国"熟人社会"和中国人"他人取向"的心理特征也没有得到体现。本章将实证检验消费信贷行为的社会互动效应，以期丰富本书关于中国农村居民消费行为的讨论，并对消费信贷行为的相关文献形成补充。考虑到中国消费信贷市场不及主要发达国家或地区（杨蓬勃等，2014；剧锦文、常耀中，2016；剧锦文、柳肖雪，2017），农村地区的消费金融市场又滞后于城市地区（臧日宏、王春燕，2020），因此，我们首要关注农村居民消费信贷行为的发生率，暂不涉及信贷规模、频率等方面的讨论。本章基于中国劳动力动态调查（CLDS）2012—2016年农户数据，构建了与第三章所示的理论框架相对应的实证模型，证实了消费信贷行为的内生互动效应的存在，即村庄消费信贷行为发生率越高，个体选择消费借贷的概率越大。我们还进一步检验了内生互动效应的异质性，讨论了其蕴含的政策含义。

第二节 研究设计

一 数据来源

本章采用的数据库与前文章节略有不同[①]。本章实证研究数据来源于中国劳动力动态调查（CLDS）农户数据。中国劳动力动态调查是由中山大学主持的大型社会调查项目，旨在通过对中国城乡以村/居为追踪范围的家庭、劳动力个体开展每两年一次的动态追踪调查，系统地监测村/居社区的社会结构和家庭、劳动力个体的变化与相互影响，建立劳动力、家庭和社区三个层次上的追踪数据库，从而为进行实证导向的高质量的理论研究和政策研究提供基础数据。CLDS 于 2012 年在全国 29 个省、市、自治区 300 多个村/居单位开展了基线调查，并于 2014 年和 2016 年进行了两轮跟踪调查，形成了一套包含 3.9 万多个家庭样本和 6 万多个居民样本的大型数据库。

本书将使用中国劳动力动态调查 2012—2016 年的三期调查数据。CLDS 数据库包含了村庄、家庭、个人三个层次数据，考虑到本章以家庭为单位考察农村居民消费信贷行为的社会互动效应，因此，本章主要使用家庭层面的数据，同时从村庄问卷中提取村庄特征与家庭数据进行匹配。根据研究需要，本章对家庭数据库进行了一定筛选和清理。首先，依据家庭所在社区的城乡属性剔除了来自城市地区的样本。其次，剔除了所在村庄仅有一个家庭的样本，以保证每个农户拥有至少一个参照对象。为了尽可能地保留样本、确保样本的代表性，我们对缺失值进行了必要的处理。人口特征缺失值主要通过面板追溯的方法进行填补，仅出现一期或多期同时缺失的农户样本则使用均值法填补；

---

① 第四和第五章所使用的中国家庭跟踪调查（CFPS）虽然询问了农户向银行或其他机构个人借款的信息，但不包含借贷用途，无法判断是否发生消费信贷行为，因而不满足本章的研究需要。

家庭年收入这一连续性变量使用插值法填补缺失值，三年累计有1278个样本农户年收入缺失或异常；村庄数据库中，有27个样本的村庄人均年收入缺失或异常，由于村庄样本数量较少，不易采用线性插值法，因此，本章以该村庄样本农户的家庭人均年收入的均值来反映村庄人均年收入。经过筛选和清理，一共获得了22288个农户样本，其中，2012年包含6080个样本，2014年包含7996个样本，2016年包含8212个样本。这22288个农户样本来自631个样本村庄，规模最大的村庄有45个样本农户，最小的仅有7个样本农户。虽然本章仅使用了CLDS数据库的部分样本，但这并没有影响数据的代表性，样本依旧覆盖了全国27个省、市、自治区，具体包括：北京、天津、河北、山西、内蒙古、辽宁、吉林、黑龙江、江苏、浙江、安徽、福建、江西、山东、河南、湖北、湖南、广东、广西、重庆、四川、贵州、云南、陕西、甘肃、宁夏和新疆。

二 实证研究方法

实证研究的核心任务是回答农户消费信贷行为是否会相互影响？如果是相互影响的，那么他人消费信贷行为在多大程度上影响个体农户的决策？回答这一问题必须借助计量模型来识别农户消费信贷行为的内生互动效应。若内生互动效应显著不为0，则说明农户消费信贷决策受到他人消费信贷行为的直接影响，反之，则表明农户的决策是相互独立的。

然而，在诸多左右农户决策的影响因素中分辨来自他人行为的影响并非一件容易的事情。与第四、第五章的问题相同，来自同一个村庄的农户在消费信贷行为上表现出相关性，可能是由于当地的社会经济发展水平或文化风俗所造成的，也即关联效应的困扰。例如，经济发展水平越高的地区金融体系越完善，当地的农村居民往往具有较好的金融素养，更容易从银行等正规金融机构获得贷款以满足自身的消费需求；而社会经济发展较为落后的地区往往会出现金融排斥的现象，农户面临较强的信贷约束会使得消费信贷发生率大大降低。如果实证模型不能很好地控制外部环境因素带来的影响，则会造成内生互动效应的估计有偏。

为了克服关联效应带来的困扰，本书通过控制村庄特征来捕获环境因素带来的影响。相较于前文所使用的中国家庭跟踪调查（CFPS）数据库，本章所使用的 CLDS 数据库在历年调查中都进行了村庄层面的调查，这使得本书可以很方便地在模型中添加时变的村庄社会经济特征。同时，本章还将在模型中添加样本所在省份的地区虚拟变量，以控制宏观层面未观测到的经济发展或社会文化因素对农户消费信贷行为的影响，例如，消费文化（杨蓬勃等，2014）等因素。根据第三章的理论框架，农户信贷消费行为发生概率是一个标准的 Logit 模型，因此将模型具体设置为：

$$Prob\left(B_{it,r}=1\right) = \Lambda\left(\lambda \overline{B}_{-it,r} + X_{it,r}\beta_{10} + \overline{X}_{-it,r}\beta_{20} + Z_{r,t}\beta_{30} + \alpha_p + \alpha_t\right) \quad (6-1)$$

其中，$B_{it,r}$ 表示来自村庄 r（$r=1, \cdots, R$）的农户 i（$i=1, \cdots, N$）在时间 t（$t=1, \cdots, T$）上的消费信贷行为，如果当期发生消费信贷则赋值为 1，如果没有消费信贷行为则赋值为 0；$X_{it,r}$ 是一组影响农户消费信贷行为的个体特征，包含年龄结构、家庭规模、受教育程度、健康状况等人口特征，也包括家庭收入、农业生产等经济特征；$Z_{r,t}$ 是一组可能影响农户消费信贷的村庄层面环境因素；α_p 是农户所在省份的固定效应，它捕获了宏观层面的未观测特征的影响，也体现了地区差异；α_t 是时间固定效应，用以控制时间 t 上所有农户共同面临的冲击；$\Lambda(\cdot)$ 是概率分布函数。$\overline{B}_{-it,r}$ 代表了村庄 r 中除个体 i 之外的其他农户的信贷消费行为，为了不失一般性，这里采用均值来反映村庄整体情况，因此，$\overline{B}_{-it,r}$ 表示村庄消费信贷行为发生率，计算方法如下：

$$\overline{B}_{-it,r} = \frac{\sum_{j \in -i} B_{jt,r}}{N-1} \quad (6-2)$$

其中，集合 $-i$ 与上文中的设定相同，表示村庄 r 中除了农户 i 之外的其他农户。同理，$\overline{X}_{-i,r}$ 代表村庄其他农户个体特征的均值。

根据理论模型中的定义，式（6-1）中，系数 λ 反映了村庄其他农户的消费信贷行为对个体农户消费信贷决策的影响，即为内生互动效应，是本书关注的核心参数；系数 β_{20} 体现了情境效应，它是指农户消费信贷行为受到其他农户个体特征的影响，而他人个体特征的均值也在一定程度上反映了村庄社会经济特征。当实证模型同时考察内生互动效应和情境效应时，不得不考虑到社会互动效应研究中最常见的问题——映射问题，即以群组均值为解释变量的线性模型不能有效区分内生互动效应和情境效应（Manski，1993）。幸运的是，二元选择模型中解释变量与被解释变量保持非线性关系，映射问题不会成为我们识别内生互动效应的阻碍（Brock and Durflue，2001）。

三　变量选取与统计

（一）被解释变量

被解释变量为农户是否发生消费信贷行为。CLDS 详细地调查了家庭信贷渠道以及用途。本书根据用途来确定农户是否发生消费信贷行为，如果农户从正规或非正规机构借款用于教育、购买耐用消费品和其他用途则视为发生消费信贷行为；如果农户并没有借钱，或者借钱用于看病、生产和投资，则视为没有发生消费信贷行为。在 22288 个总样本中，仅有 1945 个农户有消费信贷的经历，消费信贷行为发生率不到 9%。可见，中国农村居民消费信贷的参与程度较低。

表 6-1 详细汇报了农村居民获取信贷的途径及其用途。从信贷获取的角度看，7248 个农户样本有过信贷行为，占样本总量的 32.52%，一定程度上反映了中国农村居民信贷需求整体较低。在信贷获取途径方面，目前农村居民主要的融资途径是向亲戚、朋友借钱，这与文献中不同数据库的发现一致（周弘，2012；唐瑭、胡浩，2016）。总样本中，将近 30% 的农户有过向亲戚朋友借钱的经历，但是，仅有 7.33%

的农户能从银行、信用社获得贷款,从民间借贷组织或个人获得信贷资金的比例也仅为1.92%。在信贷用途方面,农村居民最主要的借款动机是建房购房、看病和生产这三项,无论是从正规金融机构还是非正规渠道获取信贷资金,用于建房购房的农户比例都是最高的,而用于购买耐用消费品的比例都是最低的,这表明,农村居民在住房购房、医疗和生产上的投入和支出超出了自身的支付能力,面临着较强的流动性约束。

表6-1　　　　　　　　农户信贷获取途径及用途

用途＼途径	银行、信用社（户数）	民间借贷组织或个人（户数）	亲戚、朋友（户数）
生产	392	88	721
建房、购房	697	116	2907
耐用消费品	79	19	285
教育	119	28	448
治病	123	61	1192
其他	223	117	907
合计	1633	429	6460

注:农户的信贷获取途径和用途都是多选项。

图6-1和图6-2从时间角度上展示了农户信贷获取途径及用途的变化趋势。可以看到,发生信贷行为的农户数量呈现增长趋势,这一定程度上反映了中国农村居民的信贷需求正在逐年增长。其中,主要的增长来源于亲戚、朋友这一信贷途径,而从银行、信用社等正规金融渠道获得信贷的增速十分有限,通过民间借贷组织或个人获得信贷的农户数量出现明显的下降趋势。一方面,这体现了传统乡土社会"差序格局"的特征,作为社会关系最亲近的一层,亲戚和朋友往往是家庭面临流动性约束时首选的求助对象。另一方面,这也反映了农村地区正规金融系数尚未健全,农户获取正规信贷的能力有待提高。

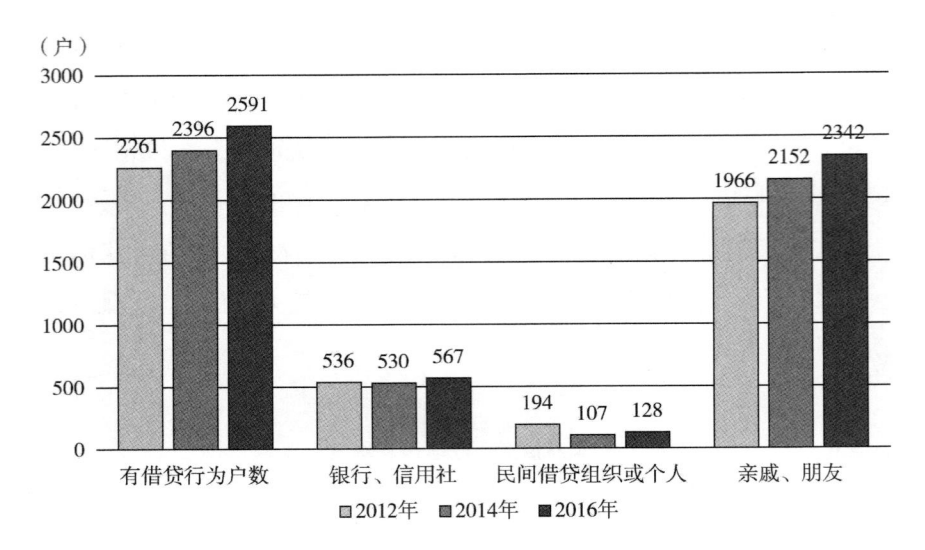

图 6-1 农村居民信贷获取途径的时间变化趋势

资料来源：根据 CLDS 相关数据整理得到。

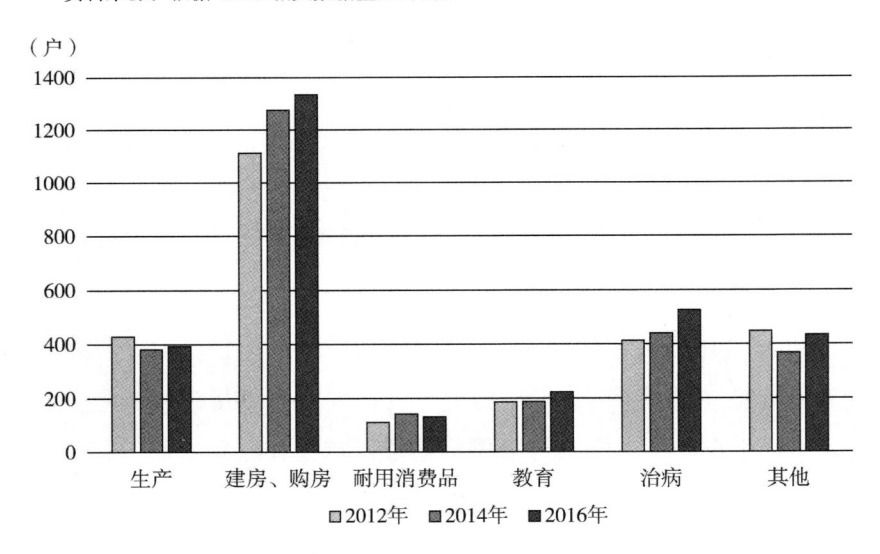

图 6-2 农村居民信贷动机的时间变化趋势

资料来源：根据 CLDS 相关数据整理得到。

从农户的信贷动机上看，建房购房、教育和看病这三项信贷用途保持了增长趋势，建房购房和看病增速较为迅猛，生产、耐用消费品和其他用途基本持平。可能的原因在于，近年来农村居民进城购房的需求增长，以及农村建房成本的上涨促使农户通过各种获取贷款以满足资金需求。毫无疑问，用于建房购房的信贷资金对消费信贷产生了一定的挤出效应。

（二）解释变量

根据上一小节实证模型的设定，核心解释变量为村庄其他农户被解释变量的均值。也就是除个体农户之外，村庄中有消费信贷行为的农户占比，它反映了村庄消费信贷行为的发生率，用于识别农户消费信贷行为的内生互动效应。

本章还在模型中添加了可能影响农户消费信贷行为的家庭特征变量、村庄特征变量。参考前人相关研究以及数据的可能性，家庭特征变量包括年龄、家庭常住人口数、外出务工或就业人数、受教育情况、健康状况、家庭年纯收入、用于建房购房的借贷情况以及住房情况。具体地，本书使用家庭成员的平均年龄来反映年龄结构；使用高中及以上文凭的家庭成员占比来体现家庭整体的受教育情况；将自评健康为"不健康"和"非常不健康"的成员视为面临健康冲击，并使用面临健康冲击的成员占比反映家庭成员的整体健康状况。前人研究表明，居民住房特征是影响消费借贷的重要因素（廖理等，2013）。因此，本章通过设置"是否借贷用于建房或购房"、"是否自有房产"这两个虚拟变量来控制住房特征的影响。村庄特征包括村庄规模、村庄人均收入水平、地理位置以及消费购物的便利性。村庄规模使用实际居住户数来表达；关于地理位置，考虑到经济发达地区金融体系较为发达，农户也更容易从中获得信贷支持，因此，使用是否为大中城市郊区来衡量村庄的地理位置；购物的便利性可能会影响农户的消费意愿，进而对消费信贷行为产生影响，因此，我们设置了村庄是否有购买衣服鞋帽、家电的场所这两个变量。除了内生互动效应之外，模型中还将添加村庄其他农户的家庭特征均值，用以控制和识别情境效应。详细变量设置请见表6-2。

表6-2　　　　　　　消费信贷及相关变量的类型与定义

变量	类型	定义
消费信贷	离散型	是否向正规或非正规机构借款用于消费，是=1，否=0
村庄消费信贷发生率	百分比	个体除外，村庄中有借贷消费行为的农户占比
年龄	连续数值	家庭成员平均年龄（岁）
常住人口	计数型	家庭常住人口数
外出务工	计数型	外出务工或就业人口数
教育	百分比	完成高中及以上受教育程度的家庭成员占比
健康	百分比	健康状况处于"不健康"和"非常不健康"的成员占比
年纯收入	连续数值	家庭年纯收入的自然对数
房屋借贷	离散型	是否借贷用于建房或购买，是=1，否=0
自有房产	离散型	是否自有房产，是=1，否=0
村庄规模	计数型	村庄实际居住户数
村庄收入水平	连续数值	村庄人均年收入的自然对数
城市郊区	离散型	村庄是否为大中城市郊区，是=1，否=0
购物场所$_1$	离散型	村庄是否有购买衣服鞋帽的场所，是=1，否=0
购物场所$_2$	离散型	村庄是否有购买家电的场所，是=1，否=0
年龄_peer	连续数值	村庄中其他农户年龄（Age）的均值
常住人口_peer	连续数值	村庄中其他农户常住人口数（Pop）的均值
外出务工_peer	连续数值	村庄中其他农户外出务工或就业人口数（Migrant）的均值
教育_peer	百分比	村庄中其他农户受教育情况（Edu）的均值
健康_peer	百分比	村庄中其他农户健康状况（Health）的均值
年纯收入_peer	连续数值	村庄中其他农户家庭年纯收入均值的自然对数
房屋借贷_peer	百分比	除个体农户之外，有建房购房借贷行为（Loan）的农户占比
自有房产_peer	百分比	除个体农户之外，村庄中自有房产（House）农户占比

家庭特征方面，家庭成员平均年龄的均值为40.28岁，平均每个

农户样本约有 4 个常住人口，0.9 个劳动力外出务工或就业。22288 个样本农户中，拥有高中及以上学历的成员比例平均为 16.2%，健康状况处于"不健康"和"非常不健康"的成员比例平均为 13.8%。有 14.8% 的农户通过不同渠道借贷用于建房或购房，超过 70% 的农户现在居住的房屋属于自有房产。家庭收入水平方面，家庭年纯收入从 2012 年的 26724.1 元增长到 2016 年的 40757.6 元。为了体现收入的边际效应递减特征，同时弱化极值的影响，在模型估计中对收入取自然对数。村庄特征方面，632 个样本村庄的平均规模约为 786 户，8.4% 的样本村庄位于大中型城市的郊区，仅有 21.4% 的村庄有购买衣服鞋帽的场所，12.8% 的村庄有购买家电的场所。村庄收入水平方面，人均年纯收入从 2012 年的 6476.6 元增长到 2016 年的 9898.4 元。模型估计中同样对村庄年纯收入取自然对数。所有变量的描述性统计特征见表 6-3。

表 6-3　　　　消费信贷及相关变量的描述性统计分析

变量	样本量（个）	均值	标准差	最小值	最大值
消费信贷	22288	0.087	0.282	0	1
村庄消费信贷发生率	22288	0.087	0.070	0	0.529
年龄	22288	40.282	13.257	10	102
常住人口	22288	3.995	1.901	1	19
外出务工	22288	0.949	1.323	0	14
教育	22288	0.162	0.221	0	1
健康	22288	0.138	0.236	0	1
年纯收入	22288	9.669	1.917	0	14.914
房屋借贷	22288	0.148	0.355	0	1
自有房产	22288	0.727	0.446	0	1
村庄规模	632	786.479	980.575	56	10735
村庄收入水平	632	8.636	0.935	0	11.918
城市郊区	632	0.084	0.277	0	1
购物场所$_1$	632	0.214	0.410	0	1

续表

变量	样本量（个）	均值	标准差	最小值	最大值
购物场所₂	632	0.128	0.335	0	1
年龄_ peer	22288	40.282	4.990	25.992	60.270
常住人口_ peer	22288	3.995	0.987	1.382	9.400
外出务工_ peer	22288	0.949	0.642	0	3.629
教育_ peer	22288	0.162	0.087	0	0.640
健康_ peer	22288	0.138	0.087	0	0.464
年纯收入_ peer	22288	10.332	0.554	8.425	11.999
房屋借贷_ peer	22288	0.148	0.111	0	0.618
自有房产_ peer	22288	0.727	0.309	0	1

第三节 计量结果与讨论

一 基础模型

本节首先使用方差膨胀因子（Variance Inflation Factor）来检验多重共线性问题，各解释变量 VIF 值均小于 5，表明模型不存在严重的多重共线性问题。表 6-4 详细列出了 Logit 模型的估计结果。从表 6-4 第 1 列中可以看出，在不添加任何控制变量情况下，村庄消费信贷行为发生率在 1% 统计水平下显著，并且系数方向为正。在第 2 列所示模型中，加入农户家庭特征变量后，村庄消费信贷行为发生率依旧在 1% 统计水平下显著，系数方向保持不变。第 3 列所示模型继续添加村庄特征变量，村庄消费信贷行为发生率保持在 1% 统计水平下显著为正。第 4 列所示模型进一步考察情境效应，添加村庄其他农户家庭特征均值，结果显示村庄消费信贷行为发生率的显著性和系数方向没有变化。第 5 列控制省份固定效应和时间固定效应，尽管系数略有减小，但村庄消费信贷行为发生率仍然在 1% 统计水平下显著为正。

表6-4 消费信贷行为的社会互动效应：基础模型

	（1）Logit	（2）Logit	（3）Logit	（4）Logit	（5）Logit
村庄消费信贷发生率	5.687*** (0.284)	5.922*** (0.301)	5.751*** (0.305)	5.185*** (0.325)	4.473*** (0.344)
年龄		-0.038*** (0.002)	-0.037*** (0.002)	-0.035*** (0.002)	-0.035*** (0.002)
常住人口		0.036*** (0.013)	0.034*** (0.013)	0.047*** (0.015)	0.046*** (0.015)
外出务工		-0.125*** (0.019)	-0.133*** (0.020)	-0.180*** (0.023)	-0.179*** (0.023)
教育		0.469*** (0.106)	0.536*** (0.108)	0.685*** (0.115)	0.682*** (0.115)
健康		0.552*** (0.118)	0.522*** (0.118)	0.380*** (0.125)	0.380*** (0.125)
年纯收入		-0.040*** (0.012)	-0.031** (0.013)	-0.025 (0.014)	-0.027** (0.014)
房屋借贷		-1.503*** (0.107)	-1.513*** (0.107)	-1.629*** (0.109)	-1.632*** (0.109)
自有房产		-0.087 (0.055)	-0.100 (0.055)	-0.206*** (0.073)	-0.204*** (0.073)
村庄规模			-0.0001 (3.32e-05)	-4.07e-06 (2.15e-06)	-4.9e-05 (3.67e-05)
村庄收入水平			-0.035 (0.024)	0.021 (0.029)	0.022 (0.031)
城市郊区			-0.245** (0.106)	-0.129 (0.109)	-0.118 (0.111)
购物场所$_1$			-0.038 (0.085)	-0.033 (0.086)	-0.062 (0.089)
购物场所$_2$			0.054 (0.101)	0.088 (0.103)	0.080 (0.105)

续表

	（1）Logit	（2）Logit	（3）Logit	（4）Logit	（5）Logit
年龄_peer				0.002 (0.007)	-0.002 (0.009)
常住人口_peer				-0.057 (0.035)	-0.080 (0.044)
外出务工_peer				0.154*** (0.044)	0.168*** (0.054)
教育_peer				-0.763** (0.372)	-0.972** (0.441)
健康_peer				0.277 (0.366)	0.257 (0.408)
年纯收入_peer				-0.059 (0.065)	-0.067 (0.076)
房屋借贷_peer				1.742*** (0.243)	1.612*** (0.265)
自有房产_peer				0.105 (0.122)	0.176 (0.141)
常数项	-2.913*** (0.040)	-1.098*** (0.176)	-0.795*** (0.237)	-0.976 (0.645)	-1.037 (1.072)
时间固定效应	不控制	不控制	不控制	不控制	控制
省份固定效应	不控制	不控制	不控制	不控制	控制
样本量	22288	22288	22288	22288	22288
Pseudo R^2	0.025	0.095	0.096	0.101	0.104

注：**、***分别表示变量系数的估计值在5%、1%的统计水平下显著，括号内为稳健标准误。

上述结果表明，村庄其他农户的消费信贷行为正向影响个体农户选择消费信贷的概率，消费信贷行为存在显著的正向内生互动效应，研究假说4得到证实。表6-5汇报了表6-4各列模型的边际效应。结果显示，在其他变量保持不变的情况下，村庄消费信贷行为发生率每提高1个百分点，个体农户消费信贷概率将会提到0.279%。

除了内生互动效应之外，农户消费信贷行为还存在显著的情境效应。其他农户外出务工或就业人数（即变量 Migrant_peer）对个体农户的消费信贷概率产生显著的正面影响。从表6-5中可以看出，其他农户外出务工就业人数对个体农户消费信贷行为概率产生正面影响。可能的原因在于，一方面，进城务工人员会在城市地区获得更多关于消费信贷的信息，他们会把这些信息分享给邻居，从而提高其他农户获取消费信贷的意愿；另一方面，外出务工往往能获得更高的工资收入，那么较高的收入水平也给亲朋好友之间的借贷提供了资金，也就是说，其他农户家中外出务工的人越多，自己能从邻居那里借到钱的可能性也越大，发生消费借贷的概率也会相应增加。其他农户购房建房的借贷行为（即变量 Loan_peer）会对个体农户的消费借贷产生正向影响。可行的解释在于，对于中国人而言，无论是进城购房，还是农村自建房屋，房子总是身份地位的象征，农户之间往往会相互攀比，进而影响他们的福利水平（陈前恒、池桂娟，2014）。当其他农户增加购房建房的投入时，为了避免相对低位差距带来的福利损失，个体农户也会相应地增加可视性消费支出，从而提高了对消费借贷的需求。

家庭特征对农户消费信贷行为产生了重要的影响。平均年龄偏小的农户倾向于信贷消费。原因在于：一方面，中青年的消费和收入达到人生中的最高阶段，也是消费信贷需求的高峰期（许华岑，2017）；另一方面，年龄越小越偏好风险，对风险的喜好程度决定了年轻人倾向于通过借贷的方式来平滑消费。常住人口越多、外出务工或就业人数越少的农户，发生消费信贷行为的概率越大，这与前人研究发现结论一致（周弘，2012）。通常而言，规模越大的农户日常各项消费支出也越多，面临的不确定因素和流动性约束相对较强，从而提高了他们的消费借贷需求。受教育程度对农户消费信贷行为产生正向影响，因为，受教育程度较高的农户往往具有更高的金融素养，对于消费信贷或"提前消费"的观点接受度更高，发生消费信贷行为的概率越大。这与文献中的发现基本一致（剧锦文、柳肖雪，2017；周世军、李清瑶；2017）。健康状况也是影响农户消费借贷决策的重要因素。研究发现，有家庭成员面临健康冲击时，发生消费信贷行为的概率高。原因在于，健康冲击会带来高额的医疗支出，在社会保障不足或医疗费用报销滞后的情况下，农户不得不通过借贷的方式来满足消费需求。收入水平对消费信贷行为产生负面影响，收入高的农户面临的流动性约束较小，可以利用储蓄来平滑消费，不倾向于借贷的方式，这与文献里的结论一致（唐瑭、胡浩，2016）。住房特征对农户消费信贷行为产生了重要影响。具体而言，用于购房建房的借贷行为和自有房产均对消费信贷产生挤出效应，相较于没有购房建房借贷的农户而言，有购房建房贷款的农户发生消费信贷行为的概率将降低10.2%；自有房产的农户发生消费信贷行为的概率比没有房产的农户低1.3%。廖理等（2013）关于信用卡消费信贷的研究发现，拥有自有住房的居民其信用卡的消费信贷程度和使用频率都不高，相较于租房，有房贷的居民其信用卡的信贷金额和使用频率较低，与本章的研究发现基本相同。

表6-5　　　　消费信贷行为的社会互动效应：边际效应

	（1）Margins	（2）Margins	（3）Margins	（4）Margins	（5）Margins
村庄消费信贷发生率	0.427 *** (0.021)	0.384 *** (0.019)	0.372 *** (0.020)	0.329 *** (0.021)	0.279 *** (0.022)
年龄		-0.002 *** (0.0001)	-0.002 *** (0.0001)	-0.002 *** (0.0002)	-0.002 *** (0.0001)
常住人口		0.002 *** (0.001)	0.003 *** (0.001)	0.003 *** (0.001)	0.003 *** (0.001)
外出务工		-0.008 *** (0.001)	-0.009 *** (0.001)	-0.011 *** (0.001)	-0.011 *** (0.001)

续表

	（1）Margins	（2）Margins	（3）Margins	（4）Margins	（5）Margins
教育		0.030*** (0.007)	0.035*** (0.007)	0.043*** (0.007)	0.043*** (0.007)
健康		0.036*** (0.008)	0.034*** (0.008)	0.024*** (0.008)	0.024*** (0.008)
年纯收入		-0.003*** (0.001)	-0.002*** (0.001)	-0.002 (0.001)	-0.002** (0.001)
房屋借贷		-0.098*** (0.006)	-0.098*** (0.006)	-0.103*** (0.006)	-0.102*** (0.006)
自有房产		-0.006 (0.004)	-0.006 (0.004)	-0.013*** (0.005)	-0.013*** (0.005)
村庄规模			-4.07e-06 (2.15e-06)	-2.05E-06 (2.10E-06)	-3.07E-06 (2.29E-06)
村庄收入水平			-0.002 (0.002)	0.001 (0.002)	0.001 (0.002)
城市郊区			-0.016*** (0.007)	-0.008 (0.007)	-0.007 (0.007)
购物场所$_1$			-0.002 (0.006)	-0.002 (0.005)	-0.004 (0.006)
购物场所$_2$			0.004 (0.007)	0.006 (0.007)	0.005 (0.007)
年龄_peer				0.0001 (0.0004)	-0.0001 (0.0005)
常住人口_peer				-0.004 (0.002)	-0.005 (0.003)
外出务工_peer				0.010*** (0.003)	0.011*** (0.003)
教育_peer				-0.048** (0.024)	-0.061** (0.028)
健康_peer				0.018 (0.023)	0.016 (0.025)

续表

	（1）Margins	（2）Margins	（3）Margins	（4）Margins	（5）Margins
年纯收入_peer				-0.004 (0.004)	-0.004 (0.005)
房屋借贷_peer				0.110*** (0.015)	0.101*** (0.016)
自有房产_peer				0.007 (0.008)	0.011 (0.009)
时间固定效应	不控制	不控制	不控制	不控制	控制
省份固定效应	不控制	不控制	不控制	不控制	控制
样本量	22288	22288	22288	22288	22288
Pseudo R^2	0.025	0.095	0.096	0.101	0.104

注：**、***分别表示变量系数的估计值在5%、1%的统计水平下显著，括号内为稳健标准误；第1至第5列分别为表6-4第1至第5列所示模型的边际效应。

二 稳健型检验

前文证实了农户消费信贷行为存在显著的内生互动效应。为了确保结果的可靠性，本节将从以下四个方面对实证结论进行稳健性检验。

（一）群组规模

群组大小对社会互动效应研究具有重要的意义，因此，群组的大小直接决定了每个样本能有多少潜在的参照对象。参照对象过少可能不具有代表性，群组均值并不能反映真实的群体行为，进而基于均值模型识别出来的社会互动效应的可靠性会遭到质疑。相关研究对群组规模有着较为严谨的设置（例如Hseih and Lee，2016；方航、陈前恒，2020），第四、第五章也对群组规模的潜在影响进行了必要的检验。在本章所使用的数据中，规模最小的样本村庄仅有7个样本农户，群组规模的最小值可能设置得较低。

为了检验群组规模是否对社会互动效应的估计产生影响，本节将村庄最小规模重新设置为16，确保每个农户有至少15个参照对象。

为此，我们一共剔除了3个样本村庄和21个样本农户。表6-6的第1列和第2列汇报了重新设定群组规模的估计结果。可以看到，村庄消费信贷行为发生率在1%统计水平下显著为正，说明农户消费信贷行为依旧存在显著的内生互动效应。并且各解释变量系数与前文的估计结果差异很小，反映了前文估计结果的可靠性。

（二）替换变量

前文根据信贷资金的用途定义了农户的消费信贷行为，即通过正规或非正规渠道借款用于教育、购买耐用消费品和其他用途视为消费借贷。但是，我们并不是很清楚"其他"选项是否包含了生产、投资等非消费性支出。

为稳健起见，本节将信贷用途中的"其他"选项从消费信贷的定义中去除，将消费信贷行为重新定义为：借款用于教育和购买耐用消费品。把新定义的变量替换前文的被解释变量，并重新估计社会互动效应。表6-6的第3和第4列展示了估计结果。不难看出，村庄消费信贷行为发生率仍在1%统计水平下显著为正。也就是说，缩小消费信贷行为的定义范围之后，内生互动效应依旧成立。这再次表明，前文的结论是稳健的，农户消费信贷行为并非相互独立的，而是互相影响的。

（三）验伪检验

前文的理论模型和实证分析都直接假定个体农户的参照系是村庄中的其他农户，并且这一参照系是外生的。但是，来自网络经济学（Network Economics）的理论研究指出，参照系可能是个体选择的结果。如果影响参照系选择的因素同时影响我们关注的结果变量，并且在模型中没有得到很好的体现，会导致模型估计的内生互动效应出现偏差。前文已经论述过，农村地区人口流动性较小，个体所处的村落相对外生。针对中国农村地区调查也发现，绝大多数农村居民更偏好与本村居民或亲戚朋友比较（Knight et al., 2009；陈前恒、池桂娟，2014）。因此，将参照系设定为同一村庄中的其他农户具有一定的合理性。现有关于中国农村居民社会互动效应的研究也都采用这一设定（例如：陆铭等，2013；余丽甜、詹宇波，2018；方航、陈前恒，2020等）。

为稳健起见，本节还将进一步考察参照系设定的可靠性。借鉴Fletcher（2012）的思路，本书使用一个验伪检验来排除相关的担忧。本书给农村居民设定一个"虚假参照系"：来自同一个县其他村庄的农户。如果我们设定的参照系真实有效，那么虚假的参照系就不应该呈现内生互动效应。反之，如果虚假的参照系也表现出了显著的内生互动效应，那就说明"同一村庄中其他农户"的设定可能与现实不符。据此，我们根据"虚假参照系"计算了"虚假群组均值"，并重新估计了社会互动效应。表6-6的第5和第6列使用Logit模型检验了"虚假参照系"的内生互动效应。结果显示，来自同一个县其他村庄的农户的消费信贷行为对个体农户的消费信贷行为的影响不显著。这表明，"虚假参照系"的设置是不合理的，也说明，前文将"同一村庄中其他农户"作为参照系的设定是合理的。

（四）个体异质性

除了前文讨论的外部环境因素造成的消费信贷行为趋同之外，相似的个体特征亦有可能使得同一村庄农户的消费信贷决策表现出相关性。正如前文实证结果所显示的，家庭特征是影响农户消费借贷的重要因素，那么家庭背景相似的农户必然会做出相似的消费决策。如果模型能够控制这些家庭特征，则不会对内生互动效应的估计产生影响。倘若存在未观测特征左右农户的消费信贷决策，实证模型又没有很好地控制这些家庭特征的影响，则会导致内生互动效应的估计有偏。

克服潜在的未观测个体特征的理想处理办法是如第四、五章使用的面板固定效应模型，但是，固定效应Logit模型存在附加参数问题，会使得估计量不一致（Neyman and Scott，1948）。为此，本节将农户消费信贷行为视为连续型变量，采用面板固定效应模型（Panel Fixed Effect Model）估计社会互动效应，以检验潜在的未观测个体特征是否影响前文结论。表 6-6 的第 7 列展示了估计结果。不难看出，在控制个体固定效应的情况下，村庄借贷行为发生率依旧在 1% 统计水平下显著为正，这一系数与前文估计结果差异很小，这表明，农户消费信贷行为存在显著的正向内生互动效应，前文结论是稳健可靠的。

表 6-6 消费信贷行为的社会互动效应：稳健型检验

	群组规模		替换变量		验伪检验		个体异质
	(1) Logit	(2) Margins	(3) Logit	(4) Margins	(5) Logit	(6) Margins	(7) Panel-FE
村庄消费信贷发生率	4.487*** (0.344)	0.280*** (0.022)	5.446*** (0.750)	0.149*** (0.021)	0.761 (0.525)	0.051 (0.035)	0.286*** (0.054)
年龄	-0.036** (0.002)*	-0.002*** (0.0002)	-0.036*** (0.004)	-0.001*** (9.49e-05)	-0.037*** (0.003)	-0.002*** (0.0002)	-0.002*** (0.001)
常住人口	0.045*** (0.015)	0.003*** (0.001)	0.062*** (0.021)	0.002*** (0.001)	0.027 (0.017)	0.002 (0.001)	0.0002 (0.002)
外出务工	-0.180*** (0.023)	-0.011*** (0.001)	-0.309*** (0.037)	-0.008*** (0.001)	-0.131*** (0.025)	-0.009*** (0.002)	-0.010*** (0.003)
教育	0.678*** (0.115)	0.042*** (0.007)	1.646*** (0.149)	0.045*** (0.004)	0.537*** (0.145)	0.036 (0.010)	0.021 (0.026)
健康	0.379*** (0.125)	0.024*** (0.008)	0.471*** (0.175)	0.013*** (0.005)	0.548*** (0.148)	0.036*** (0.010)	0.026 (0.015)
年纯收入	-0.027** (0.014)	-0.002** (0.001)	-0.048*** (0.017)	-0.001*** (0.0005)	-0.026 (0.016)	-0.002 (0.001)	-0.002 (0.002)
房屋借贷	-1.632*** (0.109)	-0.102*** (0.006)	-1.517*** (0.157)	-0.041*** (0.004)	-1.446*** (0.133)	-0.096*** (0.008)	-0.118*** (0.009)
自有房产	-0.204*** (0.073)	-0.013*** (0.005)	-0.368*** (0.100)	-0.010*** (0.003)	-0.236*** (0.083)	-0.016*** (0.006)	-0.003 (0.011)
村庄规模	-4.91e-05 (3.67e-05)	-3.07e-06 (2.29e-06)	-1.07e-05 (4.6e-05)	-2.93e-07 (1.25e-06)	-0.0001** (6.06e-05)	-9.29E-06** (4.03E-06)	-2.61e-08 (4.74e-06)
村庄收入水平	0.023 (0.031)	0.001 (0.002)	0.040 (0.043)	0.001 (0.001)	-0.007 (0.037)	-0.0005 (0.002)	0.0003 (0.003)
城市郊区	-0.119 (0.111)	-0.007 (0.007)	-0.127 (0.157)	-0.003 (0.004)	-0.402** (0.164)	-0.027** (0.011)	-0.015 (0.010)
购物场所	-0.062 (0.089)	-0.004 (0.006)	-0.235 (0.135)	-0.006 (0.004)	-0.234** (0.107)	-0.016** (0.007)	0.016 (0.010)

续表

	群组规模		替换变量		验伪检验		个体异质
	(1) Logit	(2) Margins	(3) Logit	(4) Margins	(5) Logit	(6) Margins	(7) Panel-FE
购物场所$_2$	0.079 (0.105)	0.005 (0.007)	0.239 (0.156)	0.007 (0.004)	0.386*** (0.124)	0.026*** (0.008)	-0.017 (0.012)
年龄_peer	-0.002 (0.009)	-9.45e-05 (0.001)	-0.020 (0.012)	-0.001 (0.0003)	-0.008 (0.010)	-0.001 (0.001)	-0.0004 (0.002)
常住人口_peer	-0.080 (0.044)	-0.005 (0.003)	-0.129** (0.063)	-0.004** (0.002)	-0.072 (0.058)	-0.005 (0.004)	-0.007 (0.005)
外出务工_peer	0.170*** (0.054)	0.011*** (0.003)	0.168** (0.077)	0.005** (0.002)	0.168** (0.069)	0.011** (0.005)	0.007 (0.009)
教育_peer	-0.939** (0.441)	-0.059 (0.027)	-1.243** (0.624)	-0.034** (0.017)	0.402 (0.707)	0.027 (0.047)	0.125 (0.106)
健康_peer	0.242 (0.408)	0.015 (0.026)	0.497 (0.558)	0.014 (0.015)	-0.250 (0.553)	-0.017 (0.037)	-0.023 (0.045)
年纯收入_peer	-0.067 (0.076)	-0.004 (0.005)	-0.144 (0.110)	-0.004 (0.003)	-0.231** (0.105)	-0.015** (0.007)	-0.010 (0.011)
房屋借贷_peer	1.622*** (0.265)	0.101*** (0.016)	1.639*** (0.381)	0.045*** (0.010)	1.057*** (0.376)	0.070*** (0.025)	0.094** (0.040)
自有房产_peer	0.168 (0.141)	0.011 (0.009)	0.075 (0.197)	0.002 (0.005)	-0.102 (0.210)	-0.007 (0.014)	-0.008 (0.025)
常数项	-1.063 (1.073)		-0.762 (1.621)		1.735 (1.188)		0.288** (0.141)
时间固定效应	控制		控制		控制		控制
省份固定效应	控制		控制		控制		不控制
样本量	22267		22288		14133		22288
Pseudo R^2/R^2	0.085		0.087		0.066		0.048

注：**、***分别表示变量系数的估计值在5%、1%的统计水平下显著，括号内为稳健标准误；第2、第4、第6列分别为第1、第3和第5列所示Logit模型的边际效应；省份固定效应是非时变变量，因此面板固定效应模型不控制省份固定效应。

第四节 异质性讨论

前文研究发现，农户消费信贷行为存在显著且稳健的内生互动效应。农户的消费信贷行为受到村庄其他农户的消费借贷决策的直接影响,村庄消费信贷行为发生率越高,个体农户发生消费借贷的概率也就越大。第四和第五章的研究发现,消费支出和消费升级的内生互动效应存在显著的时间和区域差异。那么,消费信贷行为的内生互动效应是否也存在类似的异质性?本节将给予讨论。

一 内生互动效应的变迁

为了讨论消费信贷行为的内生互动效应的时间变化趋势,我们在模型中添加了村庄消费信贷行为发生率和时间虚拟变量的交互项。由于 Logit 模型并不受映射问题的困扰（Brock and Durflue, 2001）, 因此,与前两章异质性讨论中的线性交互项模型不同,这里仍然保留了情境效应。实证模型具体设置为:

$$P(B_{it,r}=1) = \Lambda(\lambda_0 \overline{B}_{-it,r} + \lambda_1 \overline{B}_{-it,r} \cdot \alpha_t + X_{it,r}\beta_{10} + \overline{X}_{-it,r}\beta_{20} + Z_{r,t}\beta_{30} + \alpha_p + \alpha_t) \quad (6-3)$$

其中,$B_{it,r}$ 表示个体农户的消费信贷行为,$\overline{B}_{-it,r}$ 表示村庄中其他农户的信贷消费行为,即村庄消费信贷发生率;$X_{it,r}$ 是一组影响农户消费信贷行为的个体特征,$Z_{r,t}$ 是一组可能影响农户消费信贷的村庄层面环境因素;α_p、α_t 分别为所在省份的固定效应和时间固定效应;$\overline{B}_{-it,r} \cdot \alpha_t$ 为村庄消费信贷发生率和时间虚拟变量的交互项,因此,系数 λ_1 反映了内生互动效应的时间演变趋势。

表 6-7 第 1 列详细展示了模型估计结果。不难看出,村庄消费信贷发生率在 1% 统计水平下显著为正,但是,村庄消费信贷发生率与 2012 年和 2014 年的时间虚拟变量交互项并不显著。结果表明,与 2010 年相比,2012 年和 2014 年农户之间在消费信贷决策上的相互影响并没有差异,内生互动效应整体上并没有呈现明显的逐年减小的趋势。这与第四和第五章所讨论的关于消费支出和消费升级的内生互动效应的变迁有所不同。一个可行的解释在于,农村正规金融市场的发

育迟缓，农户在面临流动性约束时，优先考虑的是向亲朋好友借钱。乡土社会讲究"礼尚往来"，互惠原则是根植于潜在的文化基质，在中国就是人情伦理（阎云翔，1999）。对于一个受惠于亲朋好友之间的借贷的农户而言，当关系网络中的其他农户面临资金约束时，他势必会伸出"援手"。如此反复，形成了消费信贷行为在农户之间的相互依赖。而这种互相影响根植于潜在的文化基质，并未在短时期随着市场经济的冲击而衰弱，也因此，消费信贷行为的内生互动效应并未随着时间推移而衰弱。这一解释与第三章理论框架中消费信贷行为的内生互动效应的理论基础是统一的，因为，"礼尚往来"亦可视为一种社会规范。

二 内生互动效应的区域差异

为了检验农户消费信贷行为的内生互动效应的区域差异，我们继续采用与式（6-3）所示的相同方法，在模型中添加村庄消费信贷行为发生率和区域虚拟变量的交互项。实证模型具体设置为：

$$P(B_{it,r}=1) = \Lambda(\lambda_0 \overline{B}_{-it,r} + \lambda_1 \overline{B}_{-it,r} \cdot \alpha_t + X_{it,r}\beta_{10} + \overline{X}_{-it,r}\beta_{20} + Z_{r,t}\beta_{30} + \alpha_p + \alpha_t) \quad (6-4)$$

其中，$\overline{B}_{-it,r} \cdot \alpha_a$ 为村庄消费信贷发生率和区域虚拟变量的交互项，因此，系数 λ_1 反映了不同地区的内生互动效应的差异。

表6-7第2列详细展示了模型估计结果。不难看出，村庄消费信贷发生率在1%统计水平下显著为正，但是，村庄消费信贷发生率与区域虚拟变量交互项并不显著。这意味着，与西部地区相比，东部地区、中部地区和东北地区农户之间在消费信贷决策上的相互影响并没有差异，内生互动效应并未呈现明显的区域差异。一个可行的解释与上一小节关于时间演变趋势类似，农户之间消费信贷行为的互相影响根植于潜在的文化基质，在不同地区之间并没有显著的差异。

表 6-7　消费信贷行为的社会互动效应的异质性检验

	（1）时间趋势	（2）区域差异
村庄消费信贷发生率	4.096*** (0.570)	4.050*** (0.527)
村庄消费信贷发生率 × Year_ 2014		0.957 (0.801)
村庄消费信贷发生率 × Year_ 2016		0.284 (0.776)
村庄消费信贷发生率 × 东北地区		-2.997 (1.717)
村庄消费信贷发生率 × 中部地区		0.496 (0.889)
村庄消费信贷发生率 × 东部地区		1.185 (0.767)
年龄	-0.035*** (0.002)	-0.035*** (0.002)
常住人口	0.046*** (0.015)	0.046*** (0.015)
外出务工	-0.179*** (0.023)	-0.180*** (0.023)
教育	0.682*** (0.115)	0.683*** (0.115)
健康	0.381*** (0.125)	0.383*** (0.125)
年纯收入	-0.027 (0.014)	-0.027 (0.014)
房屋借贷	-1.631*** (0.109)	-1.632*** (0.109)
自有房产	-0.204*** (0.073)	-0.203*** (0.073)

续表

	（1）时间趋势	（2）区域差异
村庄规模	-0.00004 (0.00003)	-0.0001 (0.00003)
村庄收入水平	0.020 (0.031)	0.025 (0.032)
城市郊区	-0.118 (0.111)	-0.107 (0.111)
购物场所$_1$	-0.058 (0.089)	-0.063 (0.089)
购物场所$_2$	0.076 (0.105)	0.088 (0.105)
年龄_ peer	-0.002 (0.009)	-0.003 (0.009)
常住人口_ peer	-0.080 (0.044)	-0.081 (0.044)
外出务工_ peer	0.167*** (0.054)	0.157*** (0.055)
教育_ peer	-0.975** (0.442)	-0.973** (0.449)
健康_ peer	0.263 (0.407)	0.341 (0.412)
年纯收入_ peer	-0.066 (0.077)	-0.060 (0.077)
房屋借贷_ peer	1.612*** (0.265)	1.615*** (0.268)
自有房产_ peer	0.175 (0.141)	0.197 (0.141)
常数项	-0.986 (1.076)	-1.156 (1.076)
时间固定效应	控制	控制
省份固定效应	控制	控制

续表

	（1）时间趋势	（2）区域差异
样本量	22288	22288
Pseudo R^2	0.085	0.085

注：**、***分别表示变量系数的估计值在5%、1%的统计水平下显著，括号内为稳健标准误；带有下标的 *Year* 表示各年份虚拟变量；时间趋势的对照组为2012年，区域差异的对照组为西部地区。

第五节 本章小结

消费信贷在激励居民消费、引导消费升级方面发挥着积极作用，是构建促进消费的体制机制的重要环节。明晰农村居民消费信贷行为的微观机理，对于促进消费信贷的发展至关重要。在以往关于中国居民消费信贷行为的影响因素讨论中，学者们更加关注个体特征的影响，而信贷决策之间的相互影响没有得到重视。

本章在第三章所示的理论框架的指导下，实证检验了中国农村居民消费信贷行为的社会互动效应及其时间、空间异质性。根据离散选择互动模型均衡状态下的决定函数，本章使用了一个与之对应的 Logit 模型，并基于中国劳动力动态调查（CLDS）2012—2016年农户数据估计了农户消费信贷行为的社会互动效应。研究假说3在本章得到证实，主要发现如下：第一，农户消费信贷行为存在显著且稳健的正向内生互动效应，村庄其他农户的消费信贷行为正向影响个体农户选择消费信贷的概率；具体而言，在其他变量保持不变的情况下，村庄消费信贷行为发生率每提高1个百分点，个体农户选择消费信贷的概率将会提高0.279。第二，随着时间的推移，消费信贷行为的内生互动效应并未呈现逐渐减小的趋势。第三，农户消费信贷行为的内生互动效应在不同区域之间不存在明显的差异。第四，除了内生互动效应之外，消费信贷行为还存在显著的情境效应，外出务工人数和购房建房的借贷行为存在溢出效应，这些个体特征不仅会影响自身的消费信贷选择，还会左右村庄其他农户的决策。

上述研究发现具有一定的政策启示。第三章的理论分析表明，在消费信贷行为存在内生互动效应的情况下，农户消费信贷行为有可能会收敛到一个低水平的均衡，也就是绝大多数农户都不愿意选择消费信贷的局面。而本章证实了消费信贷行为在农户之间确实是相互影响的，这就为中国农村居民消费信贷行为发生率较低提供了一种解释。为了摆脱这种低水平的情况，有必要采用一定的刺激政策来推动消费信贷在农村地区的普及，从而更好地激发消费信贷促进消费的作用。既然农户的消费信贷决策是相互影响的，存在显著的正向内生互动效应，那么，相关政策带来的影响不仅会直接影响个体农户的决策，还会间接地影响其他农户。对于推广包括信用卡在内的正规信贷渠道而言，在消费信贷行为发生率较低的地区，可以采取适当的激励政策引导部分农户的选择，在内生互动效应的作用下，间接地影响其他农户，进而促进整个群体的消费信贷发生率。而优先接受政策干预的农户就相当于"示范户"，起到了以点带面的作用。并且，本书的研究还发现，内生互动效应并没有随着时间的推移而减弱，区域间也没有明显的差异。因此，相关推广政策的有效性在一定时期和区域内有一定保障，这一政策启示具有较好的适用性。

第七章 社会互动效应对消费不平等的影响

第一节 引言

在激发农村消费潜力、畅通国内循环的消费环节过程之中，除了要进一步提高居民消费率、加快消费升级之外，还应关注消费的不平等问题[①]。消费不平等的恶化会直接影响总体消费规模的扩大和消费结构的优化升级，并引致国内大循环中消费环节的堵点（龙少波等，2021）。相比收入不平等，消费不平等更能直接反映居民之间真实的福利差异（邹红等，2013b）。中国的消费不平等程度较高，消费基尼系数处于0.4左右，而且消费不平等的程度要大于收入不平等（邹红等，2013c；陈志刚、吕冰洋，2016）。其中，城乡之间消费不平等是中国消费不平等的主要来源（孙豪等，2017），改革开放以来，城乡消费不平等整体上呈现出倒U形走势（孙豪等，2019）。

学者们从不同角度对消费不平等的成因进行了解读。其中，收入水平的差异是造成消费不平等的重要因素，邹红、喻开志（2013a）的分解结果显示，可支配收入对城镇居民总消费差距的贡献度均达到了40%以上。除此之外，由于消费不平等存在较强的代际差异，因此，人口结构老龄化成为影响消费不平等的一个重要因素（余玲铮，

[①] 习惯上，"消费不平等"与"消费差距"同义（邹红等，2013c），为此，本章会交替使用这两个词汇。

2015）。推行新农保可以有效减小农村的消费不平等程度，而且相比中高收入家庭之间的消费差距，新农保对减小中低收入家庭之间消费差距的作用更为明显（周广肃等，2020b）。价格效应和城市家庭更高的消费增长是城乡消费不平等增加的主要来源（Qu and Zhao，2008）。类似的，宋泽等（2020）研究发现，城镇居民实际消费不平等程度要高于名义值，生活成本上涨加剧了消费不平等。地方官员的任职经历是影响居民消费不平等的重要因素，地方官员主要通过提高当地居民的公共转移支付收入，尤其是低收入水平家庭的公共转移支付收入，来缓解消费差距的扩大（周广肃等，2020a）。还有学者指出，国企改革、城市化和全球化的结构改革是造成中国城镇居民消费不平等稳步上升的原因（Cai et al.，2010）。

由于鲜有研究深入讨论消费行为的社会互动效应，因而，社会互动之于消费不平等的影响也未得到关注。第三章的理论分析表明，消费支出的内生互动效应能提高村庄内部消费水平的一致性，但内生互动效应在任意群组之间存在差异时，这一差异就会产生不平等效应。而前文第四章研究证实了农户消费支出显著的内生互动效应，这也意味着，内生互动效应可能是解释消费不平等的重要因素之一。

为此，本章将在前文的基础之上，进一步讨论社会互动的不平等效应。基于中国家庭追踪调查（CFPS）2010—2018 年农户数据，本书使用再中心化影响函数（Recentered Influence Function，RIF）回归和在此基础上的 Oaxaca - Blinder 分解法，实证检验了社会互动效应对消费不平等的影响。研究发现，消费支出的内生互动效应是解释农村居民消费不平等和区域间消费不平等程度差异的重要因素。

第二节　农村消费不平等的概况

本节将基于中国家庭追踪调查（CFPS）2010—2018 年农户数据，

使用描述统计分析和结构分解的方法来展示农村消费不平等的概况、时间趋势和结构性差异，以期为后续研究做好铺垫。为了保证前后章节研究数据的延续性和可比性，本节仍然使用与第四、第五章相同的平衡面板数据，即剔除因婚姻变化、子女经济独立等原因所派生出来的家庭样本、未能持续追踪的家庭样本以及村庄规模小于6个农户的样本。

一 农村消费不平等及趋势

消费不平等不仅可以表现为农户与农户之间的消费差异，而且可以表现为村庄与村庄之间的差异、区域与区域之间的差异。若以单个农户消费支出为基础进行计算，则衡量了农户之间的消费不平等程度，即组内不平等（Within-group Inequality）；若以区域内或村庄内的农户消费支出均值为基础进行计算，反映的是不同区域或不同村庄农户消费之间的差异，即组间不平等（Between-group Inequality）。从区域之间的消费不平等来看，2010—2018年，东部地区农户的平均消费支出为36872.08元，比其他地区高出10.39%。从村庄之间的消费不平等来看，表7-1汇报了各分位数之间的比较，户均消费支出最高的1%村庄，是最低的1%村庄的11.17倍，在5%、10%和25%这三个分位数上，高分位点的村庄的消费支出分别是低分位的5.08、3.65和1.95倍。而在农户之间的差异方面，消费支出最高的1%农户是最低1%农户的86.55倍，在5%、10%和25%三个分位数上，该比值分别为18.91、9.33和3.20，差距十分明显。

上述统计描述较为直观地反映了农村居民消费差异，但是未能体现消费分布的信息，更为全面的消费不平等有赖于细致的不平等测量方法和指标。参考前人研究（程名望等，2016；陆地，2018），本章选取了基尼系数、泰尔指数和阿特金森指数三个较为成熟的指标。表7-2汇报了不同指标测量的农村消费不平等程度。

表 7-1 消费支出的分位数比较

农户					村庄				
分位数	消费	分位数	消费	倍数	分位数	消费	分位数	消费	倍数
1%	2400	99%	207720	86.55	1%	9014	99%	100722	11.17
5%	5140	95%	97204	18.91	5%	13199	95%	67087	5.08
10%	7415	90%	69200	9.33	10%	15581	90%	56928	3.65
25%	12700	75%	40700	3.20	25%	21726	75%	42405	1.95

注：消费支出的单位：元；倍数指所在行高分位数与低分位数之间的比值。

就基于农户消费支出计算的组内不平等程度来看，2010—2018年，农户之间的组内消费不平等的基尼系数为 0.4787。如果与收入不平等的 0.4 国际警戒线相比较，总样本的基尼系数处于一个较高的水平，表明中国农村消费不平等程度较大。从时间维度来看，农户消费基尼系数从 2010 年的 0.4243 增长到 2016 年的 0.4852，随后又下降到 2018 年的 0.4625，呈现了一个先增后降的趋势。泰尔指数和阿特金森指数的时间趋势大体相同。这说明，近年来，农户消费不平等状况略有改善。从区域差异角度来看，东部地区和中部地区的农户消费基尼系数高于总样本基尼系数，东北地区和西部地区低于总样本基尼系数。其中，东部地区最大，东北地区最小。这表明，农村消费不平等存在明显的地区差异，经济发展水平越好的地区，消费不平等的程度越严重。泰尔指数和阿特金森指数体现的区域差异也与基尼系数的结论相同。可能的原因在于，收入不均等和经济发展水平密切相关，经济发展水平越高，收入不均等状况就越严重（程名望等，2016），而收入分布的差异又导致了消费的差异（陆地，2018）。在本章的第四节，将检验内生互动效应的差异是否导致区域间消费不平等程度的差异。

就村庄层面的组间不平等程度来看，村庄消费不平等的基尼系数为 0.2738。可见，组内不平等要显著大于组间不平等，泰尔指数和阿特金森指数的组内和组间差异比较也呈现了相同的结论。从时间维度来看，村庄消费基尼系数尽管在2012年有所减小，但是，整体上也呈现了先增后减的趋势。在2012年至2016年保持了增长的趋势，2018年略有下降。从区域差异角度来看，仅有东部地区的村庄消费基尼系数高于总样本的基尼系数，其他三个地区均低于总样本基尼系数。其中，东北地区的差异最小。这一差异与城镇居民消费不平等的区域差异相同（周龙飞、张军，2019）。泰尔指数和阿特金森指数反映的组间差异与基尼系数大致相同。

表7-2　　　　　　　　农村消费不平等程度及趋势

类型			基尼系数	泰尔指数	阿特金森指数
农户	年份	2010	0.4243	0.3472	0.2757
		2012	0.4294	0.3460	0.2822
		2014	0.4640	0.4123	0.3218
		2016	0.4852	0.4415	0.3477
		2018	0.4625	0.3823	0.3235
	区域	东部地区	0.5015	0.4783	0.3683
		中部地区	0.4861	0.4427	0.3483
		东北地区	0.4407	0.3469	0.2925
		西部地区	0.4666	0.4056	0.3237
	总样本		0.4787	0.4297	0.3389
村庄	年份	2010	0.2226	0.0856	0.0776
		2012	0.1993	0.0645	0.0618
		2014	0.2334	0.1003	0.0863
		2016	0.2369	0.0923	0.0874
		2018	0.2195	0.0812	0.0768
	区域	东部地区	0.3155	0.1677	0.1500
		中部地区	0.2678	0.1152	0.1113
		东北地区	0.2114	0.0712	0.0726
		西部地区	0.2559	0.1043	0.1043
	总样本		0.2738	0.1242	0.1168

二 农村消费不平等的结构分解

随着消费水平的不断提高,农村居民消费结构也在不断优化升级。本小节将基于基尼系数的分解方法(Pyatt et al., 1980),将消费不平等的基尼系数分解到各项消费支出,以观察消费支出的结构性差异对不平等的影响。

表7-3汇报了分解结果。从消费结构的角度(表7-3中的"Sk")来看,2010—2018年,在农户各项消费支出中,食品支出占比最高,达到31.7%;其次是居住支出、家庭设备及日常用品支出、医疗保健支出,份额均超过10%;剩余的四项支出比重不足10%。总体来看,基本的生存需求比重大,而发展享受型的消费有待提高。从各分项支出对总基尼系数的贡献率(表7-3中的"Share")来看,食品支出的贡献最大(24.1%),居住支出、家庭设备及日常用品支出、医疗保健支出次之,其他支出的贡献最小(2.7%)。各项支出对总体不平等的贡献率与其占总支出的份额排序相同,但是对总体不平等的边际影响(表7-3中的"% Change")略有差异。食品支出、衣着支出、医疗保健支出、交通通信支出和文教娱乐支出的增加会带来总基尼系数的下降,而居住支出、家庭设备及日常用品支出和其他支出的增长会导致不平等程度的提高。可能原因在于,随着我国农村社会保障体系的不断完善,农户用于购买医疗、教育等服务上的支出差异不大,因而会降低消费差距。从另一个角度看,引导农户消费结构的优化升级,也就是提高发展享受型消费支出的增加(除家庭设备及日常用品支出和其他支出),有利于缩小农户消费的不平等。就各分项支出的不平等程度(表7-3中的"Gk")来看,其他支出的基尼系数最大(0.889),食品支出的基尼系数最小(0.473)。居住支出、家庭设备及日常用品支出、医疗保健支出和文教娱乐支出的基尼系数均大于0.7,不平等程度处于一个较高的水平。

表7-3　　　　　　　　农村消费不平等的结构分解

分项消费支出	Sk	Gk	Rk	Share	% Change
食品支出	0.317	0.473	0.769	0.241	-0.077
衣着支出	0.045	0.576	0.669	0.036	-0.009
居住支出	0.152	0.763	0.821	0.199	0.047
家庭设备及日常用品支出	0.138	0.782	0.835	0.189	0.050
医疗保健支出	0.134	0.736	0.647	0.133	-0.001
交通通信支出	0.093	0.558	0.719	0.078	-0.015
文教娱乐支出	0.098	0.780	0.611	0.098	-0.001
其他支出	0.022	0.889	0.637	0.027	0.004

注："Sk"为该项支出占消费总支出的份额，"Gk"为该项消费支出的基尼系数，"Rk"为相关系数的比值，"Share"为该项消费支出对总基尼系数的贡献，"% Change"指该项支出变动1%对不平等的边际影响。

第三节　实证研究方法

为了进一步考察农户之间的相互依赖，即内生互动效应给消费不平等带来的影响，本章拟采用再中心化影响函数（RIF）回归来分析消费不平等的变动特征。具体而言，本章将使用Firpo等（2009）提出的无条件分位回归（Unconditional Quantile Regressions），以及再中心化影响函数回归基础之上的Oaxaca-Blinder分解法。这一方法可以让我们探讨解释变量变动对消费分布的任意统计量的影响，包括无条件分位、方差、基尼系数、阿特金森指数等，从而更为全面地研究解释变量的变化对消费整个分布的影响。例如，基尼系数的再中心化影响函数回归描述了相关变量对整体不平等的影响（罗楚亮，2018）。目前，再中心化影响函数回归已被广泛应用于收入和消费不平等话题的研究（例如，卢晶亮，2018；罗楚亮，2018；陆地，2018等）。接下来，本书将给予具体介绍。

一 再中心化影响函数回归

Firpoet 等（2009）等研究提出使用影响函数（Influence Function，IF），尤其是再中心化影响函数去分析自变量变动对因变量无条件分布、方差、基尼系数等统计量的影响。影响函数是稳健性估计常用统计工具，用于表示样本的微小变化对统计量的影响（Cowell and Flachaire，2015）。影响函数具体定义如下：

$$IF\{c_i, v(F_c)\} = \lim_{\varepsilon \to 0} \frac{v[(1-\varepsilon)F_c + \varepsilon H_{c_i}] - v(F_c)}{\varepsilon} = \frac{\partial v(F_c \to H_{c_i})}{\partial \varepsilon} \quad (7-1)$$

其中，c_i 表示农户 i 的消费支出，$C = \{c_1, c_2, \cdots, c_n\}$ 为所有农户的消费集合；F_c 为初始的消费分布，H_{c_i} 是 $c = c_i$ 处的消费分布；$v(F_c)$ 表示分布的统计量，例如均值、方差、分位数、基尼系数等。影响函数度量了 $c = c_i$ 发生微小变动 ε 后，统计量 $v(F_c)$ 的变化情况。在此基础上，统计量的再中心化影响函数就可以表达为统计量自身与影响函数之和：

$$RIF\{c_i, v(F_c)\} = v(F_c) + IF\{c_i, v(F_c)\} \quad (7-2)$$

再中心化影响函数可以解释为考虑到观测值 c_i 的影响后，统计量 $v(F_c)$ 的近似值。根据影响函数期望值等于 0 的性质，再中心化影响函数的期望值就等于统计量自身：

$$\int RIF\{c_i, v(F_c)\} dF_c = v(F_c) \quad (7-3)$$

Firpo 等（2009）使用影响函数和再中心化影响函数的方法，估计了解释变量 X 分布的微小变动对统计量 v 的无条件偏效应（Unconditional Partial Effect）。给定解释变量 X 的分布为 F_X，统计量可以表示为再中心化影响函数的条件期望的期望值：

$$v(F_c) = \int E[RIF\{c_i, v(F_c)\}|X=x] dF_X(x) \quad (7-4)$$

在此基础之上，假定再中心化影响函数 $RIF\{c_i, v(F_c)\}$ 与解释

变量 X 保持线性关系，那么就可以使用最小二乘法（OLS）去估计解释量 X 分布的微小变动对统计量 v 的影响。模型可以设置为：

$$RIF\{c_i, v(F_c)\} = X\beta + \epsilon_i, \quad E(\epsilon_i) = 0 \quad (7-5)$$

在标准最小二乘估计（OLS）中，系数 β 表示解释变量 X 变动 1 个单位将对被解释变量产生 β 个单位的影响。RIF-OLS 的系数含义与标准 OLS 略有差异。对式（7-5）左右两侧取无条件期望值，可以得到：

$$v(F_c) = E[RIF\{c_i, v(F_c)\}] = E[X\beta] + E(\epsilon_i) = \overline{X}\beta$$
$$(7-6)$$

其中，$\overline{X}$ 为解释变量 X 的均值。进而，对于任意一个解释变量 x_k 有：

$$\beta_k = \frac{\partial v(F_c)}{\partial \overline{X}_k} \quad (7-7)$$

根据上式，再中心化影响函数回归的系数表示：在其他因素保持不变的情况下，解释变量 x_k 的均值提高 1 个单位时，消费支出 C 的统计量 $v(F_c)$ 将变动 β_k 个单位。

本章试图探讨内生互动效应对消费不平等的影响，也即农户之间的相互影响是否会导致组内消费差距和区域间的消费差异。为此，本书选取的消费统计量 $v(F_c)$ 包括分位数，以及反映整体消费不平等程度的指标，例如基尼系数等。无条件分位回归可以帮助我们了解内生互动效应对不同消费群体的边际影响，即不同消费水平的农户对其他农户消费支出的敏感程度，进而揭示内生互动效应对消费分布的潜在影响；针对不平等指数的再中心化影响函数回归直接检验了各解释变量对农村消费组内不平等的影响[1]。两者相互结合、相互补充，很好地满足了研究需要。与前文各章节的实证研究相同，仍然将来自村

---

[1] 无条件分位回归是再中心化影响函数回归的一种。

庄其他农户平均消费支出的影响视为消费支出的内生互动效应①。根据 Firpo 等（2009），分位数的影响函数和再中心化影响函数分别为：

$$IF\{c, q_\tau\} = \frac{\tau - I(c \leq q_\tau)}{f_Y(q_\tau)} \quad (7-8)$$

$$RIF\{c, q_\tau\} = q_\tau + IF\{c, q_\tau\} \quad (7-9)$$

其中，q_τ 为消费支出的 τ 分位的分位数，$I(\cdot)$ 为指标函数，满足括号内的条件时取值为 1，反之为 0；$f_Y(q_\tau)$ 为 τ 分位数处的概率密度函数。

参考 Firpo 等（2018），基尼系数可以表示为：

$$Gini = 1 - 2\mu^{-1} R(F_c) \quad (7-10)$$

其中，μ 为均值，$R(F_c) = \int_0^1 GL(p; F_c) dp$，$p(c) = F_c$ 为消费分布函数，$GL(p; F_c)$ 为广义洛伦兹曲线。则基尼系数的影响函数和再中心化影响函数分别为：

$$IF\{c, Gini\} = A_2(F_c) + B_2(F_c) c + C_2(c; F_c) \quad (7-11)$$

$$RIF\{c, Gini\} = 1 + B_2(F_c) c + C_2(c; F_c) \quad (7-12)$$

这里，$A_2(F_c) = 2/\mu^{-1} R(F_c)$，$B_2(F_c) = 2\mu^{-2} R(F_c)$，$C_2(c; F_c) = -2/\mu^{-1} R(F_c)[c(1-p(c))] + GL(p; F_c)$。

除了基尼系数之外，实证研究中还会使用阿特金森指数和消费分位差来衡量消费不平等程度，以更好地展示结果的稳健性。更多不平等指标的影响函数和再中心化影响函数的构建详见 Firpo 等（2018），这里不再赘述。

二 基于再中心化影响函数回归的分解法

除了探讨内生互动效应对农户消费不平等的影响之外，还对内生互动效应与区域间消费不平等程度差异的关系感兴趣。第四章研究发

---

① 理论解释详见第三章理论框架。

现内生互动效应存在显著的区域差异,而第三章的理论分析告诉我们,内生互动效应的差异会带来群体间的消费不平等。因此,十分有必要检验两者之间的关系,以回答区域间内生互动效应的差异是否导致消费不平等程度的差异。

在劳动经济学和福利经济学关于不平等的研究中,最具代表性的研究方法就是 Oaxaca(1973)和 Blinder(1973)提出的 OB 分解方法。标准的 OB 分解法可以将任何两个群体之间的消费均值差异分解为个体特征的差异(例如,消费能力的差异)和特征回报率的差异(例如,边际消费倾向的差异)。通常,前者被称为构成效应(Composition Effect),后者被称为结构效应(Structure Effect)。

均值仅是对消费分布的一个概括性指标,无法反映消费分布的整体变化。因此,标准 OB 分解具有一定的局限性。Firpo 等(2018)将再中心化影响函数回归和重置权重法相结合,提出了再中心化影响函数回归的分解法,可以对两个群体任意统计量的差异进行 OB 分解。

考虑群组 0 和 1,消费的累积分布函数分别为 $F_{c|g=1} = \int F_{c|X,g=1} dF_{X|g=1}$、$F_c|g=0 = \int F_{c|X,g=0} dF_{X|g=1 0}$。两个群组之间任意统计量 v 的差异就可以表示为:

$$\Delta v = v_1 - v_0 = v\left(\int F_{c|X,g=1} dF_{X|g=1}\right) - v\left(\int F_{c|X,g=0} dF_{X|g=0}\right)$$

(7-13)

由上式可知,群组 0 和 1 统计量的差异源于个体特征的差异,即解释变量 X 分布的不同($dF_{X|g=1} \neq dF_{X|g=0}$),亦可能源于个体特征边际影响的差异。为了识别构成效应和结构效应对统计量 v 的影响,需要构造一个反事实分布 F_C^h,其统计量 v_h 为:

$$v_h = v(F_C^h) = v\left(\int F_{c|X,g=0} dF_{X|g=1}\right) \quad (7-14)$$

这里,反事实分布是指个体特征分布与群组 1 相同,但个体特征的回报率与群组 0 相同的分布。群组 0 和 1 统计量的差距可以分为两部分，一是群组 1 与反事实的差异 $v_1 - v_h$，即群组间个体特征回报率的差异所导致的差距；二是反事实与群组 0 的差距 $v_h - v_0$，即个体特征分布的差异所导致的差距。

DiNardo 等（1996）使用重置权重法来构造反事实分布 F_C^s，将群组 0 的个体特征分布与重置权重 $w(X)$ 的乘积视为群组 1 个体特征分布的近似值：

$$F_C^h = \int F_{c|X,g=0} dF_{X|g=1} \approx \int F_{c|X,g=0} dF_{X|g=0} w(X) \quad (7-15)$$

根据贝叶斯法则，重置权重 $w(X)$ 可定义为：

$$w(X) = \frac{1-P}{P} \cdot \frac{P(X)}{1-P(X)} \quad (7-16)$$

其中，P 为总样本中群体 1 所占的比重，$P(X)$ 表示给定个体特征 X 下个体属于群体 1 的条件概率。在实证研究中，条件概率 $P(X)$ 可以用 Logit 或者 Probit 模型估计（Firpo and Pinto，2016）。在获得反事实分布之后，根据式（7-6）使用再中心化影响函数回归可以得到：

$$v_h = E[RIF\{c_i, v(F_C^s)\}] = \overline{X}^c \beta^c \quad (7-17)$$

$$v_1 = E[RIF\{c_i, v(F_{c|X,g=1})\}] = \overline{X}^1 \beta^1 \quad (7-18)$$

$$v_0 = E[RIF\{c_i, v(F_{c|X,g=0})\}] = \overline{X}^0 \beta^0 \quad (7-19)$$

在此基础上，群组 1 和群组 0 统计量 v 可以具体分解为：

$$\Delta v = (\overline{X}^c - \overline{X}^0) \hat{\beta}^0 + \overline{X}^c (\hat{\beta}^c - \hat{\beta}^0) + \overline{X}^1 (\hat{\beta}^1 - \hat{\beta}^c) +$$

$$(\overline{X}^1 - \overline{X}^c) \hat{\beta}^c = \Delta v_c^p + \Delta v_c^e + \Delta v_s^p + \Delta v_s^e \quad (7-20)$$

其中，$\Delta v_c^p + \Delta v_c^e$ 对应 OB 分解中的构成效应，$\Delta v_s^p + \Delta v_s^e$ 对应 OB 分解中的结构效应。Δv_c^p 被称作纯构成效应（Pure Composition Effect），由反事实和群体 0 个体特征均值差异带来的不平等，Δv_c^e 为设定误差（Specification Error）。Δv_s^p 被称作纯构成效应（Pure Structure Effect），

源于群组 1 和反事实个体特征回报率的差异，Δv_s^e 为重置误差（Reweighting Error）。对于本章关注的内生互动效应与区域间消费不平等关系的讨论，本书更多地关注分解结果中的构成效应。内生互动效应是村庄其他农户的平均消费支出对个体农户的影响，内生互动效应在区域间的差异表现为：农户对村庄平均消费支出变动的敏感程度的差异（第四章已证实），这恰恰是构成效应所反映的个体特征回报率的差异所导致的群组间的差距。

第四节 实证结果与分析

从本章第二节的描述统计来看，2010—2018 年中国农村居民的消费不平等程度呈现先增后减的趋势，同时，区域间的不平等程度也保持着较大的差异。但是，简单的描述统计无法帮助本书探究社会互动效应及其他因素共同对消费分布产生的影响。因此，本节将基于再中心化影响函数（RIF）回归及分解的估计结果，讨论社会互动效应对消费不平等及区域消费不平等差异的影响。

一 整体消费不平等：再中心化影响函数回归

为了展示各控制变量对农户消费分布的影响，从 10 分位到 90 分位，以 10 分位为间隔，共计 9 个分位点上进行无条件分位回归，同时，还对包括基尼系数等在内的不平等指标进行 RIF 回归。不同分位点上的回归反映了各因素组内差异对消费不平等的影响，不平等指标的 RIF 回归则捕获了各解释变量对整体不平等的影响（罗楚亮，2018）。为了节约篇幅，表 7-4 仅汇报了具有代表性的 10、50、90 分位的无条件分位回归估计结果，剩余分位点估计结果可见附录表 A7-1；表 7-4 还汇报了对消费不平等指标的回归结果。

表7-4 消费不平等的估计结果：再中心化影响函数（RIF）回归

	（1）Q10	（2）Q50	（3）Q90	（4）Gini	（5）Atkin	（6）Q80-Q20
村庄平均消费支出	0.349*** (0.033)	0.313*** (0.027)	0.287*** (0.032)	1.76e-06*** (4.61e-07)	2.14e-06*** (4.95e-07)	-0.062 (0.044)
未成年人	-0.029** (0.014)	-0.068*** (0.014)	-0.045*** (0.016)	0.009 (0.006)	0.007 (0.007)	-0.017 (0.022)
老年人	-0.017 (0.018)	-0.029** (0.014)	-0.032 (0.017)	0.001 (0.006)	0.003 (0.007)	-0.014 (0.024)
教育	0.131 (0.081)	0.178*** (0.062)	0.305*** (0.073)	0.012 (0.030)	0.009 (0.034)	0.174 (0.106)
健康	0.025 (0.015)	0.016 (0.012)	0.033** (0.015)	-0.001 (0.006)	-0.002 (0.007)	0.008 (0.020)
外出务工	-0.012 (0.010)	0.024** (0.009)	0.017 (0.011)	-0.015*** (0.005)	-0.015*** (0.006)	0.028 (0.015)
常住人口	0.135*** (0.009)	0.148*** (0.008)	0.151*** (0.010)	-0.010*** (0.004)	-0.011** (0.005)	0.015 (0.012)
农业生产	0.026 (0.031)	0.000 (0.025)	-0.056 (0.029)	-0.024 (0.013)	-0.044*** (0.015)	-0.081 (0.043)
年纯收入	0.054*** (0.007)	0.042*** (0.005)	0.036*** (0.007)	9.25e-07*** (2.63e-07)	1.07e-06*** (2.92e-07)	-0.018 (0.009)
家庭信贷	0.128*** (0.021)	0.121*** (0.018)	0.193*** (0.023)	0.041*** (0.010)	0.045*** (0.012)	0.065** (0.031)
常数项	4.633*** (0.348)	5.854*** (0.281)	6.891*** (0.335)	0.433*** (0.025)	0.296*** (0.027)	2.259*** (0.470)
时间固定效应	控制	控制	控制	控制	控制	控制
个体固定效应	控制	控制	控制	控制	控制	控制
样本量	22375	22375	22375	22375	22375	22375
R^2	0.439	0.494	0.416	0.284	0.300	0.288

注：**、***分别表示变量系数的估计值在5%、1%的统计水平下显著，括号内为Bootstrap标准误；Q10、Q50、Q90、Q80-Q20分别表示消费支出对数的10、50、90分位数及80-20分位消费对数差，模型中村庄平均消费支出和年纯收入也取对数；Gini和Atkin分别为消费支出的基尼系数和阿特金森指数，模型中村庄平均消费支出和年纯收入不取对数。

首先，我们关注不同分位点上无条件分位回归估计结果。从表7-4中可以看到，对于任意分位点而言，村庄平均消费支出均在1%统计水平下显著为正，即农户消费支出存在显著的正向内生互动效应。内生互动效应的大小在不同分位点上略有差异。90分位的内生互动效应估计值大约比10分位高出0.04。虽然差异的绝对数值较小，但是反映到社会乘数上，两者之间的差异放大约1倍①，因的，还是具有一定的经济含义。类似的，20分位的内生互动效应估计值高于10分位0.06，90分位的内生互动效应估计值高于80分位0.06，其余分位之间差异较小。无论对于低消费群体（20、10低分位）还是高消费群体（90、80高分位）而言，内生互动效应随着分位的上升而增强。这意味着，内生互动效应具有扩大消费不平等的作用。

以不平等指标为被解释变量的 RIF 回归结果也证实了这一观点。根据表7-4第4至第5列所示的结果，除了80—20分位消费对数差之外，村庄平均消费支出对基尼系数和阿特金森指数均产生了显著的正面影响。这表明，内生互动效应是解释农村消费不平等的重要原因之一。以基尼系数为例，在其他因素保持不变的情况下，所有村庄的平均消费水平每增加1个单位②，在内生互动效应的作用下，农户消费支出的基尼系数将会增加 $1.76e-06$。根据2020年《中国统计年鉴》数据，2019年农村居民人均消费支出相较于上一年增加1203.4元，如果下一期以同样的数值增长，在其他因素保持不变的情况下，农村居民人均消费支出的基尼系数将会增加0.002。

二 分区域消费不平等：再中心化影响函数回归

第四和第五章的研究发现，农户消费支出和消费升级的内生互动

---

① 根据第三章所示的定理1，10分位和90分位的社会乘数分别为1.407和1.491，后者比前者高出约6%。

② 值得注意的是，这里的基尼系数和阿特金森指数均为不取对数的消费支出的不平等指数。如果对消费支出取对数，则是讨论各因素对消费支出对数的基尼系数的影响，而对数形式可能会大大降低基尼系数值。

效应存在显著的地区差异，那么不同地区不同分位上的内生互动效应是否存在差异？这种差异是否对不同地区的组内消费分布产生异质的影响呢？本节将给予讨论。

为了探究不同区域的内生互动效应在消费分布不同分位上的变化趋势，我们首先将样本划分为东部地区、中部地区、东北地区和西部地区四个子样本，使用无条件分位回归分别估计10分位到90分位上的内生互动效应。图7-1直观地展示了不同区域内生互动效应在不同分位点上的估计值，可以看出，不同地区的图形分布特征存在明显的差异。西部地区和东北地区的曲线整体上高于东部地区和中部地区，也就是说，西部地区和东北地区的内生互动效应较大，农户消费支出的相互依赖性更强，而东部地区和中部地区的内生互动效应相对较小，农户消费决策更加独立。这一发现与第四章的结论一致。

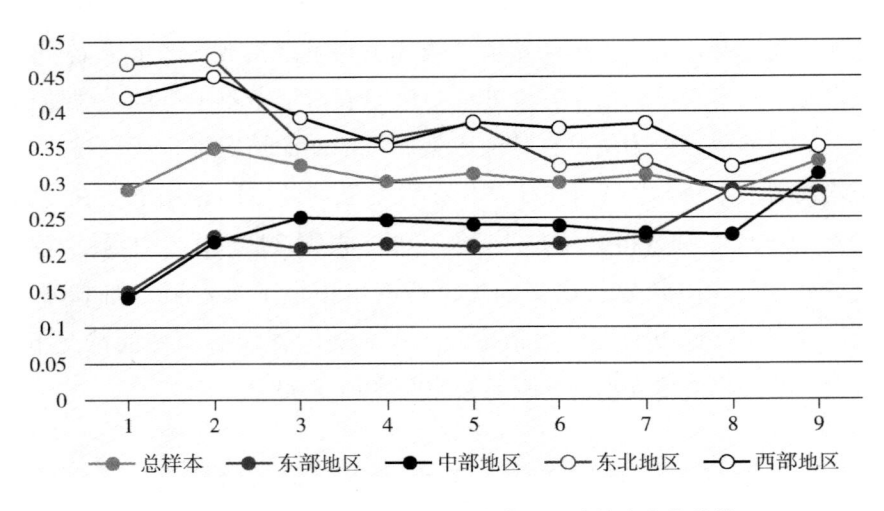

图 7-1　分区域不同消费水平的内生互动效应变化趋势

注：横坐标为 10—90 分位点，纵坐标为消费支出的内生互动效应估计值，模型估计结果详见附录。

更为重要的是，曲线走向上表现出现了完全不同的趋势。对于东北地区和西部地区而言，内生互动效应的估计值随着消费分布分位的上升呈现出递减的趋势，这表明，相较于高消费群体，低消费群体对村庄其他农户消费支出的变动更敏感。以西部地区为例，20分位数上的内生互动效应估计值为0.450，80分位上为0.325（估计结果详见附录表A7-5），对应的社会乘数分别为1.818和1.481。那么，相同幅度的收入增长或同等力度的政策干预，对低消费群体的拉动效应大于高消费群体。因此，对于西部地区和东北地区而言，消费支出内生互动效应具有缩小消费差距的作用。与之相反，中部地区和东部地区的内生互动效应的估计值随着消费分布分位的增长呈现较为明显的上升趋势。这意味，高消费群体的社会乘数比低消费群体更大。这一特征使得内生互动效应对中东部地区的组内消费差距产生扩大作用。除此之外，这一发现也丰富了第四章关于消费支出内生互动效应区域异质性的讨论。

以不平等指标为被解释变量的 RIF 回归结果证实了这一观点。考虑到东部地区和中部地区的内生互动效应估计值在不同分位上的分布较为吻合，而西部地区和东北地区较为相似，因此，我们将东部地区和中部地区合并、西部地区和东北地区合并，对两个子样本分别进行 RIF 回归。

表7-5第1至3列展示了中部地区和东部地区的估计结果。可以看到，反映内生互动效应的变量"村庄平均消费支出"在1%统计水平下对消费支出的基尼系数和阿特金森指数产生了正面影响。这表明，内生互动效应是导致中部地区和东部地区农村内部消费不平等的重要因素之一。根据表7-5第3列估计结果，在其他因素保持不变的情况下，村庄平均消费水平对数每变动1个单位，会使得基尼系数扩大 $2.61e-06$ 个单位。除了基尼系数和阿特金森系数之外，本书还使用了内生互动效应估计值差异最大的两个分位之间的消费差异来衡量消费不平等程度，即90与10分位消费对数差。尽管"村庄平均消费支出"并未对90与10分位消费对数差产生显著影响，但仍可说明内生互动效应是导致中部地区和东部地区农村内部消费不平等的重要因素之一。

表 7-5　分区域消费不平等的估计结果：再中心化影响函数（RIF）回归

	中部、东部地区			西部、东北地区		
	(1) Gini	(2) Atkin	(3) Q90-Q10	(4) Gini	(5) Atkin	(6) Q80-Q20
村庄平均消费支出	2.61e-06*** (6.17e-07)	3.14e-06*** (6.97e-07)	0.153 (0.080)	-1.47e-07 (4.70e-07)	-2.49e-08 (5.04e-07)	-0.142** (0.063)
未成年人	0.005 (0.009)	0.003 (0.010)	-0.042 (0.040)	0.012 (0.010)	0.010 (0.010)	-0.011 (0.032)
老年人	0.010 (0.009)	0.012 (0.010)	0.043 (0.046)	-0.012 (0.009)	-0.010 (0.010)	-0.029 (0.034)
教育	0.058 (0.044)	0.066 (0.051)	0.074 (0.200)	-0.038 (0.042)	-0.051 (0.046)	0.255 (0.143)
健康	-0.001 (0.008)	-0.002 (0.010)	-0.009 (0.041)	-0.000 (0.008)	-0.003 (0.010)	0.003 (0.029)
外出务工	-0.012** (0.006)	-0.013 (0.007)	0.004 (0.028)	-0.017** (0.008)	-0.018 (0.010)	0.029 (0.024)
常住人口	-0.012** (0.006)	-0.012 (0.007)	0.043 (0.025)	-0.008 (0.006)	-0.009 (0.007)	0.014 (0.019)
农业生产	-0.022 (0.018)	-0.039 (0.021)	-0.184** (0.081)	-0.022 (0.021)	-0.047 (0.024)	-0.040 (0.069)
年纯收入	9.75e-07** (3.86e-07)	1.14e-06*** (4.38e-07)	-0.019 (0.020)	7.12e-07*** (2.60e-07)	8.20e-07*** (2.88e-07)	-0.023 (0.013)
家庭信贷	0.045*** (0.015)	0.049*** (0.018)	0.263*** (0.067)	0.039*** (0.015)	0.043*** (0.015)	0.039 (0.044)
常数项	0.404*** (0.032)	0.257*** (0.037)	0.837 (0.859)	0.494*** (0.036)	0.371*** (0.037)	3.042*** (0.668)
时间固定效应	控制	控制	控制	控制	控制	控制
个体固定效应	控制	控制	控制	控制	控制	控制
N	11530	11530	11530	10845	10844	10845
R^2	0.298	0.319	0.340	0.260	0.272	0.272

注：**、***分别表示变量系数的估计值在5%、1%的统计水平下显著，括号内为Bootstrap标准误；Q10、Q50、Q90、Q80-Q20、Q90-Q10分别表示消费支出对数的10、50、90分位数、80—20分位及90—10分位消费对数差，模型中村庄平均消费支出和年纯收入取对数；Gini和Atkin分别为消费支出的基尼系数和阿特金森指数，模型中村庄平均消费支出和年纯收入不取对数。

表 7-5 第 4 至第 6 列展示了西部地区、东北地区的估计结果。虽然反映内生互动效应的变量"村庄平均消费支出"对消费支出的基尼系数和阿特金森指数的影响不显著，但是，对 80 与 20 分位消费对数差产生了显著的负面影响。在其他因素保持不变的情况下，村庄平均消费水平对数每变动 1 个单位，会使得 80 和 20 分位消费对数差减小 0.140 个单位。之所以考察 80 与 20 分位消费对数差，是因为这两个点是西部地区和东北地区内生互动效应估计值差异最大的分位点。这说明，内生互动效应对西部和东北地区农户消费不平等具有缩小效应。

三　消费不平等的分解

从本章第二节的描述统计来看，区域间的消费不平等程度也存在一定的差异，东部地区的消费支出基尼系数要大于其他地区。在这一小节，我们将在 RIF 回归的基础上，对不同区域之间的消费不平等的差异进行分解，以探讨内生互动效应是否是导致区域间消费不平等差异的原因。

上文关于消费不平等的研究发现，内生互动效应是解释农村居民消费不平等的重要因素，对于中部地区和东部地区而言，内生互动效应对消费差距具有放大作用，而对西部地区和东北地区则表现出相反的缩小效应。从这一角度来看，内生互动效应无疑会扩大区域之间消费不平等的差异。

为了检验这一观点，本书首先使用 Logit 模型构造重置权重，使用重置权重构造反事实分布，在此基础上进行 RIF 回归，并将区域间的消费不平等程度差异分解为结构效应和构成效应。从本章第三节介绍中可以看到，结构效应是指个体特征带来的差异，构成效应是个体特征回报的差异。对于我们关注的问题而言，结构效应是指村庄消费支出的差异，构成效应是指村庄消费支出的边际影响的差异，也即内生互动效应带来的差异，因此，本节重点关注构成效应。

与上一小节相同，本书仍然将东部地区和中部地区视为一个整体，西部地区和东北地区视为一个整体，对这两大区域间的农村消费不平等差异进行分解。为了展示结果的稳健性，本书选取了基尼系数、阿特金森指数、90—10 分位、80—20 分位和 70—30 分位消费对数差来衡量消费的不平等程度。表 7-6 展示了分解结果。总体上看，构成效应和结构效应都显著为正，结构效应的贡献率略大于构成效应，这说明，中部地区和东部地区与西部地区和东北地区消费不平等的差异是农户个体特征差异和特征回报差异共同作用的结果。以基尼系数为例，构成效应使得中部地区和东部地区与西部地区和东北地区农户消费基尼系数相差 1.5 个百分点，贡献率为 44.12%，结构效应导致基尼系数相差 1.9 个百分点，贡献率为 55.88%。构成效应和结构效应的设定误差均在统计上不显著，这表明模型构建和重置权重的设置较为合理（Rios-Avila，2020）。

接下来，具体关注内生互动效应的分解结果。在结构效应方面，在五个不平等指标下，村庄平均消费支出均不显著；而在结构效应上，除了 70—30 分位消费对数差之外，其他四个不平等指标下均产生了显著的正面影响。这表明，村庄平均消费支出对区域间消费不平等程度差异的影响主要来源于结构效应，也即内生互动效应是导致区域间不平等程度差异的重要因素。

表 7-6 中部地区和东部地区与西部地区和东北地区农村消费不平等的 RIF – OB 分解

	(1) Gini	(2) Atkin	(3) Q90 – 10	(4) Q80 – 20	(5) Q70 – 30
总差异	0.034 *** (0.006)	0.043 *** (0.007)	0.145 *** (0.028)	0.097 *** (0.020)	0.059 *** (0.016)
构成效应	0.015 *** (0.002)	0.019 *** (0.003)	0.019 ** (0.010)	0.020 *** (0.007)	0.013 ** (0.006)
结构效应	0.019 *** (0.006)	0.024 *** (0.007)	0.126 *** (0.028)	0.077 *** (0.021)	0.046 *** (0.017)

续表

	（1） Gini	（2） Atkin	（3） Q90-10	（4） Q80-20	（5） Q70-30
构成效应					
村庄平均消费支出	0.003 (0.002)	0.004 (0.003)	0.003 (0.005)	-0.003 (0.004)	-0.003 (0.003)
未成年人	-0.000 (0.000)	-0.000 (0.001)	-0.008*** (0.002)	-0.005*** (0.002)	-0.003** (0.001)
老年人	0.002*** (0.000)	0.003*** (0.001)	0.011*** (0.002)	0.009*** (0.002)	0.007*** (0.001)
教育	-0.001** (0.000)	-0.001** (0.000)	-0.001 (0.001)	-0.001 (0.001)	0.001 (0.001)
健康	0.000 (0.001)	0.000 (0.001)	0.005 (0.003)	0.002 (0.002)	-0.001 (0.002)
外出务工	-0.001*** (0.000)	-0.001*** (0.000)	-0.000 (0.001)	-0.00003 (0.001)	0.0005 (0.001)
常住人口	-0.001*** (0.000)	-0.001*** (0.000)	0.001 (0.001)	0.0002 (0.001)	-0.0004 (0.001)
农业生产	0.006*** (0.001)	0.009*** (0.001)	0.033*** (0.005)	0.020*** (0.003)	0.010*** (0.003)
年纯收入	0.009*** (0.003)	0.010*** (0.003)	-0.017*** (0.003)	-0.013*** (0.002)	-0.009*** (0.002)
家庭信贷	-0.003*** (0.001)	-0.004*** (0.001)	-0.017*** (0.004)	-0.006** (0.003)	-0.003 (0.002)
时间	0.000 (0.000)	0.000 (0.000)	0.001** (0.000)	0.001 (0.0004)	0.001 (0.0004)
村庄	-0.001 (0.002)	-0.002 (0.002)	0.008 (0.006)	0.010** (0.004)	0.008** (0.003)
设定误差	0.001 (0.001)	0.001 (0.001)	0.000 (0.007)	0.006 (0.005)	0.006 (0.005)
结构效应					
村庄平均消费支出	0.099*** (0.027)	0.114*** (0.031)	3.401*** (1.168)	1.913** (0.845)	0.773 (0.672)

续表

	（1）Gini	（2）Atkin	（3）Q90-10	（4）Q80-20	（5）Q70-30
未成年人	-0.007 (0.008)	-0.008 (0.009)	-0.015 (0.038)	-0.009 (0.029)	-0.031 (0.023)
老年人	0.004 (0.006)	0.003 (0.007)	0.030 (0.028)	0.024 (0.020)	0.032** (0.016)
教育	-0.001 (0.004)	-0.002 (0.004)	-0.011 (0.018)	-0.020 (0.014)	0.009 (0.011)
健康	-0.004 (0.005)	-0.005 (0.006)	-0.013 (0.024)	0.006 (0.018)	0.004 (0.015)
外出务工	0.004 (0.005)	0.003 (0.005)	0.009 (0.020)	-0.000 (0.015)	0.019 (0.012)
常住人口	0.020 (0.020)	0.024 (0.023)	0.096 (0.092)	0.055 (0.067)	0.036 (0.053)
农业生产	-0.040 (0.022)	-0.045 (0.027)	-0.136 (0.085)	-0.062 (0.058)	-0.043 (0.045)
年纯收入	-0.014 (0.011)	-0.015 (0.012)	-0.247 (0.221)	-0.190 (0.153)	-0.299*** (0.115)
家庭信贷	0.001 (0.005)	0.001 (0.006)	0.027 (0.020)	0.011 (0.015)	-0.009 (0.012)
时间	-0.034** (0.017)	-0.037 (0.020)	-0.135 (0.084)	-0.083 (0.061)	-0.076 (0.049)
村庄	-0.057 (0.036)	-0.062 (0.038)	-0.216 (0.309)	-0.305 (0.239)	-0.320 (0.206)
常数项	0.026 (0.068)	0.006 (0.075)	-2.947** (1.206)	-1.255 (0.875)	-0.062 (0.701)
设定误差	-0.003 (0.045)	-0.021 (0.050)	-0.158 (0.205)	0.084 (0.172)	0.032 (0.144)

注：**、***分别表示变量系数的估计值在5%、1%的统计水平下显著，括号内为稳健标准误差；总差异是指中部地区和东部地区与西部地区和东北地区之间的统计量的差异；第1和第2列的统计量为消费支出的基尼系数和阿特金森指数，模型中村庄平均消费支出和年纯收入也不取对数；第3至第5列统计量分别为90—10分位、80—20分位和70—30分位消费对数差，相对应的村庄平均消费支出和年纯收入也取对数；时间和村庄分别指时间固定效应和村庄固定效应的加总影响。

除了中部地区和东部地区与西部地区和东北地区之间的差异之外，本节还考察了农村消费不平等差异最大的两个区域——东部地区与西部地区。表7-7展示了分解结果。不同衡量指标的结构效应和构成效应的贡献率略差异。在基尼系数、阿特金森指数、90—10分位消费对数差上，构成效应的贡献率大于结构效应，而在80—20分位和70—30分位消费对数差上，结构效应的贡献率大于构成效应。构成效应和结构效应的设定误差都在统计上不显著，同样说明了模型构建和重置权重的设置较为合理（Rios-Avila，2020）。

接下来，关注内生互动效应的分解结果。在使用基尼系数和阿特金森指数衡量消费支出不平等程度时，村庄平均消费支出的构成效应和结构效应都在1%统计水平下显著为正。也就是说，村庄平均消费支出的边际影响的异质性扩大了东部地区和西部地区消费不平等程度的差异。这再次表明了，内生互动效应是导致东部地区和西部地区整体消费不平等差异的重要因素。

表7-7　东部地区与西部地区农村消费不平等的RIF-OB分解

	(1) Gini	(2) Atkin	(3) Q90-10	(4) Q80-20	(5) Q70-30
总差异	0.035*** (0.008)	0.045*** (0.008)	0.171*** (0.040)	0.122*** (0.027)	0.082*** (0.022)
构成效应	0.033*** (0.005)	0.041*** (0.005)	0.108*** (0.018)	0.056*** (0.016)	0.024 (0.013)
结构效应	0.002 (0.008)	0.003 (0.008)	0.063 (0.036)	0.066** (0.031)	0.059** (0.026)
构成效应					
村庄平均消费支出	0.008** (0.004)	0.010** (0.004)	0.005 (0.007)	0.002 (0.005)	-0.0005 (0.004)
未成年人	-0.001 (0.003)	-0.001 (0.003)	0.024 (0.013)	0.017** (0.008)	0.009 (0.006)

续表

	(1) Gini	(2) Atkin	(3) Q90-10	(4) Q80-20	(5) Q70-30
老年人	0.002*** (0.001)	0.002** (0.001)	0.009** (0.004)	0.007*** (0.002)	0.007*** (0.001)
教育	-0.001 (0.001)	-0.001** (0.001)	-0.000 (0.002)	-0.001 (0.002)	0.002 (0.001)
健康	-0.002 (0.001)	-0.002** (0.001)	-0.000 (0.006)	0.002 (0.004)	-0.007** (0.003)
外出务工	0.004** (0.002)	0.005*** (0.002)	0.003 (0.005)	0.003 (0.003)	0.000 (0.003)
常住人口	0.009*** (0.003)	0.011*** (0.003)	-0.013 (0.012)	-0.010 (0.007)	0.003 (0.005)
农业生产	0.011*** (0.003)	0.015*** (0.004)	0.062*** (0.014)	0.044*** (0.007)	0.016*** (0.006)
年纯收入	0.013*** (0.004)	0.015*** (0.005)	-0.012** (0.005)	-0.012*** (0.002)	-0.007*** (0.002)
家庭信贷	-0.005** (0.002)	-0.005** (0.002)	-0.035*** (0.010)	-0.010** (0.005)	-0.003 (0.004)
时间	0.001 (0.001)	0.001 (0.001)	0.001 (0.003)	0.001 (0.001)	0.001 (0.001)
村庄	-0.005 (0.003)	-0.006 (0.004)	0.042*** (0.014)	0.016** (0.007)	0.013** (0.006)
设定误差	-0.001 (0.003)	-0.001 (0.003)	0.023 (0.013)	-0.003 (0.010)	-0.009 (0.009)
结构效应					
村庄平均消费支出	0.121*** (0.035)	0.139*** (1.283)	2.492 (0.040)	2.041 (1.223)	0.294 (1.008)
未成年人	0.009 (0.013)	0.013 (0.014)	0.058 (0.077)	0.049 (0.053)	0.038 (0.043)
老年人	0.001 (0.009)	-0.003 (0.011)	0.012 (0.035)	0.010 (0.030)	0.041 (0.025)

续表

	（1） Gini	（2） Atkin	（3） Q90-10	（4） Q80-20	（5） Q70-30
教育	0.002 (0.005)	0.002 (0.006)	-0.011 (0.026)	-0.014 (0.020)	0.022 (0.016)
健康	-0.002 (0.007)	-0.002 (0.009)	-0.003 (0.034)	0.010 (0.030)	0.036 (0.024)
外出务工	0.010 (0.007)	0.009 (0.009)	-0.010 (0.031)	-0.013 (0.025)	0.012 (0.021)
常住人口	0.029 (0.029)	0.036 (0.029)	0.153 (0.159)	0.122 (0.109)	0.004 (0.087)
农业生产	-0.036 (0.027)	-0.024 (0.032)	-0.029 (0.112)	-0.031 (0.081)	0.013 (0.064)
年纯收入	-0.016 (0.015)	-0.017 (0.017)	0.201 (0.276)	-0.116 (0.236)	-0.148 (0.177)
家庭信贷	-0.001 (0.006)	-0.001 (0.007)	0.047 (0.030)	0.009 (0.024)	-0.016 (0.020)
时间	-0.062*** (0.019)	-0.065*** (0.025)	-0.169 (0.090)	-0.104 (0.084)	-0.054 (0.070)
村庄	-0.062 (0.134)	-0.069 (0.142)	-0.328 (0.549)	0.088 (0.220)	0.128 (0.169)
常数项	0.036 (0.206)	0.004 (0.168)	-2.177 (1.851)	-1.950 (1.273)	-0.278 (1.048)
设定误差	0.028 (0.158)	0.022 (0.129)	0.236 (0.795)	0.101 (0.250)	0.092 (0.206)

注：**、***分别表示变量系数的估计值在5%、1%的统计水平下显著，括号内为稳健标准误；总差异是指东部地区与西部地区之间的统计量的差异；第1和第2列的统计量为消费支出的基尼系数和阿特金森指数，模型中村庄平均消费支出和年纯收入不取对数；第3至第5列统计量分别为90—10分位、80—20分位和70—30分位消费对数差，相对应的村庄平均消费支出和年纯收入取对数；时间和村庄分别指时间固定效应和村庄固定效应的加总影响。

第五节　本章小结

消费不平等是反映居民之间真实的福利差异的重要指标，在刺激国内消费的过程中,还应适当关注居民消费的不平等问题。第四章证实了农户消费支出显著的内生互动效应,个体农户的消费支出受到村庄其他农户的直接影响。理论上,消费支出的内生互动效应在任意群组之间存在差异时,这一差异就会产生不平等效应。但是,社会互动对于消费不平等的影响并没有得到学者们的关注,缺乏实证证据。

本章在第三章所示理论的指导下,对社会互动的不平等效应进行了实证分析,探讨了社会互动效应带来的影响。基于中国家庭追踪调查(CFPS)2010—2018年农户数据,本书使用再中心化影响函数(RIF)回归和在此基础上的OB分解法,实证检验了社会互动效应对消费不平等的影响。

研究表明,消费支出的内生互动效应是解释农村消费不平等的重要因素,并不能完全将消费不平等归因于农户个体特征和其他宏观层面变量的差异。研究假说5在本章得到证实,主要发现如下:第一,中国农村居民消费不平等的基尼系数大于0.4,处于一个较高的水平;近年来,农户消费不平等状况略有改善。第二,消费不平等呈现明显的区域差异,东部地区和中部地区的消费不平等程度大于东北地区和西部地区。第三,内生互动效应对不同消费水平的农户的影响存在差异,这使得内生互动效应具有扩大消费不平等的作用。第四,分区域看,西部地区和东北地区的低消费群体对其他农户消费支出的变动更敏感,中部地区和东部地区的高消费群体对其他农户消费支出的变动更敏感,这一特征使得内生互动效应对中部地区和东部地区的消费不平等产生扩大作用,但对西部地区和东北地区具有缩小作用。第五,内生互动效应的区域差异是解释东部地区、中部地区的消费不平等程度大于东北地区和西部地区的重要原因之一。

第八章 总结与启示

第一节 研究结论

农村消费的滞后性是导致中国居民整体消费不足的重要原因，激发农村消费潜力、促进农村居民消费是畅通国内循环消费环节的关键，也是构建新发展格局的重要战略支点。在这一背景下，深入讨论中国农村居民消费行为具有一定的现实意义。长期以来，以价格为核心的经济学理论中，个体的行为选择并不会受他人行为的直接影响。现有研究也大多是在农户相互独立的假定下，讨论农村居民的个体特征或外部环境因素对其消费行为的影响。然而，这一假定与乡土社会的实际情况仍有一定的差距。乡土中国是典型的"熟人社会"，人们彼此熟悉，也容易互相影响。杨国枢（2004）指出，中国人的人际关系取向存在"他人取向"特征，行为与心理上易受他人影响，对他人的意见、标准、褒贬、批评等特别敏感且重视。因此，在分析农户消费行为的决定因素时，不应忽略农户之间的相互影响。

与已有研究不同的是，本书从乡土中国的"熟人社会"和中国人"他人取向"的特征出发，在社会经济学理论的指导下，探究消费行为在农村居民之间的相互影响，即社会互动效应。并在此基础上讨论消费行为的社会互动效应对农村消费和相关公共政策的影响。这些研究可以帮助我们更好地解读中国农村居民的消费行为，为完善促进消费的机制体制建设和新发展格局的构建提供理论基础和政策参考。本书的主要研究结论如下：

第一，农村居民消费支出存在正向内生互动效应，个体农户消费支出随着村庄（其他农户）平均消费水平的增长而增长。消费支出的社会乘数约为 1.370，外生冲击引起的村庄平均消费水平的均衡反应约是初始个体消费支出增幅的 1.370 倍。随着时间的推移，内生互动效应呈现逐渐减小的趋势。内生互动效应具有明显的区域差异：整体上，经济发达地区内生互动效应小于欠发达地区；西部地区和东北地区的低消费群体对其他农户消费支出的变动更敏感，而中部地区和东部地区的高消费群体对其他农户消费支出的变动更敏感。内生互动效应在村庄内部存在异质性，来自高收入农户的影响比低收入组群体的影响更大。

第三章运用一个非合作博弈模型，从理论上探究了消费行为的社会互动效应。通过社会效用函数的设置，刻画了农户避免与其他农户消费行为的相对差距和追求相对差距两种偏好。所有农户在不协商的情况下同时做出决策，均衡状态下的消费决定函数是一个关于自身个体特征以及其他农户消费行为和个体特征的函数。也就是说，个体农户的消费行为受到其他农户的消费行为和个体特征的直接影响，这就是所谓的社会互动效应。在这一理论模型的基础上，进一步展示了内生互动效应带来的社会乘数；并结合乡土社会的实际情况提出了时间、空间异质性研究假说。

第四章对消费支出的社会互动效应进行了实证检验。基于中国家庭追踪调查（CFPS）2010—2018 年农户数据，本书构建了一个与理论框架相对应的空间计量模型，用于估计消费支出的社会互动效应。研究发现：农户消费支出存在显著的正向内生互动效应，村庄中其他农户消费水平对个体农户消费支出产生正向影响，农户的消费支出随着村庄平均消费水平的变动而同向变动。内生互动效应带来的消费支出社会乘数约为 1.370，外生冲击引起的村庄平均消费水平的均衡反应约是初始个体消费支出增幅的 1.370 倍，旨在刺激农村消费的干预政策的有效性会因此得到提高。分时间样本估计显示，随着时间的推移，消费支出的内生互动效应呈现逐渐减小的趋势，农户消费决策越来越独立。分区域样本估计显示，相较于经济发达地区，经济欠发达地区的内生互动效应较大，农户消费决策的相互依赖性更强。第七章的无条件分位回归进一步发现，随着分位数的提高，西部地区和东北地区内生互动效应越来越小，而东部地区和中部地区内生互动效应越来越大；也就是说，西部地区和东北地区的低消费群体对其他农户消费支出的变动更敏感，而中部地区和东部地区的高消费群体对其他农户消费支出的变动更敏感。

第二，农村居民消费升级存在正向内生互动效应，个体农户的消费结构随着村庄（其他农户）消费结构均值的变动而同向变动。发展享受型消费倾向的社会乘数约为1.309。随着时间的推移，消费升级的内生互动效应呈现逐渐减小的趋势。内生互动效应存在区域差异，相较于经济发达地区，经济欠发达地区的内生互动效应较大。内生互动效应在村庄内部存在异质性，相较于低收入群体，农户对高收入群体消费结构的变动更敏感。

第五章在第三章理论框架指导下，基于中国家庭追踪调查（CFPS）2010—2018年农户数据，运用空间计量模型估计了消费结构优化升级的社会互动效应。研究发现：以发展享受型消费倾向作为反映消费结构的具体指标，估计结果表明，农户消费升级存在显著的内生互动效应，村庄中其他农户发展享受型消费倾向对个体农户消费结构产生正面影响，农户的消费结构随着村庄平均消费结构的变动而同向变动。发展享受型消费倾向的社会乘数约为1.309，外生冲击引起的平均消费结构的均衡反应约是初始个体发展享受型消费倾向变动幅度的1.309倍。分时间样本估计显示，随着时间的推移，消费升级的内生互动效应呈现逐渐减小的趋势，农户消费决策越来越独立。分区域样本估计显示，农户消费升级的内生互动效应存在区域差异，相较于经济发达地区，经济欠发达地区的内生互动效应较大，农户消费决策的相互依赖性更强。

第三，农村居民消费信贷行为存在正向内生互动效应，村庄消费信贷发生率越高，个体农户选择消费信贷的概率越大。随着时间的推移，消费信贷行为的内生互动效应并未呈现逐渐减小的趋势。消费信贷行为的内生互动效应在不同区域之间不存在明显的差异。社会互动效应为中国农村消费信贷行为发生率较低提供了一种解释。

第三章运用一个离散选择互动模型，从理论上讨论了消费信贷行为的社会互动效应。理论分析表明，消费信贷行为的内生互动效应可能会带来多重均衡的局面，即绝大多数农户都"跟风"选择消费信贷的高水平均衡和绝大多数农户都不选择消费信贷的低水平均衡同时存在的情况。即便在均衡唯一的情况下，仍有可能收敛到低水平的均衡点，这为农村居民消费信贷行为发生率较低提供了一种解释。

第六章对消费信贷行为的社会互动效应进行了实证检验。基于中国劳动力动态调查（CLDS）2012—2016年农户数据，构建了与理论框架相对应的实证模型，估计了农户消费信贷行为的社会互动效应。研究发现：农户消费信贷行为存在显著的正向内生互动效应，个体农户选择消费信贷的概率受村庄消费信贷发生率的直接影响，也即村庄其他农户的消费信贷选择；具体而言，在其他变量保持不变的情况下，村庄消费信贷行为发生率每提高1个百分点，个体农户消费借贷概率将会提高0.279。进一步的异质性分析表明，消费信贷行为的内生互动效应随着时间的推移而减小，不同区域之间不存在明显的差异。

第四，社会互动效应是解释消费不平等的重要因素之一。整体来看，消费支出的内生互动效应具有扩大农村居民消费不平等的作用。分区域看，内生互动效应对中部地区和东部地区的消费不平等产生扩大作用，但对西部地区和东北地区具有缩小消费不平等的作用。内生互动效应的区域差异是导致东部地区、中部地区的消费不平等程度大于东北地区和西部地区的重要原因之一。

第三章的理论分析显示,社会互动效应会提高群体内部不同个体行为选择的一致性,但是,内生互动效应在不同群组之间存在差异时,这一差异会产生不平等效应。第四章研究证实,农村居民消费支出存在内生互动效应,并且内生互动效应还具有区域异质性。因此,有必要进一步检验社会互动对于消费不平等的影响。

第七章基于中国家庭追踪调查(CFPS)2010—2018年农户数据,使用再中心化影响函数(RIF)回归和在此基础上的OB分解法,对社会互动的不平等效应进行了实证分析。基于全样本的再中心化影响函数回归显示,内生互动效应对不同消费水平的农户的影响存在一定的差异,这使得内生互动效应具有扩大农村居民消费不平等的作用。分区域再中心化影响函数回归表明,西部地区和东北地区的低消费群体对其他农户消费支出的变动更敏感,中部地区和东部地区的高消费群体对其他农户消费支出的变动更敏感,这一特征使得内生互动效应对中部地区和东部地区的消费不平等产生扩大作用,但对西部地区和东北地区具有缩小消费不平等的作用。在此基础上,对区域间消费不平等程度的差异进行 RIF – OB 分解,结果显示,内生互动效应的区域差异是导致东部地区、中部地区的消费不平等程度大于东北地区和西部地区的重要原因之一。

第二节　政策启示

根据上述研究结论以及上文各个章节的翔实讨论,本研究得出以下几点政策启示:

第一,重新审视中国农村居民的消费行为。目前,绝大多数文献都是在个体相互独立的假定下,探究农村居民的个体特征或外部环境因素对其消费行为的影响。然而,在乡土中国的"熟人社会"中,农户之间彼此熟知,每个个体都会影响其他人,其行为和观念也会受到他人的影响。中国人的人际关系取向存在"他人取向"的特征，在心理与行为上易受他人影响（杨国枢，2004）。显然，绝大多数关于农村居民消费行为的讨论都忽略了"他人取向"的特征。本书从乡土中国的"熟人社会"和中国人"他人取向"的特征出发，基于社会经济学理论，探索了消费行为在农村居民之间的相互影响和彼此依赖。研究证实，消费支出、消费结构优化升级和消费信贷行为都存在社会互动效应。也就是说，农村居民的消费行为并不是独立的，而是相互影响的。将社会互动效应纳入消费行为的分析中，很好地体现了中国人的行为特征，帮助我们更好地理解中国农村居民消费行为。

第二，在促进农村消费、释放农村消费潜力的相关政策执行中，可以采取适当的激励政策优先引导部分农户的消费选择。本书的研究表明，农户的消费信贷决策是相互影响的，存在显著的正向内生互动效应。因此，相关干预政策不仅会直接影响个体农户的决策，还会间接地影响其他农户。那么，对于2021年中央一号文件提出的促进农村居民耐用消费品更新换代、商务部等12部门在2021年初联合印发《关于提振大宗消费重点消费促进释放农村消费潜力若干措施的通知》指出的扩大汽车、家电家具家装消费而言，可以优先引导部门农户的消费选择，在内生互动效应的作用下，间接地影响其他农户，进而提高整个村落的消费水平、促进消费结构的优化升级。在内生互动效应越大的西部地区，这样的政策效果可能就越明显。优先接受政策干预的农户就相当于"示范户"，起到了以点带面的作用，这对于畅通国内循环的消费环节和构建以国内循环为主、国内国际双循环相互促进的新发展格局具有重要意义。

第三，切实提高农村居民收入水平，继续加大农村地区民生保障投入。居民消费的内生互动效应会带来社会乘数效应，个体层面的一个小变化可以产生一个较大的总体反应。任何引起消费变动的外生冲击都会对加总消费需求产生一个相对较大的影响。因此，无论是短期的刺激消费政策，还是长期扩大内需的系统工程，社会互动效应都能提高政策的有效性。可支配收入是形成有效需求的基本保证，民生保障也是提升农村居民消费意愿的有效途径。因此，政策层面上应当切实提高农村居民收入水平，继续加大农村地区民生保障投入。即便部分社会保障措施只能对居民消费产生微弱的刺激，但在社会乘数的影响下也会对农村地区的总需求产生可观的影响。

第四，低收入群体的福利应给予更多关注。根据本书的理论，农户为了避免消费水平背离村庄平均水平导致的效用损失，会尽可能地跟上其他农户的消费水平，从而形成消费行为的社会互动效应，实证章节也证实了这一研究假说。对于低收入群体而言，社会互动效应可能会使他们将更多的可支配收入用于当期消费，例如，红白喜事、大办酒宴等。这对生产性投资产生了一定的挤出效应，不利于他们的长期福利。因此，在促进农村居民消费的过程中，需要引导低收入群体树立正确的消费观念，避免过度的不合理"攀比"。

第五，本书也对中国居民其他行为选择的分析提供了一定的启示。在"熟人社会"中，中国人的人际关系存在很强的"他人取向"特征，其他人的行为选择对个体行为形成具有重要的影响。然而，长期以来，受西方"个人主义"研究视角的影响，社会互动效应如何影响中国人的行为选择没有受到关注，成为实证研究中重要的遗漏变量。本书的研究发现，中国农村居民的消费行为中存在显著且稳健的内生互动效应。这表明，社会互动在中国人的消费决策形成中，起到了很重要的作用。本书研究也进一步提醒我们，或许社会互动效应在中国人其他领域的行为（理念、心理）形成中也起到重要作用，需要在实证研究中给予重视，不能总是成为遗漏变量。

除此之外，理论上社会乘数能提高公共政策的有效性，社会互动效应可能会使经济系统收敛于低水平的均衡。那么，大量关乎国计民生问题的社会互动效应应当给予足够重视。例如，居民的劳动力流动、土地流转、农业生产结构、贫困、人力资本投资、环保意识、创业行为等，我们需要知道居民的这些行为是否存在社会互动效应，有没有可能收敛于低水平均衡，以及是否可以借助社会互动效应带来的社会乘数来放大政策干预的效果。这对于中国的新型城镇化、乡村振兴、精准扶贫、污染防治等战略的实施都具有重要的参考意义。

第三节　研究不足与展望

本书以社会经济学理论为抓手，将社会互动效应纳入中国农村居民消费行为的分析，体现了乡土中国"熟人社会"和"他人取向"的特征，帮助我们更好地理解农村居民消费行为的形成。

美中不足的是，本书并没有进一步反映出乡土社会"差序格局"的特征。正如费孝通先生说的，每个人以"己"为中心，像石子投入水中，和别人所联系成的社会关系，不像团体中的分子一般大家立在一个平面上，而是像水的波纹一般，一圈圈推出去，越推越远，也越推越薄。也就是说，社会关系有亲疏、远近之分。尽管我们在理论研究中考虑到个体之间连接强度（社会关系的亲密程度）的差异，但在实证研究还是假定来自村庄其他农户的影响是等权重的。之所以有这样的遗憾，主要是缺乏农户之间的关系网络数据。在未来的研究中，期待能够收集包含农户关系网络信息的数据，继续在本书的理论框架之下，使用网络计量模型（Network Econometrics）来探究消费行为的社会互动效应，以期体现乡土社会"差序格局"的特征，更好地检验农村居民消费行为的相互依赖性。

本书发现中国农村居民消费行为是相互影响的，因而可以通过优先引导部分农户消费选择的方式来促进农村消费、加快消费结构优化升级。但是，本书并未回答哪部分农户最适合成为优先干预的对象。正如"文献评述"指出的，不同个体对其他人的影响可能是有差异的，干预政策把有限公共资源用于干预溢出效应较大的个体会获得最佳的干预效果。由于缺少反映农户关系远近的关系网络数据、假定个体受到其他农户等权重的影响,本书仅能讨论区域(村庄)层面社会互动效应的异质性。虽然,本书按收入组进行了一定的村庄内部社会互动效应的异质性探索,但还不足以探明村庄内部不同个体消费行为的溢出效应的差异。未来研究可以基于村庄关系网络进一步探究什么样的农户对其他人的影响更大,以丰富本书关于社会互动效应的异质性讨论,提供更为明晰的政策参考。

参考文献

白重恩、李宏彬、吴斌珍：《医疗保险与消费：来自新型农村合作医疗的证据》，《经济研究》2012a 年第 2 期。

白重恩、吴斌珍、金烨：《中国养老保险缴费对消费和储蓄的影响》，《中国社会科学》2012b 年第 8 期。

陈斌开：《收入分配与中国居民消费——理论和基于中国的实证研究》，《南开经济研究》2012 年第 1 期。

陈斌开、陈琳、谭安邦：《理解中国消费不足：基于文献的评述》，《世界经济》2014 年第 7 期。

陈波：《二十年来中国农村文化变迁：表征、影响与思考——来自全国 25 省（市、区）118 村的调查》，《中国软科学》2015 年第 8 期。

陈东、刘金东：《农村信贷对农村居民消费的影响——基于状态空间模型和中介效应检验的长期动态分析》，《金融研究》2013 年第 6 期。

陈前恒、池桂娟：《比较、包容与幸福——基于中国农村居民调查数据的实证分析》，《经济评论》2014 年第 4 期。

陈彦斌：《形成双循环新发展格局关键在于提升居民消费与有效投资》，《经济评论》2020 年第 6 期。

陈志刚、吕冰洋：《中国城镇居民收入和消费不平等的构成及其关系》，《经济理论与经济管理》2016 年第 12 期。

程名望、Jin Yanhong、盖庆恩、史清华：《中国农户收入不平等及其决定因素——基于微观农户数据的回归分解》，《经济学》（季刊）

2016 年第 3 期。

程竹、陈前恒：《小农户种植多样化行为的社会互动效应——基于社会网络视角》，《财经科学》2020 年第 2 期。

丁继红、应美玲、杜在超：《我国农村家庭消费行为研究——基于健康风险与医疗保障视角的分析》，《金融研究》2013 年第 10 期。

董志勇、李成明：《国内国际双循环新发展格局：历史溯源、逻辑阐释与政策导向》，《中共中央党校（国家行政学院）学报》2020 年第 5 期。

范兆媛、王子敏：《人口年龄结构与居民家庭消费升级——基于中介效应的检验》，《湘潭大学学报》（哲学社会科学版）2020 年第 2 期。

方福前、孙文凯：《政府支出结构、居民消费与社会总消费——基于中国 2007—2012 年省级面板数据分析》，《经济学家》2014 年第 10 期。

方航、陈前恒：《农户农地流转行为存在社会互动效应吗?》，《中国土地科学》2020 年第 8 期。

冯尧：《社会互动、不确定性与我国居民消费行为研究》，博士学位论文，西南财经大学，2010 年。

甘犁、刘国恩、马双：《基本医疗保险对促进家庭消费的影响》，《经济研究》2010 年第 S1 期。

郭华、张洋、彭艳玲、何忠伟：《数字金融发展影响农村居民消费的地区差异研究》，《农业技术经济》2020 年第 12 期。

郭念枝：《金融自由化与中国居民消费水平波动》，《经济学》（季刊）2018 年第 4 期。

郭云南、姚洋、Jeremy Foltz：《宗族网络、农村金融与平滑消费：来自中国 11 省 77 村的经验》，《中国农村观察》2012 年第 1 期。

韩雷、彭家欣：《提升中国居民消费率：系统工程而非重点工程——一个基于文献的述》，《经济科学》2019 年第 3 期。

何兴强、史卫：《健康风险与城镇居民家庭消费》，《经济研究》

2014 年第 5 期。

贺雪峰：《农村社会结构变迁四十年：1978—2018》，《学习与探索》2018 年第 11 期。

胡帮勇、张兵：《中国农村金融发展对农民消费影响的实证研究——基于 1979 年—2010 年的时间序列数据》，《经济经纬》2012 年第 6 期。

胡映兰：《论乡土文化的变迁》，《中国社会科学院研究生院学报》2013 年第 6 期。

纪园园、宁磊：《收入差距对消费升级的区域差异性研究》，《社会科学》2020 年第 10 期。

贾宪军：《家庭金融资产结构对居民消费升级影响的实证》，《统计与决策》2020 年第 18 期。

剧锦文、常耀中：《消费信贷与中国经济转型的实证研究》，《经济与管理研究》2016 年第 7 期。

剧锦文、柳肖雪：《中国消费者消费信贷选择的实证研究》，《经济与管理研究》2017 年第 9 期。

雷潇雨、龚六堂：《城镇化对于居民消费率的影响：理论模型与实证分析》，《经济研究》2014 年第 6 期。

李波：《中国城镇家庭金融风险资产配置对消费支出的影响——基于微观调查数据 CHFS 的实证分析》，《国际金融研究》2015 年第 1 期。

李广子、王健：《消费信贷如何影响消费行为？——来自信用卡信用额度调整的证据》，《国际金融研究》2017 年第 10 期。

李宏彬、施新政、吴斌珍：《中国居民退休前后的消费行为研究》，《经济学》（季刊）2015 年第 1 期。

李江一、李涵：《城乡收入差距与居民消费结构：基于相对收入理论的视角》，《数量经济技术经济研究》2016 年第 8 期。

李江一、李涵：《消费信贷如何影响家庭消费？》，《经济评论》2017 年第 2 期。

李磊、胡博、郑妍妍：《肥胖会传染吗？》，《经济学》（季刊）2016

年第 2 期。

李强：《同伴效应对中国农村青少年体重的影响》，《中国农村经济》2014 年第 3 期。

李书宇、赵昕东：《收入差距对城镇家庭消费结构升级的影响》，《调研世界》2019 年第 11 期。

李涛、陈斌开：《家庭固定资产、财富效应与居民消费：来自中国城镇家庭的经验证据》，《经济研究》2014 年第 3 期。

李涛、朱铭来：《正式制度、非正式制度与农村家庭消费性支出——基于保险和社会网络的空间计量分析》，《保险研究》2017 年第 8 期。

李文星、徐长生、艾春荣：《中国人口年龄结构和居民消费：1989—2004》，《经济研究》2008 年第 7 期。

李晓楠、李锐：《我国四大经济地区农户的消费结构及其影响因素分析》，《数量经济技术经济研究》2013 年第 9 期。

李新平、明亮、胡家琪：《土地制度强制性变迁背景下农村社会结构演化趋势研究》，《社会科学研究》2020 年第 6 期。

李燕桥、臧旭恒：《消费信贷影响我国城镇居民消费行为的作用渠道及检验——基于 2004—2009 年省际面板数据的经验分析》，《经济学动态》2013 年第 1 期。

李珍、赵青：《我国城镇养老保险制度挤进了居民消费吗？——基于城镇的时间序列和面板数据分析》，《公共管理学报》2015 年第 4 期。

廖理、沈红波、苏治：《如何推动中国居民的信用卡消费信贷——基于住房的研究视角》，《中国工业经济》2013 年第 12 期。

林万龙、陈蔡春子：《从满足基本生活需求视角看新时期我国农村扶贫标准》，《西北师大学报》（社会科学版）2020 年第 2 期。

刘向东、米壮：《中国居民消费处于升级状态吗——基于 CGSS2010、CGSS2017 数据的研究》，《经济学家》2020 年第 1 期。

刘悦、陈雅坤、李兵：《收入不平等对消费升级的影响——基于奢侈品消费的跨国分析》,《经济科学》2019 年第 6 期。

龙少波、张梦雪、田浩:《产业与消费"双升级"畅通经济双循环的影响机制研究》,《改革》2021 年第 2 期。

娄峰、李雪松:《中国城镇居民消费需求的动态实证分析》,《中国社会科学》2009 年第 3 期。

卢建新:《农村家庭资产与消费:来自微观调查数据的证据》,《农业技术经济》2015 年第 1 期。

卢晶亮:《城镇劳动者工资不平等的演化:1995—2013》,《经济学》(季刊)2018 年第 4 期。

陆地:《中国城镇居民区域收入分布差异的消费效应比较研究》,博士学位论文,吉林大学,2018 年。

陆铭、蒋仕卿、陈钊、佐藤宏:《摆脱城市化的低水平均衡——制度推动、社会互动与劳动力流动》,《复旦学报》(社会科学版)2013 年第 3 期。

陆铭、张爽:《"人以群分":非市场互动和群分效应的文献评论》,《经济学》(季刊)2007 年第 3 期。

罗楚亮:《城镇居民工资不平等的变化:1995—2013 年》,《世界经济》2018 年第 11 期。

毛捷、赵金冉:《政府公共卫生投入的经济效应——基于农村居民消费的检验》,《中国社会科学》2017 年第 10 期。

米晋宏、刘冲、谭静:《生产信贷对消费信贷的挤出——基于 P2P 拍拍贷平台的证据》,《世界经济文汇》2016 年第 5 期。

南永清、孙煜:《消费信贷影响了居民消费行为吗?》,《现代经济探讨》2020 年第 7 期。

潘静、陈广汉:《家庭决策、社会互动与劳动力流动》,《经济评论》2014 年第 3 期。

潘敏、刘知琪:《居民家庭"加杠杆"能促进消费吗?——来自中国家庭微观调查的经验证据》,《金融研究》2018 年第 4 期。

彭小辉、王坤沂：《消费者社会化、金钱态度与互联网消费信贷行为》，《统计与信息论坛》2019年第5期。

齐红倩、刘岩：《人口年龄结构变动与居民家庭消费升级——基于CFPS数据的实证研究》，《中国人口·资源与环境》2020年第12期。

阮小莉、彭嫦燕、郭艳蕊：《不同消费信贷形式影响城镇家庭消费的比较分析》，《财经科学》2017年第10期。

石明明、江舟、周小焱：《消费升级还是消费降级》，《中国工业经济》2019年第7期。

石奇、尹敬东、吕磷：《消费升级对中国产业结构的影响》，《产业经济研究》2009年第6期。

石新国：《社会互动的理论与实证研究评析》，博士学位论文，山东大学，2013年。

宋全云、肖静娜、尹志超：《金融知识视角下中国居民消费问题研究》，《经济评论》2019年第1期。

宋月萍、宋正亮：《医疗保险对流动人口消费的促进作用及其机制》，《人口与经济》2018年第3期。

宋泽、刘子兰、邹红：《空间价格差异与消费不平等》，《经济学》（季刊）2020年第2期。

孙豪、胡志军、陈建东：《中国消费基尼系数估算及社会福利分析》，《数量经济技术经济研究》2017年第12期。

孙豪、毛中根、桂河清：《中国居民消费不平等：审视与应对》，《现代经济探讨》2019年第4期。

孙豪、毛中根、王泽昊：《消费降级：假象及其警示》，《经济与管理》2020年第3期。

孙兴杰、鲁宸、张璇：《消费降级还是消费分层？——中国居民消费变动趋势动态特征研究》，《商业研究》2019年第8期。

谭涛、张燕媛、唐若迪、侯雅莉：《中国农村居民家庭消费结构分析：基于QUAIDS模型的两阶段一致估计》，《中国农村经济》2014

年第 9 期。

唐瑭、胡浩：《收入冲击、社会资本与农户消费信贷行为——基于 CFPS 数据的实证分析》，《江苏农业科学》2016 年第 4 期。

万海远、李庆海、李锐：《房价下跌的消费冲击》，《劳动经济研究》2019 年第 5 期。

万晓莉、严予若、方芳：《房价变化、房屋资产与中国居民消费——基于总体和调研数据的证据》，《经济学》（季刊）2017 年第 2 期。

王辉龙、高波：《住房消费与消费结构升级——理论假说与实证检验》，《财经科学》2016 年第 1 期。

王军、詹韵秋：《消费升级、产业结构调整的就业效应：质与量的双重考察》，《华东经济管理》2018 年第 1 期。

王军、詹韵秋：《子女数量与家庭消费行为：影响效应及作用机制》，《财贸研究》2021 年第 1 期。

王巧巧、容玲、傅联英：《信用卡支付对消费结构的影响研究：消费升级还是消费降级？》，《上海金融》2018 年第 11 期。

王小华、温涛：《城乡居民消费行为及结构演化的差异研究》，《数量经济技术经济研究》2015 年第 10 期。

王永中：《消费升级对中国经济影响几何》，《人民论坛》2018 年第 26 期。

魏勇：《社会保障、收入门槛与城镇居民消费升级》，《社会保障评论》2017 年第 4 期。

吴锟、吴卫星、王沈南：《信用卡使用提升了居民家庭消费支出吗？》，《经济学动态》2020 年第 7 期。

武玮、祁翔：《流动儿童会影响城市本地儿童的学业表现吗？——基于同伴效应的考察》，《教育与经济》2019 年第 3 期。

徐润、陈斌开：《个人所得税改革可以刺激居民消费吗？——来自 2011 年所得税改革的证据》，《金融研究》2015 年第 11 期。

许菲、白军飞、张彩萍：《中国城市居民肉类消费及其对水资源的影响——基于一致的 Two-step QUAIDS 模型研究》,《农业技术经济》2018 年第 8 期。

许光建、许坤、卢倩倩:《减税降费对消费扩容升级的影响——基于面板分位数模型的分析》,《消费经济》2020 年第 3 期。

许华岑:《消费信贷行为的人口学分析——基于年龄的视角》,博士学位论文,西南财经大学,2017 年。

杨蓬勃、朱飞菲、康耀文:《基于自我控制的消费文化对消费信贷影响研究》,《财经研究》2014 年第 5 期。

杨天宇、陈明玉:《消费升级对产业迈向中高端的带动作用:理论逻辑和经验证据》,《经济学家》2018 年第 11 期。

叶德珠、连玉君、黄有光、李东辉:《消费文化、认知偏差与消费行为偏差》,《经济研究》2012 年第 2 期。

余丽甜、詹宇波:《家庭教育支出存在邻里效应吗?》,《财经研究》2018 年第 8 期。

余玲铮:《中国城镇家庭消费及不平等的动态演进:代际效应与年龄效应》,《中国人口科学》2015 年第 6 期。

袁舟航、闵师、项诚:《农村小学同伴效应对学习成绩的影响:近朱者赤乎?》,《教育与经济》2018 年第 1 期。

臧日宏、王春燕:《消费金融如何提振乡村消费》,《人民论坛》2020 年第 5 期。

张艾莲、李萍、刘柏:《中国居民消费信贷行为路径的供给侧影响研究》,《经济学家》2016 年第 7 期。

张川川、John Giles、赵耀辉:《新型农村社会养老保险政策效果评估——收入、贫困、消费、主观福利和劳动供给》,《经济学》(季刊) 2015 年第 1 期。

张伟进、胡春田、方振瑞:《农民工迁移、户籍制度改革与城乡居民生活差距》,《南开经济研究》2014 年第 2 期。

张喜艳、刘莹:《经济政策不确定性与消费升级》,《经济学家》

2020 年第 11 期。

张晓山、韩俊、魏后凯、何秀荣、朱玲：《改革开放 40 年与农业农村经济发展》，《经济学动态》2018 年第 12 期。

张自然、祝伟：《中国居民家庭负债抑制消费升级了吗？——来自中国家庭追踪调查的证据》，《金融论坛》2019 年第 8 期。

赵保国、盖念：《互联网消费金融对国内居民消费结构的影响——基于 VAR 模型的实证研究》，《中央财经大学学报》2020 年第 3 期。

赵霞：《传统乡村文化的秩序危机与价值重建》，《中国农村观察》2011 年第 3 期。

赵霞、刘彦平：《居民消费、流动性约束和居民个人消费信贷的实证研究》，《财贸经济》2006 年第 11 期。

赵晓峰、赵祥云：《农地规模经营与农村社会阶层结构重塑——兼论新型农业经营主体培育的社会学命题》，《中国农村观察》2016 年第 6 期。

郑志浩、高颖、赵殷钰：《收入增长对城镇居民食物消费模式的影响》，《经济学》（季刊）2016 年第 1 期。

周广肃、张牧扬、樊纲：《地方官员任职经历、公共转移支付与居民消费不平等》，《经济学》（季刊）2020a 年第 1 期。

周广肃、张玄逸、贾珅、张川川：《新型农村社会养老保险对消费不平等的影响》，《经济学》（季刊）2020b 年第 4 期。

周弘：《中国居民家庭消费信贷理论与实证研究》，博士学位论文，南开大学，2012 年。

周龙飞、张军：《中国城镇家庭消费不平等的演变趋势及地区差异》，《财贸经济》2019 年第 5 期。

周世军、李清瑶：《学历越高越会信贷消费吗？——基于中国青年样本的一项实证研究》，《中国青年研究》2017 年第 5 期。

朱勤、魏涛远：《中国人口老龄化与城镇化对未来居民消费的影响分析》，《人口研究》2016 年第 6 期。

邹红、李奥蕾、喻开志：《消费不平等的度量、出生组分解和形成机制——兼与收入不平等比较》，《经济学》（季刊）2013c 年第 4 期。

邹红、喻开志：《城镇家庭消费不平等的度量和分解——基于广东省城镇住户调查数据的实证研究》，《经济评论》2013a 年第 3 期。

邹红、喻开志：《劳动收入份额、城乡收入差距与中国居民消费》，《经济理论与经济管理》2011 年第 3 期。

邹红、喻开志：《退休与城镇家庭消费：基于断点回归设计的经验证据》，《经济研究》2015 年第 1 期。

邹红、喻开志、李奥蕾：《消费不平等问题研究进展》，《经济学动态》2013b 年第 11 期。

贝克尔：《歧视经济学》，于占杰译，商务印书馆 2014 年版。

凡勃伦：《有闲阶级论——关于制度的经济研究》，甘平译，武汉大学出版社 2014 年版。

贺雪峰：《新乡土中国》，北京大学出版社 2013 年版。

阎云翔：《礼物的流动》，上海人民出版社 1999 年版。

杨国枢：《中国人的心理与行为》，中国人民大学出版社 2004 年版。

Aaronson, D., "Using Sibling Data to Estimate the Impact of Neighborhoods on Children's Educational Outcomes", *Journal of Human Resources*, 1998, 33 (4): 915–946.

Angelucci, M., and G. De Giorgi, "Indirect Effects of an Aid Program: How Do Cash Transfers Affect Inteligibles' Consumption?", *American Economic Review*, 2009, 99 (1): 486–508.

Araujo, C., A. D. Janvry, and E. Sadoulet, "Peer Effects in Employment: Results from Mexico's Poor Rural Communities", *Canadian Journal of Development Studies*, 2010, 30: 565–589.

Ayres, I., S. Raseman, and A. Shih, "Evidence from Two Large Field

Experiments that Peer Comparison Feedback Can Reduce Residential Energy Usage", *Journal of Law Economics & organization*, 2013, 29 (5): 992 – 1022.

Bauer, T., G. S. Epstein, and I. Gang, "Herd Effects or Migration Networks? The Location Choice of Mexican Immigrants in the US", *IZD Discussion Papers*, 2002, No. 551.

Bayer, P., R. Hjalmarsson, and D. Pozen, "Building Criminal Capital Behind Bars: Peer Effects in Juvenile Corrections", *Quarterly Journal of Economics*, 2009, 124 (1): 105 – 147.

Becker, G. S., and K. M. Murphy, "Social Economics: Market Behavior in a Social Environment", Harvard University Press, 2000.

Becker, G. S., "Theory of Social Interactions", *Journal of Political Economy*, 1974, 82 (6): 1063 – 1093.

Bergh, D., C. Hagquist, and B. Starrin, "Parental Monitoring, Peer Activities and Alcohol Use: A Study Based on Data on Swedish Adolescents", *Drugs-Education Prevention and Policy*, 2011, 18 (2): 100 – 107.

Billings, S. B., D. J. Deming, and S. L. Ross, "Partners in Crime", *American Economic Journal: Applied Economics*, 2019, 11 (1): 126 – 150.

Blinder, A. S., "Wage Discrimination: Reduced Form and Structural Estimates", *Journal of Human Resources*, 1973, 8 (4): 436 – 455.

Blume, L. E., W. A. Brock, S. N. Durlauf, and R. Jayaraman, "Linear Social Interactions Models", *Journal of Political Economy*, 2015, 123 (2): 444 – 496.

Bramoullé, Y., and R. Kranton, "Public Goods in Networks", *Journal of Economic Theory*, 2007, 135 (1): 478 – 494.

Bramoullé, Y., H. Djebbari, and B. Fortin, "Identification of Peer

Effects through Social Networks", *Journal of Econometrics*, 2009, 150 (1): 41 – 55.

Brechwald, W. A., and M. J. Prinstein, "Beyond Homophily: A Decade of Advances in Understanding Peer Influence Processes", *Journal of Research on Adolescence*, 2011, 21 (1): 166 – 179.

Briley, D. A., and R. S. Wyer, "Transitory Determinants of Values and Decisions: The Utility (or Nonutility) of Individualism and Collectivism in Understanding Cultural Differences", *Social Cognition*, 2001, 19 (3): 197 – 227.

Brock, W. A., and S. N. Durlauf, "Discrete Choice with Social Interactions", *Review of Economic Studies*, 2001, 68 (2): 235 – 260.

Cai, H., Y. Chen, and L. Zhou, "Income and Consumption Inequality in Urban China: 1992—2003", *Economic Development and Cultural Change*, 2010, 58 (3): 385 – 413.

Calvó-Armengol, A., E. Patacchini, and Y. Zenou, "Peer Effects and Social Networks in Education", *Review of Economic Studies*, 2009, 76 (4): 1239 – 1267.

Card, D., and L. Giuliano, "Peer Effects and Multiple Equilibria in the Risky Behavior of Friends", *Review of Economics and Statistics*, 2013, 95 (4): 1130 – 1149.

Carman, K. G., and L. Zhang, "Classroom Peer Effects and Academic Achievement: Evidence from A Chinese Middle School", *China Economic Review*, 2012, 23 (2): 223 – 237.

Christakis, N. A., and J. H. Fowler, "The Spread of Obesity in A Large Social Network Over 32 Years", *New England Journal of Medicine*, 2007, 357 (4): 370 – 379.

Clark, A. E., and Y. Loheac, "'It Wasn't Me, It Was Them!' Social Influence in Risky Behavior by Adolescents", *Journal of Health Economics, 2007, 26 (4): 763 – 784.

Cohen-Cole, E., and J. M. Fletcher, "Is Obesity Contagious? Social Networks vs. Environmental Factors in The Obesity Epidemic", *Journal of Health Economics*, 2008, 27 (5): 1382 – 1387.

Cowell, F. A., R. Davidson, and E. Flachaire, "Goodness of Fit: An Axiomatic Approach", *Journal of Business & Economic Statistics*, 2015, 33 (1): 54 – 67.

Damm, A. P., and C. Dustmann, "Does Growing Up in a High Crime Neighborhood Affect Youth Criminal Behavior?", *American Economic Review*, 2014, 104 (6): 1806 – 1832.

De Giorgi, G., A. Frederiksen, and L. Pistaferri, "Consumption Network Effects", *Review of Economic Studies*, 2020, 87 (1): 130 – 163.

Delgado, M. S., and R. J. G. M. Florax, "Difference-in-differences Techniques for Spatial Data: Local Autocorrelation and Spatial Interaction", *Economics Letters*, 2015, 137: 123 – 126.

Deming, D. J., "Better Schools, Less Crime?", *Quarterly Journal of Economics*, 2011, 126 (4): 2063 – 2115.

Di Falco, S., and E. Bulte, "The Impact of Kinship Networks on the Adoption of Risk-Mitigating Strategies in Ethiopia", *World Development*, 2013, 43: 100 – 110.

Di Nardo, J., N. M. Fortin, and T. Lemieux, "Labor Market Institutions and the Distribution of Wages, 1973—1992: A Semiparametric Approach", *Econometrica*, 1996, 64 (5): 1001 – 1044.

Ding, W., and S. F. Lehrer, "Do Peers Affect Student Achievement in China's Secondary Schools?", *Review of Economics and Statistics*, 2007, 89 (2): 300 – 312.

Drago, F., and R. Galbiati, "Indirect Effects of a Policy Altering

Criminal Behavior: Evidence from the Italian Prison Experiment", *American Economic Journal-Applied Economics*, 2012, 4 (2): 199 – 218.

Durlauf, S. N., and Y. M. Ioannides, "Social Interactions", *Annual Review of Economics*, 2010, 2 (1): 451 – 478.

Entorf, H., and E. Tatsi, "Migrants at School: Educational Inequality and Social Interaction in the UK and Germany", *IZA Discussion Papers*, 2009, No. 4175.

Entorf, H., and M. Lauk, "Peer Effects, Social Multipliers and Migrants at School: An International Comparison", *Journal of Ethnic and Migration Studies*, 2008, 34 (4): 633 – 654.

Fafchamps, M., and F. Shilpi, "Subjective Welfare, Isolation, and Relative Consumption", *Journal of Development Economics*, 2008, 86 (1): 43 – 60.

Firpo, S., and C. Pinto, "Identification and Estimation of Distributional Impacts of Interventions Using Changes in Inequality Measures", *Journal of Applied Econometrics*, 2016, 31 (3): 457 – 486.

Firpo, S., N. M. Fortin, and T. Lemieux, "Unconditional Quantile Regressions", *Econometrica*, 2009, 77 (3): 953 – 973.

Firpo, S. P., N. M. Fortin, and T. Lemieux, "Decomposing Wage Distributions Using Recentered Influence Function Regressions", *Econometrics*, 2018, 6: 28 – 68.

Fletcher, J. M., "Peer Influences on Adolescent Alcohol Consumption: Evidence Using an Instrumental Variables/Fixed Effect Approach", *Journal of Population Economics*, 2012, 25 (4): 1265 – 1286.

Fletcher, J. M., "Social Interactions and College Enrollment: A Combined School Fixed Effects/Instrumental Variables Approach", *Social Science Research*, 2015, 52: 494 – 507.

Fletcher, J. M., "Social Interactions and Smoking: Evidence Using

Multiple Student Cohorts, Instrumental Variables, and School Fixed Effects", *Health Economics*, 2010, 19 (4): 466 – 484.

Foladare, I. S., "Effect of Neighborhood on Voting Behavior", *Political Science Quarterly*, 1968, 83 (4): 516 – 529.

Fortin, B., and M. Yazbeck, "Peer Effects, Fast Food Consumption and Adolescent Weight Gain", *Journal of Health Economics*, 2015, 42: 125 – 138.

Foster, A. D., and M. R. Rosenzweig, "Learning by Doing and Learning from Others: Human Capital and Technical Change in Agriculture", *Journal of Political Economy*, 1995, 103 (6): 1176 – 1209.

Frank, R. H., "The Demand for Unobservable and Other Nonpositional Goods", *American Economic Review*, 1985, 75 (1): 101 – 116.

Frijters, P., and A. Leigh, "Materialism on the March: From Conspicuous Leisure to Conspicuous Consumption?", *The Journal of Socio-Economics*, 2008, 37 (5): 1937 – 1945.

Gaviria, A., and S. Raphael, "School-based Peer Effects and Juvenile Behavior", *Review of Economics and Statistics*, 2001, 83 (2): 257 – 268.

Gerulli, G., "Identification and Estimation of Treatment Effects in the Presence of (Correlated) Neighborhood Interactions: Model and Stata Implementation via Ntreatreg", *Stata Journal*, 2017, 17 (4): 803 – 833.

Glaeser, E. L., B. I. Sacerdote, and J. A. Scheinkman, "The Social Multiplier", *Journal of the European Economic Association*, 2003, 1 (2 – 3): 345 – 353.

Glaeser, E. L., B. Sacerdote, and J. A. Scheinkman, "Crime and Social Interactions", *Quarterly Journal of Economics*, 1996, 111 (2): 507 – 548.

Goldsmith-Pinkham, P., and G. W. Imbens, "Social Networks and the Identification of Peer Effects", *Journal of Business & Economic Statistics*, 2013, 31 (3): 253–264.

Grinblatt, M., M. Keloharju, and S. Ikaheimo, "Social Influence and Consumption: Evidence from the Automobile Purchases of Neighbors", *Review of Economics and Statistics*, 2008, 90 (4): 735–753.

Guo, H., and S. Marchand, "Social Interactions and Spillover Effects in Chinese Family Farming", *Journal of Development Studies*, 2019, 55 (11): 2306–2328.

Halliday, T. J., and S. Kwak, "Weight Gain in Adolescents and Their Peers", *Economics & Human Biology*, 2009, 7 (2): 181–190.

Han, X., and L. Lee, "Bayesian Analysis of Spatial Panel Autoregressive Models with Time-Varying Endogenous Spatial Weight Matrices, Common Factors, and Random Coefficients", *Journal of Business & Economic Statistics*, 2016, 34 (4SI): 642–660.

Hanushek, E. A., J. F. Kain, and J. M. Markman, S. G. Rivkin, "Does Peer Ability Affect Student Achievement?", *Journal of Applied Econometrics*, 2003, 18 (5): 527–544.

Helmers, C., and M. Patnam, "Does the Rotten Child Spoil His Companion? Spatial Peer Effects among Children in Rural India", *Quantitative Economics*, 2014, 5 (1): 67–121.

Hopkins, E., and T. Kornienko, "Running to Keep in the Same Place: Consumer Choice as a Game of Status", *American Economic Review*, 2004, 94 (4): 1085–1107.

Hsieh, C., and L. F. Lee, "A Social Interactions Model with Endogenous Friendship Formation and Selectivity", *Journal of Applied Econometrics*, 2016, 31 (2): 301–319.

Kawaguchi, D., "Peer Effects on Substance Use among American

Teenagers", *Journal of Population Economics*, 2004, 17 (2): 351 – 367.

Kelejian, H. H., and G. Piras, "Estimation of Spatial Models with Endogenous Weighting Matrices, and an Application to a Demand Model For Cigarettes", *Regional Science and Urban Economics*, 2014, 46: 140 – 149.

Knight, J., L. Song, and R. Gunatilaka, "Subjective Well-Being and Its Determinants in Rural China", *China Economic Review*, 2009, 20 (4): 635 – 649.

Kremer, M., and D. Levy, "Peer Effects and Alcohol Use among College Students", *Journal of Economic Perspectives*, 2008, 22 (3): 189 – 206.

Kuhn, P., P. Kooreman, and A. Soetevent, et al., "The Effects of Lottery Prizes on Winners and Their Neighbors: Evidence from the Dutch Postcode Lottery", *American Economic Review*, 2011, 101 (5): 2226 – 2247.

Lee, L., and J. Yu, "Estimation of Spatial Autoregressive Panel Data Models with Fixed Effects", *Journal of Econometrics*, 2010, 154 (2): 165 – 185.

Lee, L., and J. Yu, "QML Estimation of Spatial Dynamic Panel Data Models with Time Varying Spatial Weights Matrices", *Spatial Economic Analysis*, 2012, 7 (1): 31 – 74.

Lee, L., "Identification and Estimation of Econometric Models with Group Interactions, Contextual Factors and Fixed Effects", *Journal of Econometrics*, 2007, 140 (2): 333 – 374.

Leibenstein, H., "Bandwagon, Snob, and Veblen Effects in the Theory of Consumers' Demand", *Quarterly Journal of Economics*, 1950, 64 (2): 183 – 207.

Li, T., L. Han, and L. Zhang, S. Rozelle, "Encouraging Classroom Peer Interactions: Evidence from Chinese Migrant Schools", *Journal of Public Economics*, 2014, 111: 29-45.

Lin, X., "Identifying Peer Effects in Student Academic Achievement by Spatial Autoregressive Models with Group Unobservables", *Journal of Labor Economics*, 2010, 28 (4): 825-860.

Ling, C., A. Zhang, and X. Zhen, "Peer Effects in Consumption among Chinese Rural Households", *Emerging Markets Finance and Trade*, 2018, 54 (10): 2333-2347.

Liu, X., E. Patacchini, and E. Rainone, "Peer Effects in Bedtime Decisions among Adolescents: A Social Network Model with Sampled Data", *Econometrics Journal*, 2017, 20 (3SI): S103-S125.

Liu, X., E. Patacchini, and Y. Zenou, "Endogenous Peer Effects: Local Aggregate or Local Average?", *Journal of Economic Behavior & organization*, 2014, 103: 39-59.

Lu, F., and M. L. Anderson, "Peer Effects in Microenvironments: The Benefits of Homogeneous Classroom Groups", *Journal of Labor Economics*, 2015, 33 (1): 91-122.

Lucas, S., F. Salladarre, and D. Brecard, "Green Consumption and Peer Effects: Does It Work for Seafood Products?", *Food Policy*, 2018, 76: 44-55.

Lundborg, P., "Having the Wrong Friends? Peer Effects in Adolescent Substance Use", *Journal of Health Economics*, 2006, 25 (2): 214-233.

Maertens, A., and C. B. Barrett, "Measuring Social Networks' Effects on Agricultural Technology Adoption", *American Journal of Agricultural Economics*, 2013, 95 (2): 353-359.

Manski, C. F., and J. Mayshar, "Private Incentives and Social Interactions: Fertility Puzzles in Israel", *Journal of the European Economic Association*, 2003, 1 (1): 181 – 211.

Manski, C. F., "Economic Analysis of Social Interactions", *Journal of Economic Perspectives*, 2000, 14 (3): 115 – 136.

Manski, C. F., "Identification of Endogenous Social Effects-The Reflection Problem", *Review of Economic Studies*, 1993, 60 (3): 531 – 542.

Maximova, K., J. J. Mcgrath, T. Barnett, J. O. Loughlin, G. Paradis, and M. Lambert, "Do You See What I See? Weight Status Misperception and Exposure to Obesity among Children and Adolescents", *International Journal of Obesity*, 2008, 32 (6): 1008 – 1015.

McClurg, S. D., "The Electoral Relevance of Political Talk: Examining Disagreement and Expertise Effects in Social Networks on Political Participation", *American Journal of Political Science*, 2006, 50 (3): 737 – 754.

McEwan, P. J., "Peer Effects on Student Achievement: Evidence from Chile", *Economics of Education Review*, 2003, 22 (2): 131 – 141.

McVicar, D., and A. Polanski, "Peer Effects in UK Adolescent Substance Use: Never Mind the Classmates?", *Oxford Bulletin of Economics and Statistics*, 2014, 76 (4): 589 – 604.

Michael, R. T., and G. S. Becker, "New Theory of Consumer Behavior", *Swedish Journal of Economics*, 1973, 75 (4): 378 – 396.

Moffitt, R. A., "Policy Interventions, Low-level Equilibria and Social Interactions", in Social Dynamics, edited by Durlauf S., and P. Young, MIT Press, 2001.

Moretti, E., "Social Learning and Peer Effects in Consumption: Evidence from Movie Sales", *Review of Economic Studies*, 2011, 78 (1): 356 – 393.

Neyman, J., and E. L. Scott, "Consistent Estimates Based on Partially Consistent Observations", *Econometrica*, 1948, 16 (1): 1 – 32.

Nickerson, D. W., "Is Voting Contagious? Evidence from Two Field Experiments", *American Political Science Review*, 2008, 102 (1): 49 – 57.

Oaxaca, R., "Male-famel Wage Differentials in Urban Labor Markets", *International Economic Review*, 1973, 14 (3): 693 – 709.

Patacchini, E., and Y. Zenou, "Juvenile Delinquency and Conformism", *Journal of Law Economics & Organization*, 2012, 28 (1): 1 – 31.

Plotnick, R. D., and S. D. Hoffman, "The Effect of Neighborhood Characteristics on Young Adult Outcomes: Alternative Estimates", *Social Science Quarterly*, 1999, 80 (1): 1 – 18.

Powell, L. M., J. A. Tauras, and H. Ross, "The Importance of Peer Effects, Cigarette Prices and Tobacco Control Policies for Youth Smoking Behavior", *Journal of Health Economics*, 2005, 24 (5): 950 – 968.

Pyatt, G., C. N. Chen, and J. Fei, "The Distribution of Income by Factor Components", *Quarterly Journal of Economics*, 1980, 95 (3): 451 – 473.

Qu, X., and L. Lee, "Estimating a Spatial Autoregressive Model with an Endogenous Spatial Weight Matrix", *Journal of Econometrics*, 2015, 184 (2): 209 – 232.

Qu, Z., and Z. Zhao, "Urban-rural Consumption Inequality in China from 1988 to 2002: Evidence from Quantile Regression Decomposition", *IZA Discussion Papers*, 2008, No. 3659.

Rios-Avila, F., "Recentered Influence Functions (RIFs) in Stata: RIF Regression and RIF Decomposition", *Stata Journal*, 2020, 20 (1): 51 – 94.

Rivkin, S. G., "Tiebout Sorting, Aggregation and the Estimation of Peer Group Effects", *Economics of Education Review*, 2001, 20 (3): 201–209.

Roth, C., "Conspicuous Consumption and Peer Effects: Evidence from a Randomized Field Experiment", *Working Paper*, 2015.

Roychowdhury, P., "Peer Effects in Consumption in India: An Instrumental Variables Approach Using Negative Idiosyncratic Shocks", *World Development*, 2019, 114: 122–137.

Sacerdote, B., "Peer Effects with Random Assignment: Results for Dartmouth Roommates", *Quarterly Journal of Economics*, 2001, 116 (2): 681–704.

Salvy, S. J., L. R. Vartanian, J. S. Coelho, D. Jarrin, and P. P. Pliner, "The Role of Familiarity on Modeling of Eating and Food Consumption in Children", *Appetite*, 2008, 50 (2/3): 514–518.

Schultz, P. W., J. M. Nolan, R. B. Cialdini, N. J. Goldstein, V. Griskevicius, "The Constructive, Destructive and Reconstructive Power of Social Norms", *Psychological Science*, 2007, 18 (5): 429–434.

Smith, T. E., and J. P. Lesage, "A Bayesian Probit Model with Spatial Dependencies", *Advances in Econometrics*, 2004, 18: 127–150.

Songsermsawas, T., K. Baylis, A. Chhatre, and H. Michelson, "Can Peers Improve Agricultural Revenue?", *World Development*, 2016, 83: 163–178.

Svensson, M., "Alcohol Use and Social Interactions among Adolescents in Sweden: Do Peer Effects Exist within and/or between the Majority Population and Immigrants?", *Social Science & Medicine*, 2010, 70 (11): 1858–1864.

Topa, G., "Social Interactions, Local Spillovers and Unemoloyment", *Review of Economic Studies*, 2001, 68: 261–295.

Weatherford, M. S., "Interpersonal Networks and Political Behavior", *American Journal of Political Science*, 1982, 26 (1): 117-143.

Welsch, H., and J. Kühling, "Determinants of Pro-Environmental Consumption: The Role of Reference Groups and Routine Behavior", *Ecological Economics*, 2009, 69 (1): 166-176.

Wydick, B., H. K. Hayes, and S. H. Kempf, "Social Networks, Neighborhood Effects, and Credit Access: Evidence from Rural Guatemala", *World Development*, 2011, 39 (6SI): 974-982.

Yakusheva, O., K. Kapinos, and M. Weiss, "Peer Effects and the Freshman 15: Evidence from a Natural Experiment", *Economics & Human Biology*, 2011, 9 (2): 119-132.

Zanella, G., "Social Interactions and Economic Behavior", *University of Siena Working Paper*, 2004.

Zhou, Y., X. Wang, and J. Holguin-Veras, "Discrete Choice with Spatial Correlation: A Spatial Autoregressive Binary Probit Model with Endogenous Weight Matrix (SARBP-EWM)", *Transportation Research Part B-Methodological*, 2016, 94: 440-455.

Zimmerman, D. J., "Peer Effects in Academic Outcomes: Evidence from a Natural Experiment", *Review of Economics and Statistics*, 2003, 85 (1): 9-23.

附　　录

附录 A　正文中未展示的相关估计结果

表 A4－1　　消费支出稳健性检验模型的直接效应与间接效应

	Panel A		Panel B	
	直接效应	间接效应	直接效应	间接效应
未成年人	-0.043*** (0.010)	-0.004 (0.040)	-0.044*** (0.012)	-0.003 (0.050)
老年人	-0.035*** (0.010)	-0.099** (0.044)	-0.039*** (0.011)	-0.109** (0.054)
教育	0.252*** (0.045)	0.303 (0.162)	0.266*** (0.051)	0.266 (0.194)
健康	0.028*** (0.009)	-0.050 (0.035)	0.030*** (0.010)	-0.058 (0.044)
外出务工	0.002 (0.007)	0.047** (0.023)	-0.008 (0.008)	0.080*** (0.028)
常住人口	0.144*** (0.006)	0.008 (0.020)	0.140*** (0.007)	0.018 (0.025)
农业生产	0.011 (0.022)	0.138 (0.073)	0.020 (0.026)	0.089 (0.094)
年纯收入	0.049*** (0.005)	0.036** (0.015)	0.050*** (0.005)	0.063*** (0.019)
家庭信贷	0.163*** (0.013)	-0.036 (0.061)	0.146*** (0.015)	0.073 (0.071)

续表

	Panel A		Panel B	
	直接效应	间接效应	直接效应	间接效应
时间固定效应	控制		控制	
个体固定效应	控制		控制	
样本量	20970		15805	
R^2	0.050		0.044	

注：**、***分别表示变量系数的估计值在5%、1%的统计水平下显著，括号内为稳健标准误；Panel A 和 Panel B 分别为表4-5第2和第3列所示空间计量模型的直接效应与间接效应。

表 A4-2　　消费支出的区域异质性的直接效应与间接效应

	东部地区		中部地区		东北地区		西部地区	
	直接效应	间接效应	直接效应	间接效应	直接效应	间接效应	直接效应	间接效应
未成年人	-0.043** (0.018)	-0.013 (0.064)	-0.027 (0.017)	0.146** (0.061)	0.034 (0.036)	-0.090 (0.184)	-0.058*** (0.015)	-0.103 (0.068)
老年人	-0.032 (0.018)	-0.119 (0.074)	-0.028 (0.017)	-0.064 (0.066)	-0.038 (0.025)	0.009 (0.114)	-0.043*** (0.017)	-0.048 (0.084)
教育	0.160** (0.075)	0.669** (0.322)	0.258*** (0.086)	0.358 (0.350)	0.288** (0.114)	1.092** (0.497)	0.310*** (0.077)	-0.119 (0.225)
健康	0.051*** (0.017)	0.008 (0.062)	0.021 (0.017)	-0.014 (0.060)	0.097*** (0.023)	0.168 (0.099)	0.003 (0.013)	-0.106** (0.053)
外出务工	0.003 (0.011)	-0.031 (0.035)	0.007 (0.012)	0.041 (0.032)	0.005 (0.020)	-0.110 (0.087)	0.003 (0.011)	0.100** (0.042)
常住人口	0.145*** (0.011)	-0.041 (0.030)	0.140*** (0.011)	0.002 (0.029)	0.171*** (0.019)	0.104 (0.064)	0.138*** (0.009)	0.056 (0.035)
农业生产	0.006 (0.036)	0.215 (0.116)	0.011 (0.036)	-0.123 (0.124)	0.024 (0.053)	0.055 (0.226)	-0.003 (0.043)	0.243** (0.117)
年纯收入	0.052*** (0.009)	0.035 (0.025)	0.060*** (0.008)	0.011 (0.029)	0.042*** (0.009)	-0.046 (0.031)	0.042*** (0.008)	0.074*** (0.027)
家庭信贷	0.212*** (0.026)	-0.138 (0.110)	0.194*** (0.026)	0.068 (0.107)	0.132*** (0.034)	0.070 (0.145)	0.134*** (0.020)	0.031 (0.093)
固定效应	控制		控制		控制		控制	
样本量	5765		5765		2870		7975	

续表

	东部地区		中部地区		东北地区		西部地区	
	直接效应	间接效应	直接效应	间接效应	直接效应	间接效应	直接效应	间接效应
R^2	0.061		0.080		0.058		0.050	

注：**、***分别表示变量系数的估计值在5%、1%的统计水平下显著，括号内为稳健标准误；固定效应包含个体固定效应和时间固定效应。

表 A5-1　稳健性检验（恩格尔系数）的直接效应与间接效应

	Panel A		Panel B		Panel C	
	直接效应	间接效应	直接效应	间接效应	直接效应	间接效应
未成年人	0.011*** (0.002)	0.007*** (0.001)	0.003 (0.003)	0.002 (0.001)	0.003 (0.003)	-0.010 (0.013)
老年人	0.011*** (0.002)	0.007*** (0.001)	-0.007** (0.003)	-0.004** (0.001)	-0.007** (0.003)	0.022 (0.014)
教育	-0.087*** (0.008)	-0.058*** (0.006)	-0.037*** (0.012)	-0.019*** (0.006)	-0.035*** (0.012)	-0.059 (0.044)
健康	-0.019*** (0.002)	-0.012*** (0.001)	-0.014*** (0.002)	-0.007*** (0.001)	-0.014*** (0.002)	0.006 (0.011)
外出务工	-0.004*** (0.001)	-0.003*** (0.001)	-0.003 (0.002)	-0.002 (0.001)	-0.003 (0.002)	-0.011 (0.007)
常住人口	-0.009*** (0.001)	-0.006*** (0.001)	-0.004*** (0.001)	-0.002*** (0.001)	-0.004*** (0.001)	-0.004 (0.006)
农业生产	-0.006 (0.004)	-0.004 (0.003)	0.006 (0.005)	0.003 (0.003)	0.006 (0.005)	0.013 (0.021)
年纯收入	-0.020** (0.009)	-0.013 (0.006)	-0.025*** (0.009)	-0.013*** (0.005)	-0.025*** (0.009)	-0.012 (0.006)
年纯收入^2	0.004*** (0.002)	0.003*** (0.001)	0.004*** (0.002)	0.002*** (0.001)	0.004*** (0.002)	0.002*** (0.001)
年纯收入^3	-0.0002*** (0.0001)	-0.0001*** (0.0001)	-0.0002*** (0.0001)	-0.0002*** (0.00004)	-0.0002*** (0.0001)	-0.0001** (0.00004)
家庭信贷	-0.053*** (0.003)	-0.035*** (0.003)	-0.039*** (0.003)	-0.021*** (0.002)	-0.039*** (0.003)	-0.073*** (0.018)

续表

	Panel A		Panel B		Panel C	
	直接效应	间接效应	直接效应	间接效应	直接效应	间接效应
时间固定效应	控制		控制		控制	
个体固定效应	不控制		控制		控制	
样本量	22375		22375		22375	
R^2	0.003		0.008		0.008	

注：**、***分别表示变量系数的估计值在5%、1%的统计水平下显著，括号内为稳健标准误；Panel A 至 Panel C 分别为表5-5第1至第3列所示模型的直接效应与间接效应。

表 A5-2　消费升级稳健性检验模型的直接效应与间接效应

	群组规模 > 10		群组规模 > 15	
	直接效应	间接效应	直接效应	间接效应
未成年人	-0.009*** (0.003)	0.001 (0.011)	-0.011*** (0.003)	0.001 (0.013)
老年人	-0.004 (0.003)	-0.013 (0.013)	-0.007** (0.003)	-0.016 (0.015)
教育	0.053*** (0.012)	0.072 (0.040)	0.050*** (0.014)	0.067 (0.048)
健康	-0.013*** (0.002)	0.015 (0.010)	-0.015*** (0.003)	0.014 (0.012)
外出务工	0.002 (0.002)	0.002 (0.006)	-0.001 (0.002)	0.008 (0.008)
常住人口	0.013*** (0.002)	0.000 (0.005)	0.013*** (0.002)	-0.000 (0.007)
农业生产	0.009 (0.005)	-0.014 (0.019)	0.008 (0.006)	-0.003 (0.025)
年纯收入	0.001 (0.001)	0.003 (0.004)	0.001 (0.001)	0.006 (0.005)
家庭信贷	0.025*** (0.004)	0.053*** (0.016)	0.025*** (0.004)	0.047** (0.020)

续表

	群组规模 >10		群组规模 >15	
	直接效应	间接效应	直接效应	间接效应
时间固定效应	控制		控制	
个体固定效应	控制		控制	
样本量	20970		15805	
R^2	0.016		0.016	

注：**、*** 分别表示变量系数的估计值在5%、1%的统计水平下显著，括号内为稳健标准误；第1和第2列分别为表5-6第1和第2列所示模型的直接效应与间接效应。

表 A5-3 发展享受型消费倾向区域异质性的直接效应与间接效应

	东部地区		中部地区		东北地区		西部地区	
	直接效应	间接效应	直接效应	间接效应	直接效应	间接效应	直接效应	间接效应
未成年人	-0.005 (0.005)	-0.012 (0.019)	-0.006 (0.005)	0.036** (0.018)	0.014 (0.011)	-0.004 (0.048)	-0.014*** (0.004)	-0.015 (0.016)
老年人	0.0003 (0.005)	-0.011 (0.020)	-0.005 (0.005)	0.004 (0.022)	-0.011 (0.007)	-0.024 (0.034)	-0.006 (0.004)	0.002 (0.021)
教育	0.054** (0.022)	-0.002 (0.078)	0.073*** (0.027)	0.153 (0.098)	0.088*** (0.033)	-0.231 (0.135)	0.033 (0.020)	0.084 (0.055)
健康	-0.013*** (0.004)	0.011 (0.016)	-0.019*** (0.005)	-0.002 (0.018)	-0.023*** (0.007)	0.004 (0.026)	-0.007** (0.003)	0.023 (0.013)
外出务工	0.005 (0.003)	0.015 (0.009)	-0.003 (0.003)	0.001 (0.010)	0.003 (0.005)	-0.028 (0.023)	-0.001 (0.003)	-0.010 (0.011)
常住人口	0.018*** (0.003)	0.005 (0.008)	0.015*** (0.003)	-0.008 (0.009)	0.016*** (0.005)	0.024 (0.018)	0.005** (0.002)	0.001 (0.008)
农业生产	0.007 (0.009)	-0.005 (0.029)	-0.002 (0.010)	-0.050 (0.040)	0.008 (0.014)	0.057 (0.067)	0.012 (0.009)	-0.037 (0.030)
年纯收入	0.001 (0.002)	0.002 (0.006)	0.005** (0.002)	-0.005 (0.009)	0.002 (0.002)	-0.002 (0.007)	-0.001 (0.002)	0.006 (0.006)
家庭信贷	0.044*** (0.008)	0.009 (0.029)	0.032*** (0.008)	0.033 (0.032)	-0.001 (0.010)	0.080 (0.041)	0.019*** (0.006)	0.070*** (0.024)
固定效应	控制		控制		控制		控制	
样本量	5765		5765		2870		7975	

续表

	东部地区		中部地区		东北地区		西部地区	
	直接效应	间接效应	直接效应	间接效应	直接效应	间接效应	直接效应	间接效应
R^2	0.083		0.084		0.148		0.025	

注：**、*** 分别表示变量系数的估计值在5%、1%的统计水平下显著，括号内为稳健标准误；固定效应包含个体固定效应和时间固定效应。

表 A7-1　全样本不同分位点的内生互动效应：无条件分位数回归

	(1) Q10	(2) Q20	(3) Q30	(4) Q40	(5) Q50	(6) Q60	(7) Q70	(8) Q80	(9) Q90
村庄平均消费支出	0.290*** (0.041)	0.349*** (0.033)	0.325*** (0.029)	0.302*** (0.027)	0.313*** (0.027)	0.300*** (0.027)	0.311*** (0.028)	0.287*** (0.032)	0.330*** (0.038)
未成年人	-0.011 (0.018)	-0.029** (0.014)	-0.035** (0.014)	-0.044*** (0.013)	-0.068*** (0.014)	-0.067*** (0.013)	-0.054*** (0.015)	-0.045*** (0.016)	-0.045 (0.024)
老年人	-0.044 (0.024)	-0.017 (0.018)	-0.026 (0.015)	-0.025 (0.014)	-0.029** (0.014)	-0.042*** (0.014)	-0.042*** (0.014)	-0.032 (0.017)	-0.021 (0.021)
教育	0.150 (0.101)	0.131 (0.081)	0.235*** (0.069)	0.184*** (0.063)	0.178*** (0.062)	0.205*** (0.061)	0.290*** (0.067)	0.305*** (0.073)	0.241** (0.097)
健康	0.036** (0.018)	0.025 (0.015)	0.018 (0.013)	0.023 (0.013)	0.016 (0.013)	0.023 (0.012)	0.039*** (0.013)	0.033** (0.014)	0.010 (0.020)
外出务工	-0.014 (0.013)	-0.012 (0.010)	0.002 (0.009)	0.010 (0.009)	0.024** (0.009)	0.023** (0.009)	0.024** (0.010)	0.017 (0.011)	-0.010 (0.015)
常住人口	0.120*** (0.011)	0.135*** (0.009)	0.145*** (0.008)	0.138*** (0.008)	0.148*** (0.008)	0.149*** (0.008)	0.146*** (0.009)	0.151*** (0.010)	0.145*** (0.014)
农业生产	0.083** (0.041)	0.026 (0.031)	-0.008 (0.027)	-0.012 (0.024)	0.000 (0.025)	-0.017 (0.026)	-0.036 (0.026)	-0.056 (0.029)	-0.070 (0.042)
年纯收入	0.072*** (0.009)	0.054*** (0.007)	0.050*** (0.006)	0.042*** (0.006)	0.042*** (0.005)	0.043*** (0.006)	0.041*** (0.006)	0.036*** (0.007)	0.053*** (0.009)
家庭信贷	0.109*** (0.027)	0.128*** (0.021)	0.123*** (0.020)	0.119*** (0.018)	0.121*** (0.018)	0.130*** (0.018)	0.162*** (0.019)	0.193*** (0.023)	0.295*** (0.032)
常数项	4.696*** (0.438)	4.633*** (0.348)	5.188*** (0.307)	5.781*** (0.279)	5.854*** (0.281)	6.221*** (0.280)	6.329*** (0.289)	6.891*** (0.335)	6.700*** (0.400)
固定效应	控制	控制	控制	控制	控制	控制	控制	控制	控制
样本量	22375	22375	22375	22375	22375	22375	22375	22375	22375

续表

	(1)Q10	(2)Q20	(3)Q30	(4)Q40	(5)Q50	(6)Q60	(7)Q70	(8)Q80	(9)Q90
R^2	0.439	0.473	0.486	0.489	0.494	0.483	0.458	0.416	0.362

注：**、*** 分别表示变量系数的估计值在5%、1%的统计水平下显著，括号内为Bootstrap标准误；Q10至Q90分别表示消费支出对数的10至90分位数；固定效应包括个体固定效应和时间固定效应。

表A7-2　东部地区不同分位点的内生互动效应：无条件分位数回归

	(1)Q10	(2)Q20	(3)Q30	(4)Q40	(5)Q50	(6)Q60	(7)Q70	(8)Q80	(9)Q90
村庄平均消费支出	0.149**(0.070)	0.225***(0.056)	0.209***(0.050)	0.215***(0.048)	0.211***(0.047)	0.215***(0.047)	0.224***(0.049)	0.290***(0.054)	0.286***(0.070)
未成年人	-0.075(0.039)	-0.038(0.031)	-0.028(0.028)	-0.038(0.027)	-0.076***(0.026)	-0.052**(0.026)	-0.037(0.027)	-0.066**(0.030)	-0.056(0.039)
老年人	-0.060(0.039)	-0.016(0.031)	-0.050(0.028)	-0.042(0.027)	-0.037(0.026)	-0.033(0.026)	-0.025(0.027)	-0.021(0.030)	0.002(0.039)
教育	-0.022(0.177)	-0.063(0.140)	0.160(0.127)	0.129(0.122)	0.073(0.119)	0.114(0.118)	0.409***(0.123)	0.215(0.137)	0.358**(0.178)
健康	0.008(0.037)	0.043(0.029)	0.011(0.027)	0.038(0.026)	0.036(0.025)	0.055**(0.025)	0.078***(0.026)	0.062**(0.029)	0.040(0.037)
外出务工	0.007(0.025)	-0.017(0.020)	-0.018(0.018)	0.004(0.018)	0.010(0.017)	0.015(0.017)	0.012(0.018)	-0.007(0.020)	-0.012(0.026)
常住人口	0.134***(0.023)	0.150***(0.018)	0.153***(0.016)	0.160***(0.016)	0.166***(0.015)	0.150***(0.015)	0.160***(0.016)	0.167***(0.018)	0.159***(0.023)
农业生产	0.035(0.067)	0.060(0.053)	0.010(0.048)	0.020(0.046)	0.027(0.045)	-0.007(0.045)	0.019(0.047)	-0.035(0.052)	-0.078(0.068)
年纯收入	0.069***(0.015)	0.059***(0.012)	0.057***(0.011)	0.041***(0.010)	0.048***(0.010)	0.048***(0.010)	0.041***(0.010)	0.028**(0.012)	0.057***(0.015)
家庭信贷	0.123**(0.057)	0.178***(0.045)	0.189***(0.041)	0.143***(0.039)	0.112***(0.038)	0.166***(0.038)	0.191***(0.039)	0.278***(0.044)	0.502***(0.057)
常数项	6.226***(0.733)	5.806***(0.582)	6.317***(0.526)	6.620***(0.506)	6.862***(0.491)	7.066***(0.491)	7.155***(0.510)	6.953***(0.567)	7.075***(0.737)
固定效应	控制	控制	控制	控制	控制	控制	控制	控制	控制
样本量	5765	5765	5765	5765	5765	5765	5765	5765	5765

续表

	(1) Q10	(2) Q20	(3) Q30	(4) Q40	(5) Q50	(6) Q60	(7) Q70	(8) Q80	(9) Q90
R^2	0.463	0.501	0.524	0.533	0.537	0.517	0.505	0.467	0.408

注：**、***分别表示变量系数的估计值在5%、1%的统计水平下显著，括号内为Bootstrap标准误；Q10至Q90分别表示消费支出对数的10至90分位数；固定效应包括个体固定效应和时间固定效应。

表A7-3　　中部地区不同分位点的内生互动效应：无条件分位数回归

	(1) Q10	(2) Q20	(3) Q30	(4) Q40	(5) Q50	(6) Q60	(7) Q70	(8) Q80	(9) Q90
村庄平均消费支出	0.141** (0.072)	0.218*** (0.056)	0.251*** (0.053)	0.247*** (0.049)	0.241*** (0.047)	0.239*** (0.048)	0.229*** (0.052)	0.227*** (0.058)	0.312*** (0.081)
未成年人	0.042 (0.032)	0.004 (0.025)	-0.017 (0.024)	-0.032 (0.022)	-0.061*** (0.021)	-0.063*** (0.022)	-0.039 (0.023)	-0.031 (0.026)	-0.032 (0.036)
老年人	-0.051 (0.035)	-0.034 (0.028)	-0.016 (0.026)	-0.029 (0.024)	-0.035 (0.023)	-0.029 (0.024)	-0.041 (0.026)	-0.045 (0.029)	0.007 (0.040)
教育	0.482*** (0.181)	0.284** (0.142)	0.173 (0.134)	0.079 (0.123)	0.179 (0.118)	0.280** (0.122)	0.156 (0.133)	0.114 (0.148)	0.280 (0.205)
健康	0.027 (0.035)	0.017 (0.027)	0.040 (0.026)	0.042 (0.023)	0.024 (0.022)	0.022 (0.023)	0.019 (0.025)	0.005 (0.028)	-0.009 (0.039)
外出务工	-0.023 (0.023)	-0.028 (0.018)	-0.014 (0.017)	0.010 (0.015)	0.034** (0.015)	0.041*** (0.015)	0.034** (0.017)	0.022 (0.018)	-0.004 (0.026)
常住人口	0.097*** (0.019)	0.127*** (0.015)	0.129*** (0.014)	0.125*** (0.013)	0.138*** (0.012)	0.145*** (0.013)	0.158*** (0.014)	0.149*** (0.015)	0.148*** (0.021)
农业生产	0.110 (0.068)	0.056 (0.054)	-0.005 (0.051)	-0.028 (0.046)	-0.010 (0.044)	0.012 (0.046)	-0.103** (0.050)	-0.162*** (0.056)	-0.196** (0.077)
年纯收入	0.075*** (0.016)	0.055*** (0.013)	0.072*** (0.012)	0.067*** (0.011)	0.057*** (0.010)	0.054*** (0.011)	0.051*** (0.012)	0.048*** (0.013)	0.060*** (0.018)
家庭信贷	0.117** (0.051)	0.149*** (0.040)	0.159*** (0.038)	0.172*** (0.034)	0.146*** (0.033)	0.161*** (0.034)	0.182*** (0.037)	0.220*** (0.041)	0.283*** (0.057)
常数项	6.131*** (0.755)	5.918*** (0.594)	5.738*** (0.560)	6.127*** (0.513)	6.468*** (0.490)	6.657*** (0.508)	7.064*** (0.553)	7.470*** (0.615)	6.855*** (0.854)
固定效应	控制	控制	控制	控制	控制	控制	控制	控制	控制
样本量	5765	5765	5765	5765	5765	5765	5765	5765	5765

续表

	(1) Q10	(2) Q20	(3) Q30	(4) Q40	(5) Q50	(6) Q60	(7) Q70	(8) Q80	(9) Q90
R^2	0.487	0.494	0.502	0.500	0.489	0.481	0.461	0.407	0.336

注：**、***分别表示变量系数的估计值在5%、1%的统计水平下显著，括号内为Bootstrap标准误；Q10至Q90分别表示消费支出对数的10至90分位数；固定效应包括个体固定效应和时间固定效应。

表A7-4　东北地区不同分位点的内生互动效应：无条件分位数回归

	(1) Q10	(2) Q20	(3) Q30	(4) Q40	(5) Q50	(6) Q60	(7) Q70	(8) Q80	(9) Q90
村庄平均消费支出	0.469*** (0.105)	0.476*** (0.086)	0.357*** (0.079)	0.363*** (0.076)	0.383*** (0.073)	0.324*** (0.072)	0.330*** (0.074)	0.282*** (0.085)	0.276** (0.113)
未成年人	0.169** (0.071)	0.017 (0.058)	0.042 (0.054)	-0.022 (0.051)	0.022 (0.050)	-0.063 (0.049)	-0.077 (0.050)	-0.014 (0.058)	0.097 (0.076)
老年人	0.024 (0.051)	0.025 (0.042)	-0.001 (0.038)	-0.014 (0.037)	-0.050 (0.035)	-0.080** (0.035)	-0.090** (0.036)	-0.073 (0.041)	-0.063 (0.055)
教育	0.473** (0.227)	0.170 (0.186)	0.330 (0.170)	0.322** (0.163)	0.172 (0.158)	0.191 (0.155)	0.228 (0.160)	0.367** (0.184)	0.135 (0.243)
健康	0.075 (0.047)	0.091** (0.038)	0.078** (0.035)	0.081** (0.034)	0.074** (0.033)	0.080** (0.032)	0.096*** (0.033)	0.108*** (0.038)	0.081 (0.050)
外出务工	0.034 (0.041)	0.027 (0.033)	-0.005 (0.031)	-0.011 (0.029)	0.012 (0.028)	-0.015 (0.028)	0.009 (0.029)	0.015 (0.033)	-0.053 (0.044)
常住人口	0.172*** (0.033)	0.171*** (0.027)	0.153*** (0.025)	0.159*** (0.024)	0.182*** (0.023)	0.199*** (0.023)	0.201*** (0.024)	0.191*** (0.027)	0.141*** (0.036)
农业生产	0.015 (0.095)	0.024 (0.077)	0.001 (0.071)	-0.091 (0.068)	0.032 (0.066)	0.014 (0.065)	0.045 (0.067)	0.035 (0.077)	-0.013 (0.101)
年纯收入	0.046*** (0.018)	0.053*** (0.015)	0.036*** (0.013)	0.043*** (0.013)	0.034*** (0.012)	0.042*** (0.012)	0.036*** (0.013)	0.033** (0.014)	0.035 (0.019)
家庭信贷	0.049 (0.067)	0.086 (0.055)	0.107** (0.050)	0.131*** (0.048)	0.100** (0.046)	0.097** (0.046)	0.112** (0.047)	0.118** (0.054)	0.147** (0.071)
常数项	2.937*** (1.099)	3.243*** (0.899)	4.976*** (0.824)	5.161*** (0.788)	5.091*** (0.764)	5.877*** (0.751)	6.040*** (0.776)	6.775*** (0.889)	7.371*** (1.176)
固定效应	控制	控制	控制	控制	控制	控制	控制	控制	控制
样本量	2870	2870	2870	2870	2870	2870	2870	2870	2870
R^2	0.406	0.446	0.468	0.484	0.503	0.492	0.472	0.425	0.358

注：**、***分别表示变量系数的估计值在5%、1%的统计水平下显著，括号内为Bootstrap标准误；Q10至Q90分别表示消费支出对数的10至90分位数；固定效应包括个体固定效应和时间固定效应。

表 A7-5　西部地区不同分位点的内生互动效应：无条件分位数回归

	(1) Q10	(2) Q20	(3) Q30	(4) Q40	(5) Q50	(6) Q60	(7) Q70	(8) Q80	(9) Q90
村庄平均 消费支出	0.421*** (0.059)	0.451*** (0.047)	0.392*** (0.041)	0.353*** (0.040)	0.385*** (0.040)	0.376*** (0.040)	0.383*** (0.042)	0.323*** (0.047)	0.350*** (0.062)
未成年人	-0.021 (0.028)	-0.057** (0.023)	-0.057*** (0.020)	-0.060*** (0.019)	-0.078*** (0.019)	-0.079*** (0.019)	-0.065*** (0.020)	-0.065*** (0.023)	-0.093*** (0.030)
老年人	-0.056 (0.033)	-0.025 (0.027)	-0.036 (0.023)	-0.009 (0.022)	-0.007 (0.022)	-0.041 (0.023)	-0.047** (0.024)	-0.025 (0.027)	-0.058 (0.035)
教育	0.129 (0.146)	0.136 (0.118)	0.271*** (0.102)	0.251** (0.098)	0.258*** (0.099)	0.187 (0.101)	0.294*** (0.105)	0.341*** (0.117)	0.402*** (0.154)
健康	0.045 (0.026)	0.010 (0.021)	-0.006 (0.018)	-0.008 (0.017)	-0.007 (0.018)	-0.008 (0.018)	0.005 (0.019)	0.014 (0.021)	0.009 (0.027)
外出务工	-0.035 (0.021)	-0.007 (0.017)	0.023 (0.015)	0.023 (0.014)	0.019 (0.014)	0.028 (0.014)	0.028 (0.015)	0.026 (0.017)	-0.012 (0.022)
常住人口	0.122*** (0.017)	0.131*** (0.014)	0.150*** (0.012)	0.141*** (0.012)	0.134*** (0.012)	0.143*** (0.012)	0.135*** (0.012)	0.150*** (0.014)	0.136*** (0.018)
农业生产	0.118 (0.065)	-0.018 (0.052)	-0.032 (0.045)	-0.008 (0.044)	-0.036 (0.044)	-0.091** (0.045)	-0.069 (0.047)	-0.052 (0.052)	-0.007 (0.069)
年纯收入	0.080*** (0.013)	0.050*** (0.011)	0.034*** (0.009)	0.026*** (0.009)	0.030*** (0.009)	0.033*** (0.009)	0.034*** (0.010)	0.030*** (0.011)	0.056*** (0.014)
家庭信贷	0.106*** (0.039)	0.111*** (0.032)	0.075*** (0.028)	0.075*** (0.027)	0.106*** (0.027)	0.117*** (0.027)	0.162*** (0.028)	0.154*** (0.032)	0.218*** (0.042)
常数项	3.250*** (0.610)	3.711*** (0.493)	4.678*** (0.427)	5.379*** (0.411)	5.295*** (0.414)	5.623*** (0.420)	5.731*** (0.440)	6.548*** (0.490)	6.470*** (0.646)
固定效应	控制	控制	控制	控制	控制	控制	控制	控制	控制
样本量	7975	7975	7975	7975	7975	7975	7975	7975	7975
R^2	0.401	0.447	0.461	0.457	0.472	0.459	0.420	0.388	0.334

注：**、***分别表示变量系数的估计值在5%、1%的统计水平下显著，括号内为Bootstrap标准误；Q10至Q90分别表示消费支出对数的10至90分位数；固定效应包括个体固定效应和时间固定效应。

附录B　以恩格尔系数为被解释变量的异质性检验

以恩格尔系数作为农户消费升级指标得出了与前文相同的时间演变趋势。本书将总样本根据调查时间的先后划分为5个子样本，分别估计每个时间点上的内生互动效应。为了避免映射问题，继续使用式（5-2）所示的空间计量模型。

表 B5-1 详细展示了分样本回归估计结果。不难看出，任意时间点上恩格尔系数也存在显著的正向内生互动效应，并且随着时间的推移，内生互动效应的估计值逐渐减小。图 B5-1 绘制了恩格尔系数的内生互动效应的时间演变趋势，整体上呈现明显的逐年减小的趋势。

综合来看，农户消费升级的内生互动效应呈现逐年减弱的趋势。也就是说，农户之间消费结构的相互依赖和彼此影响会随着市场经济的发展和传统熟人社会的衰弱而减弱，农户消费决策越来越独立。这说明，正文中消费升级的内生互动效应的时间演变趋势是稳健的，研究假说 2-2 再次得到证实。

表 B5-1　恩格尔系数的内生互动效应的时间差异：空间计量估计

	（1）2010	（2）2012	（3）2014	（4）2016	（5）2018
内生互动效应（$\hat{\rho}$）	0.462***(0.023)	0.362***(0.027)	0.348***(0.028)	0.311***(0.029)	0.338***(0.028)
未成年人	0.006(0.004)	-0.0004(0.004)	0.012***(0.004)	0.009**(0.004)	0.012***(0.004)
老年人	0.015***(0.004)	0.007**(0.004)	0.011***(0.003)	0.007**(0.003)	0.005(0.003)
教育	-0.194***(0.017)	-0.091***(0.020)	-0.045***(0.015)	-0.095***(0.017)	-0.035**(0.015)
健康	-0.020***(0.005)	-0.014***(0.004)	-0.020***(0.004)	-0.020***(0.004)	-0.022***(0.004)
外出务工	-0.006(0.004)	0.002(0.004)	-0.001(0.003)	-0.010***(0.003)	-0.006(0.004)
常住人口	-0.011***(0.003)	-0.003(0.003)	-0.010***(0.002)	-0.009***(0.002)	-0.010***(0.002)

续表

	（1） 2010	（2） 2012	（3） 2014	（4） 2016	（5） 2018
农业生产	0.058*** (0.011)	0.039*** (0.011)	−0.013 (0.009)	−0.049*** (0.009)	−0.009 (0.007)
年纯收入	0.000 (0.145)	0.144 (0.101)	0.042 (0.070)	0.005 (0.065)	−0.012 (0.013)
年纯收入^2	0.004 (0.016)	−0.013 (0.012)	−0.003 (0.008)	0.001 (0.008)	0.002 (0.002)
年纯收入^3	−0.0003 (0.001)	0.0004 (0.0004)	0.00002 (0.0003)	−0.0001 (0.0003)	−0.0001 (0.0001)
家庭信贷	−0.067*** (0.006)	−0.058*** (0.007)	−0.045*** (0.007)	−0.039*** (0.007)	−0.046*** (0.006)
W^*未成年人	0.021 (0.012)	−0.005 (0.012)	−0.003 (0.008)	0.023** (0.010)	0.011 (0.011)
W^*老年人	0.003 (0.010)	−0.001 (0.012)	−0.007 (0.011)	0.007 (0.010)	−0.011 (0.010)
W^*教育	0.030 (0.055)	−0.081 (0.068)	−0.023 (0.032)	0.027 (0.050)	0.031 (0.046)
W^*健康	0.011 (0.013)	−0.005 (0.012)	0.015 (0.011)	0.008 (0.011)	0.019 (0.013)
W^*外出务工	0.011 (0.010)	0.029** (0.012)	0.002 (0.007)	−0.002 (0.008)	0.000 (0.011)
W^*常住人口	0.001 (0.008)	0.020*** (0.008)	0.009 (0.005)	−0.012** (0.006)	−0.001 (0.007)
W^*农业生产	−0.048** (0.019)	−0.023 (0.019)	−0.077*** (0.018)	−0.025 (0.020)	−0.053*** (0.017)
W^*年纯收入	0.036 (0.446)	−0.189 (0.317)	−0.088 (0.248)	0.257 (0.249)	0.050 (0.037)
W^*年纯收入^2	−0.000 (0.050)	0.030 (0.037)	0.007 (0.029)	−0.032 (0.029)	−0.010 (0.007)
W^*年纯收入^3	−0.000 (0.002)	−0.001 (0.001)	−0.000 (0.001)	0.001 (0.001)	0.001 (0.000)

续表

	（1）2010	（2）2012	（3）2014	（4）2016	（5）2018
$W*$家庭信贷	0.062*** (0.018)	0.008 (0.020)	-0.042 (0.023)	-0.054** (0.024)	-0.079*** (0.021)
常数项	-0.156 (1.368)	0.076 (0.929)	0.532 (0.720)	-0.344 (0.725)	0.301*** (0.048)
样本量	4475	4475	4475	4475	4475
Wald	473.56	196.36	196.10	287.04	217.52

注：**、***分别表示变量系数的估计值在5%、1%的统计水平下显著，括号内为稳健标准误；内生互动效应为空间自回归系数估计值（$\hat{\rho}$），$W*X_k$为各解释变量的空间滞后项。

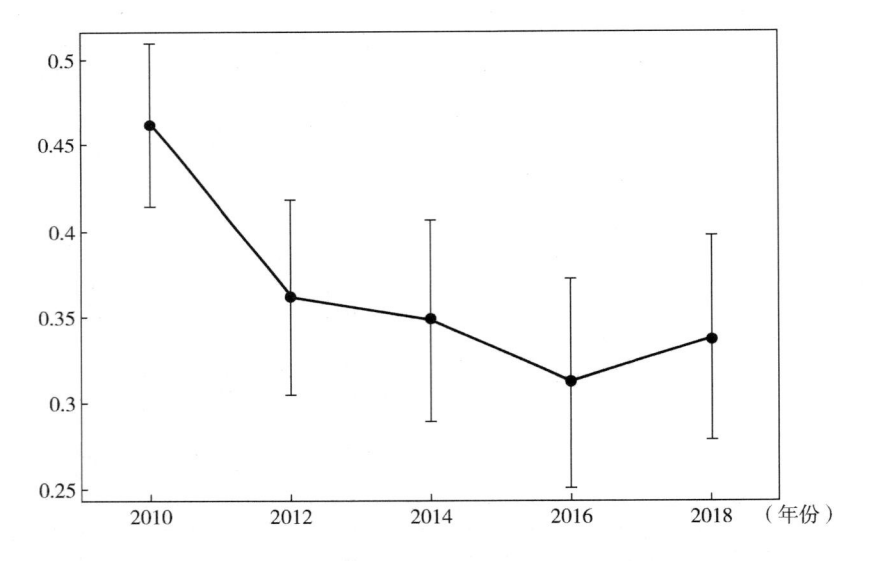

图 B5-1　消费升级（恩格尔系数）的内生互动效应的时间演变趋势

注：原点代表内生互动效应估计值，垂直线段表示95%置信区间，图形根据表 B5-1 所示估计结果绘制。

以恩格尔系数作为农户消费升级指标得出了与正文相同的时间演变趋势。本书将样本分为东部地区、中部地区、东北地区及西部地区4个子样本，分别估计内生互动效应。实证模型依旧使用式（5-1）所示的空间面板计量模型。表 B5-2 详细展示了分样本回归估计结果。不难看出，任意时间点上恩格尔系数也存在显著的正向内生互动效应，但是系数大小在不同区域间存在差异。图 B5－2 绘制了恩格尔系数的内生互动效应的区域差异，可以看到，西部地区的内生互动效应要大于其他地区。

综合来看，农户恩格尔系数的内生互动效应存在显著的区域差异。具体而言，相较于经济发达地区，经济欠发达地区的内生互动效应较大，农户消费结构的相互依赖性更强。这说明，正文中消费升级的内生互动效应的区域差异是稳健的，研究假说 2－3 再次得到证实。

表 B5－2　恩格尔系数的内生互动效应的区域差异：空间计量估计

	（1） 东部地区	（2） 中部地区	（3） 东北地区	（4） 西部地区
内生互动效应（$\hat{\rho}$）	0.262 *** (0.021)	0.284 *** (0.022)	0.294 *** (0.035)	0.357 *** (0.017)
未成年人	0.015 *** (0.005)	－0.003 (0.005)	－0.003 (0.009)	0.003 (0.004)
老年人	－0.013 ** (0.005)	－0.008 (0.005)	－0.007 (0.008)	－0.003 (0.005)
教育	－0.028 (0.023)	－0.047 (0.026)	－0.056 (0.035)	－0.010 (0.021)
健康	－0.024 *** (0.005)	－0.013 *** (0.005)	－0.007 (0.007)	－0.011 *** (0.004)
外出务工	－0.007 (0.003)	－0.002 (0.003)	－0.004 (0.006)	0.001 (0.003)
常住人口	－0.010 *** (0.003)	－0.003 (0.003)	－0.007 (0.005)	－0.001 (0.002)
农业生产	－0.009 (0.009)	0.023 ** (0.010)	－0.008 (0.015)	0.013 (0.010)
年纯收入	－0.001 (0.016)	－0.031 (0.019)	－0.037 (0.023)	－0.033 ** (0.016)

续表

	（1）东部地区	（2）中部地区	（3）东北地区	（4）西部地区
年纯收入^2	0.001 (0.003)	0.005 (0.003)	0.007 (0.004)	0.005 (0.003)
年纯收入^3	-0.00004 (0.0001)	-0.0002 (0.0002)	-0.0003 (0.0002)	-0.0002 (0.0001)
家庭信贷	-0.054*** (0.008)	-0.038*** (0.007)	-0.021** (0.010)	-0.033*** (0.005)
$W*$未成年人	-0.012 (0.017)	-0.007 (0.014)	-0.016 (0.042)	-0.015 (0.013)
$W*$老年人	0.017 (0.018)	0.003 (0.017)	0.025 (0.026)	0.000 (0.017)
$W*$教育	0.037 (0.072)	0.003 (0.080)	0.207 (0.111)	-0.034 (0.041)
$W*$健康	0.002 (0.016)	0.018 (0.015)	0.004 (0.023)	0.001 (0.011)
$W*$外出务工	-0.018** (0.008)	-0.003 (0.008)	0.009 (0.019)	-0.001 (0.008)
$W*$常住人口	0.005 (0.009)	-0.001 (0.007)	-0.027 (0.015)	0.003 (0.007)
$W*$农业生产	0.010 (0.026)	-0.011 (0.030)	-0.023 (0.053)	0.037 (0.022)
$W*$年纯收入	-0.001 (0.005)	0.003 (0.007)	0.006 (0.007)	0.003 (0.005)
$W*$家庭信贷	-0.008 (0.026)	-0.025 (0.026)	-0.065 (0.034)	-0.052*** (0.018)
时间固定效应	控制	控制	控制	控制
个体固定效应	控制	控制	控制	控制
样本量	5765	5765	2870	7975
R^2	0.012	0.008	0.001	0.002

注：**、***分别表示变量系数的估计值在5%、1%的统计水平下显著，括号内为稳健标准误；内生互动效应为空间自回归系数估计值（$\hat{\rho}$），$W*X_k$为各解释变量的空间滞后项。

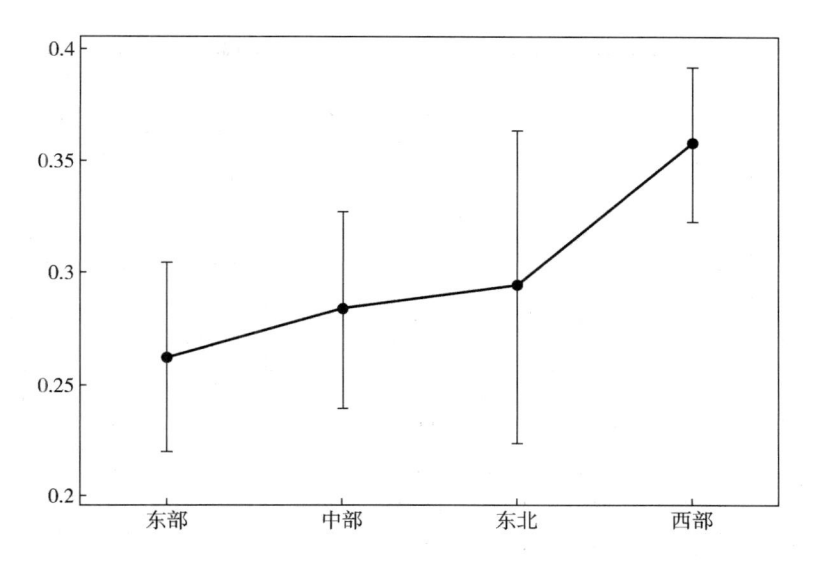

图 B5-2 恩格尔系数的内生互动效应的区域差异

注：原点代表内生互动效应估计值，垂直线段表示95%置信区间，图形根据表 B5-3 所示估计结果绘制。

表 B5-3 恩格尔系数区域异质性的直接效应与间接效应

	东部地区 直接效应	东部地区 间接效应	中部地区 直接效应	中部地区 间接效应	东北地区 直接效应	东北地区 间接效应	西部地区 直接效应	西部地区 间接效应
未成年人	0.015*** (0.005)	-0.010 (0.023)	-0.003 (0.005)	-0.010 (0.021)	-0.003 (0.010)	-0.020 (0.062)	0.002 (0.004)	-0.021 (0.021)
老年人	-0.013** (0.005)	0.017 (0.024)	-0.008 (0.005)	-0.001 (0.023)	-0.007 (0.008)	0.029 (0.035)	-0.004 (0.005)	-0.003 (0.026)
教育	-0.025 (0.022)	0.045 (0.098)	-0.044 (0.025)	-0.008 (0.110)	-0.047 (0.033)	0.272 (0.156)	-0.009 (0.020)	-0.056 (0.059)
健康	-0.024*** (0.005)	-0.006 (0.020)	-0.013*** (0.005)	0.019 (0.020)	-0.007 (0.007)	0.002 (0.030)	-0.011*** (0.004)	-0.005 (0.016)
外出务工	-0.007** (0.003)	-0.026** (0.011)	-0.002 (0.003)	-0.004 (0.011)	-0.004 (0.006)	0.011 (0.028)	0.001 (0.003)	-0.001 (0.012)
常住人口	-0.010*** (0.003)	0.003 (0.011)	-0.003 (0.003)	-0.002 (0.010)	-0.008 (0.005)	-0.039 (0.022)	-0.001 (0.002)	0.005 (0.011)

续表

	东部地区		中部地区		东北地区		西部地区	
	直接效应	间接效应	直接效应	间接效应	直接效应	间接效应	直接效应	间接效应
农业生产	-0.009 (0.010)	0.008 (0.035)	0.023** (0.010)	-0.009 (0.042)	-0.009 (0.016)	-0.039 (0.075)	0.015 (0.010)	0.062 (0.034)
年纯收入	-0.002 (0.015)	-0.002 (0.009)	-0.032 (0.019)	-0.008 (0.013)	-0.038 (0.022)	-0.008 (0.013)	-0.034** (0.016)	-0.013 (0.011)
年纯收入^2	0.001 (0.003)	0.0003 (0.001)	0.006 (0.003)	0.002 (0.001)	0.007 (0.004)	0.003 (0.002)	0.005 (0.003)	0.003 (0.001)
年纯收入^3	-0.0001 (0.0001)	-0.00002 (0.0001)	-0.0003 (0.0002)	-0.0001 (0.0001)	-0.0003 (0.0002)	-0.0001 (0.0001)	-0.0002 (0.0001)	-0.0001 (0.0001)
家庭信贷	-0.055*** (0.008)	-0.029 (0.035)	-0.039*** (0.007)	-0.048 (0.036)	-0.023** (0.010)	-0.097** (0.049)	-0.035*** (0.005)	-0.097*** (0.028)
固定效应	控制	控制	控制	控制				
样本量	5765	5765	2870	7975				
R^2	0.012	0.008	0.001	0.002				

注：**、***分别表示变量系数的估计值在5%、1%的统计水平下显著，括号内为稳健标准误；固定效应包含个体固定效应和时间固定效应。